本书的出版得到全国教育科学"十一五"规划课题（课题编号：EFFA100395）、教育部人文社科青年基金项目（10YJC880131）"大学与中小学合作研究中校际共同体建设研究"、江苏省教育科学"十二五"规划重点课题"区域学校共同体建设研究"（B-b/2011/01/005）、淮阴师范学院高级别科研项目培育基金在经费上的资助，

特此致谢！

大学与中小学合作教育研究中的理论者与实践者

伍红林◇著

中国社会科学出版社

图书在版编目（CIP）数据

大学与中小学合作教育研究中的理论者与实践者 / 伍红林著.
—北京：中国社会科学出版社，2013.12
ISBN 978-7-5161-3612-6

Ⅰ.①大… Ⅱ.①伍… Ⅲ.①学校教育—研究 Ⅳ.①G4

中国版本图书馆 CIP 数据核字（2013）第 265661 号

出 版 人	赵剑英
责任编辑	罗 莉
责任校对	张玉霞
责任印制	李 建

出　　版	中国社会科学出版社
社　　址	北京鼓楼西大街甲 158 号（邮编 100720）
网　　址	http://www.csspw.cn
	中文域名：中国社科网　010-64070619
发 行 部	010-84083685
门 市 部	010-84029450
经　　销	新华书店及其他书店
印　　刷	北京市大兴区新魏印刷厂
装　　订	廊坊市广阳区广增装订厂
版　　次	2013 年 12 月第 1 版
印　　次	2013 年 12 月第 1 次印刷
开　　本	710×1000　1/16
印　　张	16
插　　页	2
字　　数	218 千字
定　　价	47.00 元

凡购买中国社会科学出版社图书，如有质量问题请与本社联系调换
电话：010-64009791
版权所有　侵权必究

做"在中国"的合作教育研究

李政涛

大中小学合作教育研究，并不是新鲜事物。自从美国学者古德莱德和霍姆斯小组，提出"中小学—大学互结伙伴"概念和相关报告之后，类似研究在世界范围内如"星火燎原"，逐渐累积了丰富且相对成熟的理论与经验。但"他国"的研究只具备参照价值，永远不能替代"本国"的研究。如何基于"吾国吾民"的特殊性，做"在中国"的合作教育研究，这一立意成为本书生成的逻辑起点。

在作者伍红林博士那里，"在中国"的合作教育研究，要基于当代中国发展的特殊时空境遇和学术传统，突出中国教育理论者和实践者面对国外教育研究及教育实践变革浪潮时的自信和自强，揭示当代中国合作教育研究的创造、智慧与独特。

比较而言，"启示意识"，即西方观点和案例之于中国的"启示"。"在中国"在已有的其他合作教育研究中也时有所闻，但此书展现出的如此系统且强烈的"中国意识"及其背后的"中国自觉"，特别是自觉凸显"在中国"的合作教育研究的独特性、创生性，却是并不多见的。

这一主旨贯穿于全书，并通过三个核心概念，即"主体关系"、"深度介入"和"交互生成"，以及一种立场，即"教育学立场"，形成了"在中国"的合作教育研究的整体框架。前者是这一框架中的具体支架，后者则是萦绕于思想文字中的魂魄，它们共同凸显出合作教育研究的"中国特质"。这些特质的具体内涵，在书中已尽显无疑,无需我再赘述。我更关心的是另两个互有关联的问题:它们是如何生成的?又是如何写就的?它们也可以转化为这样一个问题:如何做"在中国"的合作教育研究?

如果从研究的场所来划分,无非是两种方式:

一是"书斋思辨式"研究:日夜蜷身在书桌旁,搜集各种文献资料,或综述整合,或推理演绎,写出一篇篇论文或出版一本本专著,随后就成了合作教育研究的"专家"。在此过程中,"专家"们可能从未与中小学教师合作过,但并不妨碍他们四处发表演讲,告诉大学同行或者中小学老师们诸多方面的微言大义,例如"为什么要开展合作教育研究"、"合作教育研究的原则、方式和策略是什么",等等。

二是"现场实践式"研究:到中小学教育现场中去,在与中小学教师的合作教育研究实践中,基于实践经验与生命体验,在运用已有理论的基础上,发展和建构新的理论。此书就是典型的现场实践式研究的产物,是作者长年参与致力于理论与实践双向转化的"新基础教育"后的结晶。这也是作者多次强调的"实践意识"。在作为本书前身与雏形的博士论文中,作者自述道:

> 写作中,我脑海中常常显现一幅幅活生生的实践图景。对于交互生成式合作教育研究的实践层面,我所表达的,自己基本上经历过、体验过,内心感到充实而不空虚。……这种"实践感"构成了论文的根基。这一切让我坚信中国教育学可以在真实介入学校教育实践生活中汲取发展的营养和力量。

无论是"主体关系",还是"交互生成",以及"深度介入",都是作者从"新基础教育"合作教育研究的实践中汲取营养和力量,并置于合作教育研究理论重建后的转化与生成,成为一种有"实践根基"的理论研究。再加上"教育学立场"这一魂魄的注入,使得本书具有了"有根有基有魂"的研究品质。

这种根基的形成，注定是一个长期艰难的过程，——还有什么比奠定或重塑"根基"更难之事？它需要全身心且长时期的投入和不断的反思领悟。在《近—进—静》①这一具有个人心路史性质的文章中，伍红林回忆道：

> 随着实践研究参与的深入，我逐渐形成了"理论学习——实践体悟与反思——发现自己理解上的问题——理论学习……"的持续循环。过程中，"悟"发挥了重要作用，即一定要用心去慢慢体会，在心中来回琢磨。只有全身心投入，才能体会、体验"新基础教育"的精髓。慢慢的，"新基础教育"的理论在我心里就不再是抽象的符号，而开始日益变得鲜活、生动，理论与实践经常能在我脑海中交汇，实践变得不再陌生和让我"惧怕"。当然，这种交汇的直接好处是我自己的学习与研究有了比较坚实的实践基础：注重从实践研究中发现和体会真实的问题；表达涉及到教育实践时不再感到苦恼，而是觉得实践中的人与事——在我眼前呈现。这较之以前我所习惯的、空中楼阁式的学习与研究发生了很大的变化，逐渐成为我新的学习与研究方式。

对于作者而言，这只是开始。博士毕业后，他回到原来的工作单位，承担了推进淮阴师范学院第一附属小学"新基础教育"研究的工作。由此出现了其个人研究生涯中的重大转折：

> 如果说以前跟着"新基础教育"研究团队到基地学校去开展研究活动是"大树底下好乘凉"，尽管是努力将自己置入其中，但仍有"旁观"的味道，较少感受到来自实践层面的直接压力。可现在不同了，"新基础教育"研究团队基本上一个月才

---

① 见叶澜主编《新基础教育研究史》，教育科学出版社2010年版。

来一次，其他时间的日常研究活动需要我直接与一附小的老师们共同交流、策划、实施、评价、调整。

独立承担合作教育研究的策划者和领导者的角色之后，作者更加感受到了合作教育研究的艰难：

> 这种"难"既来自自身（如能力、水平上的欠缺，时间的匆忙等），也来自学校与老师（如他们的顾虑、担忧、习以为常的旧习惯与旧思维等）……由此我更能体会"新基础教育"团队十五年一路走来的艰辛，也更能体会叶老师讲的"新基础教育"研究精神中的两句话："知难而上，执着追求；滴水穿石，持之以恒"。这两句话也给予我力量：心要"静"——知道要追求什么，沉下心来努力去做；心要"诚"——"诚其意"、"正其心"是与老师们继续走下去的基础，也是与学校老师们交流沟通的基础。只有感到彼此一条心时，我们才会真正进入一所学校，真正进入老师们的心灵，真正克服各种各样的"难"。

若推而广之，对所有这些"难"的经历和体验，是任何合作教育研究者要作出有质量有成效的研究成果的必经之路。甚至可以说，谁没有真正在现场实践中做合作教育研究，谁没有在此合作实践中体验到艰难，谁就难以在这一独特领域，做出信实、稳妥与可靠的研究成果。

在这个意义上，作为新儒学代表人物之一的杜维明，将中国传统学术研究称为"体知之学"是一种洞见：知识与学问的生成来源于研究者的生命经历、生命体验，虽然后者不是知识的唯一源泉，且有自身的限度，但对学术人而言，尤其是对教育研究者而言，有生命体验和没有生命体验的知识与学问大不相同。

所有的生命体验，都来自"生命·实践"。本书的写作过程，是作者把自身"生命"投入合作教育研究"实践"的过程，也是这一

"生命"在此"实践"中成长与发展的过程。这表明，作者没有把合作教育研究中的"主体关系"只是当作一个研究对象和只能旁观的"客体"来看待，而是将自己置于真实、生动和复杂的"主体关系"之中，借用作者的话来说，是对"主体关系"的"主动深度介入"，并在此"关系体"中经历各种"交互生成"，实现自我生命的改变、完善与发展。

这可能就是叶澜教授开创的"生命·实践"教育学的真谛，在此问题域中的具体转化和表现：合作教育研究的实质，是一种"生命·实践"，是他人的"生命·实践"与自我的"生命·实践"在合作研究中的交互转化和交互生成，是对推动各自生命更新式发展的彼此参与和介入。就此而论，大学与中小学合作教育研究的目的，是不同主体通过这一独特且不可替代的"生命·实践"，实现费孝通先生所言的"各美其美，美人之美，美美与共，天下大同"。

作为合作教育研究者之一，我心目中的"天下大同"，是理论世界与实践世界的大同世界，在这个世界里，已经被长久割裂、隔绝、对立的教育理论（者）与实践（者），得以进入双向滋养、双向转化和双向生成的境界。

对于这一境界的到来，我和作者一样，都为之心驰神往，且将继续在合作中不懈奔走……

是为序。

2013 年 12 月 12 日

德国柏林洪堡大学

前　言

　　20世纪80、90年代以来，大学与中小学合作教育研究的快速发展引起了人们从不同视角对其进行探讨，如注重对合作研究个案的分析处理，关注合作过程中大学与中小学两类组织间的关系，或借助合作研究这个平台探讨它对教师专业发展的意义，等等。但是，说到底合作研究是大学教育学理论研究者与中小学教育实践者这两类主体间的合作。在一定意义上可以说，这两类主体间关系处理的好坏、发展过程或关系类型对于合作研究的成效、推进、理论与实践关系等具有决定作用。基于这样的认识，我们以合作教育研究中理论者与实践者两类主体的关系作为阐述中心，以此来对上述问题进行探讨。

　　首先，我们系统梳理了合作教育研究在国内外的发展历程。它萌芽于19世纪上半叶的德国，于19世纪下半叶至20世纪上半叶期间在美国逐步成型，形成了沟通式合作教育研究、实证型合作教育研究、合作之中的合作教育研究等类型。中国的合作教育研究大约从20世纪20年代开始，当时主要有移植式合作教育研究及合作性的教育——社会改造实验两种类型；新中国成立以后则以大规模的教育实验形式出现；自20世纪80、90年代以后又开始模仿以美国为代表的合作教育研究（最典型的是教育行动研究、教育叙事研究等）。在当代中国，随着教育学者学科立场与中国立场的日益坚定及其努力，出现了追求教育理论与实践双向建构的与国外及国内早期不同的新形态，我们称之为交互生成式合作教育研究。它是在当代中国社会转型背景下教育学理论更新与中小学教育实践转型的同时态双重需求的产物，是教育理论者与实践者的共同创造。

为此，我们从合作中两类主体的意愿（主动—被动、被动—被动、主动—主动）、地位（理论者占主导、实践者占主导、双方相互平等）、关系的指向性（单一指向、双向指向）、关系的程度（合作的广度、合作的深度、交往形式）、关系的性质（对立式关系、控制式关系、合成式关系、交换式关系、创生式关系）等方面构建了比较分析不同合作教育研究的基本框架。然后以此框架为载体，具体比较分析了教育实验研究、教育行动研究、教育叙事研究三种最常见的合作教育研究，归纳出它们存在的局限性，如理论优先实践传统的影响问题、教育理论与教育实践的沟通与转化问题、理论者与实践者间的沟通问题、合作研究的基本单位问题、合作中"事"与"人"的关系问题等。这些阐述为我们系统地对交互生成式合作教育研究进行探讨奠定了基础。

我们将研究的重心最后放在了"交互式合作教育研究"上。为此，首先分析了它发展的背景，认为它是当代教育理论更新与教育实践变革的同时态发展需求，是突破德国与美国教育研究局限性的需要，是当代学术"介入主义"与中国学术文化传统在教育研究中的反映，与当代认识、把握复杂事物及其发展过程的复杂思想的兴起也分不开。它有利于促进教育理论与实践的双向建构，有利于促进当代中国教育学的自立及促进教育实践转型性变革品质的提升。在这一过程中，大学教育理论者"主动深度介入"到具体的中小学转型性实践变革中去，在"教育之中研究教育"，形成了全新的不同于社会学、人类学等学科的具有鲜明的教育学学科立场的独特教育研究方式。其基本内涵主要表现在：其一，它是教育理论者的价值与实践者价值的互动式相互介入，使理论者的价值进一步转化为教育实践者的内在观念和外在教育实践行为，凝结成教育的具体实践形态，同时实践者的价值也转化成理论者开展理论研究所必需的参照。其二，它是教育理论者对教育实践的"主动深度介入"，与各种"不介入"、"浅介入"、"假介入"区分开，突出介入的主动性、力度、频度和效度。其三，在"主动深度介入"中，教育理论者的定位不是"资料打捞者"、"变革纳凉者"、"教育事实纪录与描述者"，而是与实践者一起开展实践变革及其研究的"合作者"、"同行者"、"相互学习者"。它对实践及实践者不是人类学式的冰冷的关怀，而是教育学式的对生命成长的关注；也不停留于社会学式的"提醒"与"警告"，而是努力做到将研究过程与实践的变革过程合二为一，既"论道"又"行道"，寻求二者间的融通与转化。当然，这种"主动深度介入"不是"乱介入"，也不是"永久介入"，它有自己的限度，追求从"有形介入"向"无形介入"、"主动介入"到"勿须介入"的转变。过程中，实践者在与理论者密切合作，在"理论适度先行"的前提下努力开展日常性的"研究性变革实践"，将理论不断向实践转化并创造出新的实践形态和发展水平，为新理论的出现积淀实践智慧。

通过上述探讨，我们可以发现在交互生成式合作教育研究中两类主体间的关系发生了根本性的变化，其实质是基于两类主体内在发展需要的关系，指向理论与实践持续创造与发展的关系，是经历了"我—他"、"我—你"直至"我们"的共同体式关系。这种新型关系的形成，一方面需要理论者树立并践行坚定的实践取向，另一方面需要实践者打破对理论及理论者的偏见，同时双方还要"诚其心"、"正其意"获得价值取向上的一致性。在新型关系的形成过程中，尤其需要激发两类主体的内在力量、情感力量，以合作研究的实效来保证关系的持续发展，当然地方行政与研究力量的介入与支持也很重要。具体而言，两类主体新型关系是在"理论学习（获得新认识）——策划设计（理论、新认识转化为新方案）——实施（新方案转化为新行为和新行动，发现新问题）——调节（评估、反思、重建，形成新经验、产生新资源、促成新思考）……"的持续循环中获得发展，经历了实践者对理论者的依赖、实践者对理论者的"反叛"、两类主体间的"磨合"等不同的阶段。

当然，我们也认识到大学与中小学合作教育研究过程中理论者与实践者两类主体间的关系是十分复杂的，由于时间与精力的原因想讲的还没讲完，例如，交互生成式合作教育研究发展中存在的困难、问题甚至局限性还揭示不够；交互生成式合作教育研究作为一种正在发展中的新形态，它未来的发展趋向、进一步提升的可能空间也未作清楚阐述；还有，中国传统、文化在合作中还有许多方面的渗透更新未能充分表达；更何况，两类主体各自内部的关系发展过程及其影响在书中也未做提及，等等。这一切既让我感到遗憾，又让自己日渐清晰未来努力的方向。

另外，本书的出版得到了全国教育科学"十一五"规划课题（课题编号：EFFA100395）、教育部人文社科青年基金项目（10YJC880131）"大学与中小学合作研究中校际共同体建设研究"及江苏省教育科学十二五规划重点课题"区域学校共同体建设研究"（B-b/2011/01/005）和淮阴师范学院高级别科研项目培育基金在经费上的资助，特此致谢！

目 录

第一章 导论 ……………………………………………………… (1)
  第一节 问题的提出与概念界定 ……………………………… (1)
    一 问题 ………………………………………………………… (1)
    二 选题缘由 …………………………………………………… (2)
    三 概念界定 …………………………………………………… (4)
  第二节 文献综述 ……………………………………………… (9)
    一 文献来源 …………………………………………………… (9)
    二 文献基本观点 ……………………………………………… (10)
    三 文献分析 …………………………………………………… (28)
  第三节 研究价值、方法与思路 ……………………………… (30)
    一 研究预期价值 ……………………………………………… (30)
    二 研究方法 …………………………………………………… (34)
    三 思路与结构 ………………………………………………… (35)

第二章 合作教育研究的发展历程 …………………………… (37)
  第一节 合作教育研究的萌芽与成型 ……………………… (37)
    一 合作教育研究的萌芽(19世纪上半叶) ………………… (37)
    二 合作教育研究的成型(19世纪下半叶至
       20世纪上半叶) ……………………………………………… (41)
  第二节 合作教育研究的拓展与转型(20世纪下半叶) ……… (55)

一　合作教育研究的拓展(20世纪下半叶) ………………… (55)
　　二　合作教育研究在中国的转型(20世纪90年代至
　　　　21世纪初) ……………………………………………… (64)

第三章　合作教育研究中两类主体间关系形态的比较分析 …… (68)
　第一节　分析的基本框架 ……………………………………… (69)
　　一　双方的意愿 ………………………………………………… (69)
　　二　双方的地位 ………………………………………………… (72)
　　三　关系的指向性 ……………………………………………… (75)
　　四　关系的程度 ………………………………………………… (76)
　　五　关系的性质 ………………………………………………… (79)
　第二节　常见合作教育研究中两类主体间的关系 ………… (81)
　　一　教育实验研究中两类主体间的关系 ………………… (81)
　　二　教育行动研究中两类主体间的关系 ………………… (83)
　　三　教育叙事研究中两类主体间的关系 ………………… (92)
　第三节　常见合作教育研究中两类主体间关系的局限性 …… (99)
　　一　理论优先实践传统的影响问题 ……………………… (100)
　　二　教育理论与实践沟通与转化的有效路径问题 ……… (102)
　　三　理论者与实践者间的沟通问题 ……………………… (104)
　　四　合作研究的基本单位问题 …………………………… (110)
　　五　"事"与"人"的关系问题 ……………………………… (111)

第四章　交互生成式合作教育研究 ………………………… (113)
　第一节　交互生成式合作教育研究发展的背景 …………… (113)
　　一　当代教育理论更新与教育实践变革的
　　　　同时态发展需求 ……………………………………… (113)
　　二　突破德国和美国教育研究局限性的需要 …………… (118)
　第二节　交互生成式合作教育研究发展的条件 …………… (121)
　　一　介入主义的兴起 ……………………………………… (121)

  二　中国的文化基础 …………………………………………（124）
  三　思维方式的更新 …………………………………………（126）
  四　对合作教育研究认识的突破 ……………………………（129）
 第三节　交互生成式合作教育研究发展的意义 ………………（132）
  一　促进教育理论与实践的双向建构 ………………………（132）
  二　促进中国教育学的自立 …………………………………（134）
  三　促进教育实践变革品质的提升 …………………………（139）
 第四节　交互生成式合作教育研究中两类主体间的
    "交互生成" …………………………………………（140）
  一　理论者在教育之中研究教育 ……………………………（141）
  二　实践者的转化与创造 ……………………………………（151）
  三　在合作中培育双方开展研究的自主性与自觉性 ………（161）

第五章　交互生成式合作教育研究中两类主体间的关系 ………（166）
 第一节　两类主体间关系的表征 ………………………………（166）
  一　双方主动的选择与发展 …………………………………（166）
  二　双方都是指向未来发展的研究者、学习者和创造者 …（167）
  三　突出理论(者)与实践(者)的相互沟通与转化 …………（167）
  四　体现了高品质的关系程度 ………………………………（168）
  五　合作关系深深地打上了中国文化的烙印 ………………（168）
 第二节　两类主体间关系的实质 ………………………………（169）
  一　基于两类主体内在发展需要的关系 ……………………（169）
  二　指向持续创造的关系 ……………………………………（173）
  三　以成事成人为核心内容的关系 …………………………（176）
  四　"我们"式的共同体关系 …………………………………（182）
 第三节　两类主体间关系发展的前提 …………………………（189）
  一　理论者树立并践行坚定的实践取向 ……………………（189）
  二　实践者打破对理论和理论者的偏见 ……………………（190）
  三　两类主体价值取向的一致性 ……………………………（192）

第四节　两类主体间关系发展的影响因素 …………………… (197)
　　　一　主体的力量 ……………………………………………… (197)
　　　二　研究的实效 ……………………………………………… (202)
　　　三　地方力量 ………………………………………………… (204)
　　第五节　两类主体间关系发展的基本过程 …………………… (208)
　　　一　策划中两类主体间关系的发展 ………………………… (209)
　　　二　实施中两类主体间关系的发展 ………………………… (212)
　　　三　调节中两类主体间关系的发展 ………………………… (217)

结语 ………………………………………………………………… (219)

参考文献 …………………………………………………………… (222)

后记 ………………………………………………………………… (240)

第一章

导 论

第一节 问题的提出与概念界定

一 问题

20世纪80、90年代以来,世界各国都掀起了大规模的教育改革行动,而且在改革方式上出现了新的动向,即由先前专家、政府主导的模式转向注重激发学校及教育实践者的主动参与。这种转向直接引发了合作教育研究的巨大发展:通过教育理论研究者进入中小学教育实践现场,建立起与教育实践者合作开展教育实践研究的伙伴关系来促进变革,寄期望于理论者与实践者"一起做"而非以前的"要实践者做"。对此,近年来人们给予了越来越多的关注。如果对其进行归类,大致有三种:(1)探讨合作教育研究对于学校变革、教师专业发展的特殊功能,即将其作为一种促进学校变革和教师专业发展的手段,并探讨如何完善这些功能。[①] (2)将合作教育研究本身作为教育变革的内容之一,关注两类组织在组织层面的合作,强调通过合作研究促发两类组织机构、制度上的变革,为教师教育

[①] 黄显华、孔繁盛:《课程发展与教师专业发展的伙伴协作》,香港中文大学出版社2003年版,第1—17页。

和中小学教育变革营造一个支持性环境。① （3）对合作教育研究的个案进行分析，总结个别性的经验。这些研究具有丰富的视角和内容，对人们理解和完善合作教育研究都有重要意义。然而，我们也需要注意，任何合作教育研究都是人（教育理论研究者）与人（教育实践者）的合作，这两类主体间关系的状态直接决定了它的持续性与效果。对此，目前尚缺乏专门、深入、系统的探讨。因此，本书拟以此为重点展开研究。

具体而言，本书将在"合作教育研究中理论者与实践者两类主体间关系"这一大问题下分别探讨：（1）合作教育研究在国内外的发展历程是怎样的？（2）常见合作教育研究中教育理论者与实践者两类主体间关系的基本状态？存在什么问题？（3）交互生成式合作教育研究的理论形态是什么？（4）交互生成式合作教育研究中两类主体间关系有怎样的突破？等一系列相关问题。

二 选题缘由

（一）实践的触动

大学毕业后，我曾参与过工作单位中小学校长培训工作。当时感觉校长们参加培训，主要不是为了学得教育理论知识，而是为了完成上级指定的培训任务和享受培训结束时的"旅游考查"。在炎炎夏日，远道而来的专家（或称学者、教授）在讲坛上挥汗如雨，而当听众的校长们往往出于礼貌而"蹲坐"其中，玩一些沉默的游戏。除了就餐会饮时对专家表示的"热情"外，平时感受到似乎更多是不屑与冷漠。在他们眼里，"理论"总是与"枯燥乏味"相联系，"专家"则意味着"学究"和"不切实际"。当时我就在想，究竟什么样的理论者才能真正打动校长并走进他们的内心深处？究竟什

---

① Goodlad John, *Educational Renewal*. San Francisco: Jossey Press, 1994//Goodlad John, *School-University partnerships and partner schools*. In H. G. Petrie (Ed), *Professionalization, Partnership, and Power: Building Professional Development Schools*, Albany: State University of New York Press, 1995, p.226.

样的理论才能对教育实践真正发挥作用？对这些问题的思考，曾经一度使我对专业前景感到失落。硕士毕业后，我又与单位同事陆续参加过一些中小学的调研和沙龙活动。这次是直接走进学校，感受教师们的生活状态。我能察觉到教师们对于相关活动的期望，他们也曾很积极热情地参加这样的活动。但渐渐的人数日益减少，最后剩下的往往是些"不能不参加"的人。在他们称呼我们为"专家"时，背后的潜台词除了大学教师的身份外，其实"什么也不是"。这种感觉再次让我"很受伤"。

2006—2009 年在华东师大读博士期间，跟随导师参加"新基础教育"基地学校的实践研究活动。我是幸运的，因为这时的参与其实已经到了"收获"阶段。我并没有经历过这一研究团队走过的十几年合作教育研究的艰辛道路，却直接品尝了十几年真诚投入后的幸福果实。每次进入基地学校感受学校文化与发展变化，和教师们在一起交流讨论，进入课堂感受孩子们的学习生活，体验彼此成长的快乐等时，都让我感动、激动。在这里我感受到了作为教育理论者的尊严和价值，体会到教育理论对于教育实践的真实意义，当然也让我认识到以前对校长和老师们的"误解"：不是他们冥顽不灵、不可教化，实在是我们自己对教育理论及中小学教育实践的了解和理解不够，不知道也不能满足他们的发展需求。这些体验坚定了我研究合作教育研究中两类主体间关系的意向。

（二）理论的困惑

我们常常能意识到，在某一种触动的召唤下去做一件事往往有两种结局：要么是一时"狂热"，过一阵子就放弃；要么慢慢转化成为自己长期追求的方向。对于我来说，研究合作教育研究让我对这两种结局都有较为深刻的体验。刚开始在实践触动下，萌发了展开研究想法，日渐展开时，却感受到这一问题的难度。这一度令我踟蹰难进。不过，行行复行行之后，起初实践的触动渐渐转化成为对这一问题的一系列困惑。其一，我们确实能发现，"21 世纪的最初三年，教育学科在发展中出现了强烈的、几乎是各学科全方位的实践转向"①。这种转向的重要体现就是合作教育研究日益增多。可国内对这方面的探讨相对贫乏，即使有但真正深入的也还不多。这让我很难对合作教育研究的全貌有清晰的认识。其二，近年来，国外合作教育研究的模式和合作教育研究的研究对国内合作教育研究的开展与研究呈现"一边倒"的优势。但"洋经"是否就能如此那般地适合中国？中国合作教育研究的经验在哪里？我们的创造在哪里？我们独特性在哪里？这些问题都值得我们认真思考。其三，对于我感兴趣的核心问题——合作教育研究中两类主体间的关系，许多研究虽有涉及，但往往一带而过。人们关注的焦点常常是合作教育研究"是什么"、"为什么"、"有什么用"、"如何做"及组织层面的双方——大学与中小学的关系，间或眼光瞟过"人"的身上，却很少停留。主体间关系的问题一般在讨论研究伦理时才会出现，且一般浮在表面并不做专门、系统、深入的思考。然而，合作教育研究经过多年发展形成了不同的类型，其间两类主体间的关系存在较大的差异。这些差异具体体现在哪些方面？是怎样造成的？关系发展本身又经历了怎样的过程？意味着什么？这些也是让我感到困惑的。其四，人们常常提到说，合作教育研究的开展有利于沟通教育理论与实践。可往往停留于"提到"而已，它是怎样沟通教育理论与实践的？这种沟通又意味着什么？中国文化对于这一关系有什么样的影响？等等。刚一开始，这一系列铺陈开来的问题似乎要将我窒息，但也逐渐意识到探究这些问题的意义，它们将是我进一步开展研究的聚焦所在。

三 概念界定

（一）合作

在英语国家中，"合作"有不同的词汇表达，并分别有不同的意

---

① 叶澜：《总论：艰难的行进——学科发展自我意识的觉醒和迷乱》，载叶澜《中国教育学科年度发展报告》，上海教育出版社2004年版，第4页。

义：（1）"network"，表示同类组织间（如中小学之间或大学之间）为互通信息或交流而形成的关系形态，没有经过精心设计。（2）"partnership"，则指不同组织间（如大学与中小学之间）为了一定目标而形成的伙伴关系，这种关系因其"伙伴"的程度不同又有不同的词汇表达。分别是：其一，"cooperation"表示比较松散和双方责权约束较少的"伙伴"关系，双方拥有各自的目标，并为追求自己的目标而达成合作协议，在合作中仍保持各自的独立性；其二，"collaboration"则是指经过严密设计的，为了实现单独不能实现的任务，满足双方协商利益的特殊"伙伴"关系，过程中双方的资源、信息、权力都是共享的，所有的成员都被组织在一起共同行动。对此，英国学者尼古拉斯（Nicholls）依据牛津词典（The Oxford Dictionary）对"cooperation"和"collaboration"进行了对比和区分，认为cooperation是指一方正在帮助或愿意帮助另一方，collaboration则指一个主体和另外一个或若干个主体共同从事一项工作。他由此作出判断和评价说："尽管人们都期望着真正的合作关系能够建立起来，但从目前来看，英国大部分的所谓'partnerships'都属于'cooperative partnerships'，而不是真正的'collaborative partnerships'。"[1]不过，在关于合作教育研究的英文文献中，这几个概念经常相互混用，"partnership"较多，其次就是"collaboration"。

在中文中也有三个相似概念：（1）"合伙"，指"几人一起干"。[2]（2）"协作"，指"劳动协作。许多劳动者在同一劳动过程中或彼此相联系的不同劳动过程中依计划协同地进行劳动。……有时泛指两个以上单位互相配合工作"。[3]（3）"合作"，是"社会互动的一种形式。指个人或群体之间为达到某一确定目标，彼此通过协调作用而形成的联合行动。参与者须有共同的目标、相近的认

---

[1] Gill Nieholls, *Collaborative Change In Education*, London. Stirling (USA), 1997, p.9.
[2] 夏征农：《辞海》（彩图缩印本），上海辞书出版社1999年版，第810页。
[3] 同上书，第2356页。

识、协调的互动、一定的信用，才能使合作达到预期效果。其特征：行为的共同性，目的的一致性，甚至合作本身也可以变为一种目的"①。

在本书中，对"合作教育研究"之"合作"不作特殊约定。这主要是因为，人们在从事及论及"合作教育研究"时并没有专门限定"合作"到底属于上述哪一类，如果本书作出严格约定则会误解很多的合作教育研究。因此，文中的"合作"泛指在合作教育研究中因理论者与实践者共同参与研究而结成的人际关系状态。这种关系状态在不同合作教育研究中可呈现出不同的水平。这也刚好能反映不同合作教育研究中两类主体间关系发展的不同程度。

（二）教育研究

一直以来，人们对教育研究的定义呈现出多样性。如，英国学者特拉弗斯（Travers）从研究目的的角度下的定义是："旨在对教育工作者所关心的事情形成一种有机的科学知识体系的活动。"② 这是强调教育研究的知识生产特性。彼得斯和怀特（Peters & White）则突出教育研究的主体，认为是"为了解答某种特定的问题，由非常精通某种思维方式的人所进行的系统而持续的探究"③。索利斯从教育研究所涵括的范围指出，"应当把教育研究理解为包括教育中经验的和实验的研究，而不是教育中历史的和比较的研究"④。瑞典学者胡森在其主编的《国际教育百科全书》中，从教育研究所依从的方法论角度认为，"教育研究，作为一种以经验主义为基础的科学探索，最初是以'实验教育学'闻名于世的"⑤。在国内，人们一般从

---

① 夏征农：《辞海》（彩图缩印本），上海辞书出版社 1999 年版，第 812 页。
② ［英］弗玛、布雷德：《教育研究》，载瞿葆奎《教育学文集·教育研究方法》，人民教育出版社 1987 年版，第 8 页。
③ 同上书，第 9 页。
④ 同上。
⑤ ［瑞典］胡森：《国际教育百科全书》（第三卷），贵州教育出版社 1990 年版，第 323 页。

"研究"的定义出发来推论"教育研究"[①]。可见，由于教育及教育研究本身的复杂性，要给教育研究下一个明确的定义是困难的。但是，我们也看到上述界定或多或少存在一些不足：如特拉弗斯忽视了不是为了生产知识而是为直接改进实践、提升实践水平的教育研究；彼得斯和怀特似乎不承认普通教育实践者也有可能成为教育研究者，因为他们可能不"非常精通某种思维方式"；索利斯和胡森实际上窄化了教育研究的范围和方法论基础；国内许多学者的界定则忽视了教育研究的独特性。因此在本书中，我们对教育研究作出如下约定：（1）教育研究的主体可以是多样的，既可以是专业的教育理论研究者，也可以是从事教育实践活动的教育实践者，还可以是其他专业的学者或不直接从事教育实践活动的人。当然本书中是指前两者。（2）教育研究是以一定方法和方法论为基础的、有目的、有计划的探究性活动，而不是无意的感悟或偶然的发现。（3）教育研究包括教育活动研究、教育理论研究和教育研究之研究三大类。[②]（4）教育研究既可以为了形成教育理论知识而开展，也可以为直接改进教育实践活动、提升教育实践水平而开展，还可以旨在促进理论发展和实践变革的交互生成；教育研究成果也有多种表达形式。

（三）合作教育研究

本书中的合作教育研究不是指对"合作教育"的研究，而是指合作开展的教育研究，在本书中专指由大学（在中国主要是师范大学，在国外主要是有教育学科建制的大学）里的教育理论研究者与中小学的教育实践者合作开展的，以教育实践为直接研究对象的研究活动。它主要有以下基本要件：（1）理论研究者要到中小学教育实践现场；（2）以一定研究项目为依托；（3）实践者不同程度地参与研究项目；（4）时间上有一定持续性。

[①] 具体可参照陈震东《教育科学研究方法》，人民教育出版社 1980 年版，第 1—12 页；李秉德《教育科学研究方法》，人民教育出版社 1986 年版，第 10—12 页；裴娣娜《教育研究方法导论》，安徽教育出版社 1996 年版，第 4 页。

[②] 叶澜：《教育研究方法论初探》，上海教育出版社 1999 年版，第 307 页。

(四) 两类主体[①]

本书中的"两类主体"分别指大学中的专业教育理论研究者（下称理论者）和中小学的教育实践者（下称实践者）。理论者因研究对象的多层多类（如有高等教育、中等教育、初等教育；普通教育、职业教育、特殊教育、师范教育；教育基本理论、中外教育史等），而有专业或研究方向上的区别。理论者具体指在大学（在中国一般是师范大学）中从事基础教育理论与实践研究的专业研究者，可以按两个维度（理论与应用的纵向维度和学科的横向维度）分属两个层次——学科基本理论研究层次和学科应用理论研究层次。实践者也因教育实践本身的多层多类可分为不同类型，在本书中具体指以校长为首的中小学管理者和教师，也包括地方教育行政部门与合作教育研究直接相关的参与研究的相关人员，但主要指以校长为首的中小学管理者和教师。

(五) 关系

"关系"是"人和人或人和事物之间的某种性质的联系"[②]。在本书中，对于"关系"有两种理解：名词结果式理解与动词过程式理解。所谓名词结果式理解，是指将关系视为一种既成事实的关系；动词过程式理解则意味着关系建立是一种互动生成过程，是流变着、生成着的关系，它内含着不同主体对这一关系的主动参与和主动建构，相互间不断的调适或冲突。本书中的"关系"对于这些理解都会涉及到，如讲"关系类型"时是名词结果式理解，讲不同主体间的互动状态及其机制时的"关系"则是动词过程式理解等。

[①] 在合作教育研究中，主体间的关系十分复杂，至少可以区分成理论者之间的关系、实践者之间的关系、理论者与实践者间的关系三大类，而每一类关系中还可以进一步区分成不同的层次、不同方面的关系。在本书中，很难同时对这些关系都进行探讨，因而只聚焦于理论者与实践者间的关系。但这并不说明其他关系不重要或不值得探讨，它们将会成为我今后进一步研究的关注点。特此说明。

[②] 中国社会科学院语言研究所词典编辑室：《现代汉语词典》（修订本），商务印书馆1998年版，第462页。

第二节 文献综述

一 文献来源

由于合作教育研究在国外较为盛行,因此本人首先查阅了大量英文文献①。这些文献主要通过以下几种渠道获得:(1)中国国家图书馆外文图书借阅部;(2)华东师范大学图书馆外文图书室;(3)香港中文大学图书馆(通过友人帮助,得到了有关合作教育研究的英文著作及博士论文);(4)通过 SAGE 全文期刊网、JSTOR 全文过刊期刊网获取相关学术论文;(5)通过谷歌搜索引擎中的"学术搜索"获取相关论文和电子版书籍。(6)华东师范大学图书馆及教科院教育资料信息中心的英文专业杂志。到目前为止,收集到直接相关英文学术著作 12 册,博士论文 8 册,电子书籍 5 册;经筛选后与本书写作直接相关且包含"school-university"、"partnership"、"collaboration"、"cooperation"等关键词的学术论文 97 篇。为便于分析,对上述英文文献进行了分类整理,并编制卡片索引。

与本书有关的国内文献情况主要有以下几个方面:(1)为了解新中国成立前中国合作教育研究的发展状况,在华东师范大学古籍阅览室,系统查阅民国时期具有代表性的教育期刊——《教育杂志》(1909—1948)和《中华教育界》(1912—1950);还在华东师大教科院教育资料信息中心查阅了人民教育出版社出版的《中国近代教育论著丛书》。(2)查阅 20 世纪 80 年代后中国出版发行的主要教育专业期刊及部分台湾和香港地区的专业学术杂志中与合作教育研究相关的学术论文(除了关注直接相关的论文外,还涉及到一些间接相关的文献,如虽然题名及关键词不相关,但在阐述中涉及到合作教育研究的),共计 31 篇。(3)以"大学中小学"、"合作教育研究"、"合作教育研究"、"协作研究"、"伙伴关系"等为关键词,在

---

① 因本人只能阅读英文文献,故而未能涉及其他语种文献。特此说明。

中国期刊网上获取硕士论文9篇，博士论文2篇；还通过谷歌搜索引擎中的"学术搜索"获取了其他相关中文文献。（4）专门搜集了与教育实验研究、教育行动研究、教育叙事研究、教师专业发展学校、教师专业发展、院校协作（合作）、学校（教育）变革、教育研究方法及方法论等著作（含译著），另外还涉及社会学、人类学等相关著作（含译著）近50册。（5）两次学术会议论文集[①]，以及"新基础教育"基地学校出版的书籍、自评报告、发展规划、反思总结、调查分析等。

在文献查阅中，注意回溯法的运用，即通过相关文献的参考文献来寻求更多的文献。但必须承认，在文献查阅过程中肯定漏掉一部分文献（尤其是英文文献），有待以后进一步的搜集。

二 文献基本观点

如果对本人掌握的相关文献进行分析[②]，在主题上大致归为以下几类：

（一）合作教育研究对双方的意义

对于实践者来说，合作教育研究可以得到共享目标，成为某个群体一员的心理安慰。而且，通过合作实践者可以得到理论者的帮助和就读大学的研究生课程[③]。合作教育研究还有以下效果：（1）形成促进教师对教育教学进行反思与改进的机制；（2）合作中的项目团队加强了教师间的联系，鼓励他们与学术人员进行交流；（3）双方人

[①]《学校改进与伙伴协作：两岸三地研讨会程序及论文摘要》（香港中文大学，2006.6），《两岸四地"学校改进与伙伴协作"第二届学术研讨会会议论文集》（华东师范大学，2007.10）

[②] 在这里需要指出，由于有的文献没有区分"合作"与"合作教育研究"，属于一般笼统地谈到大学与中小学两类组织间的"伙伴"关系，这些谈论主要涉及到两类组织在工作上的关系（如新教师培养和在职教师培训等）。在以下的文献分析中，本人剔除了这部分文献。特此说明。

[③] Goodlad John, *Educational Renewal*, Jossey-Bass Inc., 1997, pp. 109–113.

员互动的过程减少了"做教育研究"与"应用教育研究成果"之间的距离;(4)研究教师在日常教育工作中的问题可以有效地促进改进这些问题;(5)合作团队可以有效地帮助教师实现角色转换并增强其领导力;(6)合作可以使教师对实践的理解及对问题的确定在理论上合法化。[1] 在这方面,中国学者也有研究。卢乃桂、操太圣对合作教育研究与教师专业发展的关系作过较为深入的研究,突出了合作中对教师发展的"赋权"、激发教师发展自主性对于教师专业发展的意义。[2] 殷芬专门探讨了合作教育研究与教师成为研究者的关系,认为合作教育研究可以帮助教师获得知识和技能(如帮助教师形成正确的教育科研观、促进教师在实践研究中学习、帮助教师将自己教育教学实践的缄默知识显性化等)、有利于形成教师研究共同体。[3] 姜婷依据一个具体的个案分析了在合作教育研究背景下的教师教学反思行为及其与教师专业发展的关系。[4] 张景斌认为,合作教育研究对大学与中小学都有成效,表现在:使大学和中小学教师共同获得了专业发展,伙伴协作促进了双方学校功能的建设,伙伴协作构建了新型的学习共同体。[5] 宋敏认为通过合作教育研究,帮助中小学教师转变了对教育科研和大学教育理论者的态度,唤醒了反思和研究意识,转变了教育教学行为和提高了撰写科研论文或报告能力。[6]

---

[1] Liberman, A. "Collaborative work". *Educational leadership*, 1986, p. 5.
[2] 可参照操太圣、卢乃桂《伙伴协作与教师赋权——教师专业发展的新视角》,教育科学出版社 2007 年版;操太圣、卢乃桂《院校协作脉络下的教师专业发展——赋权与规训的争拗》,《高等教育研究》2002 年第 12 期。
[3] 殷芬:《大学—中小学合作教育研究与教师成为研究者》,硕士学位论文,华东师范大学,2007 年。
[4] 姜婷:《大学与学校合作背景下教师教学反思的尝试》,硕士学位论文,天津师范大学,2005 年。
[5] 张景斌:《大学与中小学的伙伴协作:动因、经验与反思》,《教育研究》2008 年第 3 期。
[6] 宋敏:《合作教育研究现状、问题及思考》,硕士学位论文,首都师范大学,2005 年。

对于理论者来说，合作教育研究对其专业发展也有帮助。王建军格外关注了合作教育研究对大学教育理论者专业发展的作用，认为在合作的教育变革中大学教师应谋求"扩展的专业发展"以适应此类变革的要求，它包括教育背景知识、中小学课程知识、教育变革知识、教师专业发展知识等七项内容。[①] 翁朱华也提到，合作教育研究使理论者对理论的理解发生了从"口号"到"立体的生活基础"的变化，研究视角和工作范围得到了拓展，取得了经验和情感的双丰收。[②]

对于大学与中小学两类组织而言，合作教育研究可以使大学与中小学获得经费方面的直接好处（来自政府或基金的资助），使其渡过生存危机。[③] 当然，中小学还能由此得到地方政府的财政支持和大学提供的培训、课程开发、教育评估及其他低于"市场价格"的专业服务。[④] 还有人指出，合作教育研究可以有效地促进学校教育变革。[⑤]

（二）合作教育研究的模式分类

合作教育研究经过多年的发展，形成了不同的类型。这方面主要有以下几种代表性的观点：

1. 戴伊（Day）的分类[⑥]

戴伊（Day）是瑞典诺丁汉大学的教育学教授，他对由瑞典教育

[①] 王建军：《合作的教育变革中大学教师"扩展的专业发展"》，《全球教育展望》2008年第3期。

[②] 翁朱华：《影响大—中小学合作的因素分析——一个大学—小学合作的个案研究》，硕士学位论文，华东师范大学，2003年。

[③] Botel, M., Glatthorn, A., &Larkin, J., *Focused graduate studies: A new pattern of school/university cooperation*, Phi Delta Kappan, 1984, p. 565.

[④] Sarason, S. B., Carroll, C., Maton, K., Cohen, S., and Lorentz, E., *Human services and resource networks*, San Francisco: Jossey-Bass, 1977, p. 131.

[⑤] Liberman, A., "Collaborative work". *Educational leadership*, Vol. 14, 1986.

[⑥] Christopher Day, "Re-thinking school-university partnerships: A Swedish case study", *Teaching and Teacher Education*, Vol. 14, No. 8, 1998.

部资助的七个合作教育研究项目进行研究后，以合作目标为标准形成了三种不同类型的合作教育研究：寻求相似思想的理念型（Ideological）合作、教育知识生产型的合作、在持续互动中实现能力建构的合作。

2. 图什奈特（Tushnet）的分类[1]

图什奈特（Tushnet）是美国联邦教育部"教育研究与改进办公室"（Office of Educational Research and Improvement，简称OERI）的专业研究人员，他在对三十几个不同的合作教育研究项目进行比较后，根据合作中两类组织间的关系水平将合作教育研究分为三类：第一种是初级伙伴或有限协作（primary partner/limited partnerships）。过程中，一方作为合作的主持者（大学方及其理论者）向另一方的组织或个人（中小学及其实践者）提供服务，如培训、资料等，类似于"顾问"角色。第二种是协作伙伴（coalition partnerships）。它强调不同组织间的劳动分工，协作中双方是平等的，在达成的协作模式内自主决定自己所需采取的行动。第三种是合作伙伴（collaborative partnerships）。这种合作中双方平等参与，也存在劳动分工，但他们共享一个持续的决策过程，都有权参与所有的决策。

3. 巴奈特（Barnett）的分类

巴奈特（Barnett）根据合作中组织间关系的复杂性提出过与图什奈特类似的分类模式[2]：第一种是"买卖"模式（vendor model），即根据契约一方向另一方提供服务。第二种是合作模式（collaborative model），即根据利益的互相交流而建立的互动关系，与图什奈特讲的"合作伙伴"关系不一样。第三种是共生模式（symbiotic partnership model），建立在双方认同的目标、对象和政策的基础上。第

---

[1] Tushnet N. C., *A guide to developing educational partnerships*, Washington, DC: Office of Educational Research and Improvement, 1993.

[2] Barnett, B. G., Hall, G. E., Berg, J. H., & Camarena, M. M., "A typology of partnerships for promoting innovation", *Journal of School Leadership*, vol. 9, 1999.

四种是"副产品"模式（spin-off model），这里所谓的"副产品"指的是当合作关系达到高水平时，彼此双方对合作关系产生高度认同并进而形成新的组织结构。

4. 拉维德（Ravid）和汉德勒（Handler）的分类[①]

拉维德（Ravid）和汉德勒（Handler）是美国—路易斯大学（National-Louis University）教育学院教授，曾主持和参与多项合作教育研究项目。他们认为以合作形成的关系结构划分，可以有以下四种合作模式：（1）教师专业发展学校的模式（PDS model），合作主要致力于职前教师培养和在职教师专业发展。（2）商谈模式（consultation model），主要由一个或几个大学教育理论者与一个或数个中小学教师开展合作。研究人员的角色定位是"顾问"，为中小学教师提供知识资源和其他专业支持，主要目的在于改进教师的教学和促进教师专业发展。（3）一对一模式（one-to-one collaboration model），即一个大学教育理论者与一个中小学教师作为平等的合作伙伴开展合作，双方共同策划和实施研究项目。（4）伞形模式（umbrella model），在这种模式中有许多个合作项目组（彼此可以不同），各自由大学人员与中小学教师组成，但在他们之上有一个总的组织机构进行管理（促进各项目组的合作和研究）。研究在各项目组内进行，也可以进行跨组合作。

5. 卡拉汉（Callahan）和马丁（Martin）的分类[②]

卡拉汉（Callahan）和马丁（Martin）是美国得克萨斯州立大学的教育学教授，他们从组织变革的角度比较了得克萨斯州两个截然不同但都很成功的大学与中小学合作研究项目——"成功首创学校"项目（Successful Schools Initiative，简称 SCI）和"有效学习伙伴"

[①] Ruth Ravid & Marianne G. Handler, *The many faces of School-University Collaboration: Characteristics of Successful Partnerships*, Teacher Ideas Press, 2001.

[②] Jamie L. Callahan & Dorian Martin, "The spectrum of school-university partnerships: A typology of organizational learning systems", *Teaching and Teacher Education*. Vol. 23, 2007.

项目（Centre for Effective Learning Partnership，简称 CELP），通过比较在理论上提出了一个合作教育研究的分类设想。SCI 是自我维持运营的组织，大学只是给付费的"顾客"学校提供教育服务的"服务商"。任何学校只要愿意向 SCI 交纳几千美元的年费就可以派遣几个人参加每年定期举行的由大学专家主持的培训活动。而在 CELP 中，大学专家参与中小学的变革过程，双方人员组成的领导委员会，共同致力于合作活动的开展。如果进行对比，会发现这两个合作项目在以下四个方面正好分别处于两极处：第一，SCI 体现了离散型文化，而 CELP 体现了向心型文化；第二，SCI 是非连续的定期学习，而 CELP 是连续的持续学习；第三，SCI 是集权式决策，而 CELP 是民主的参与式决策；第四，SCI 通过合作促使的变革是单向的，而 CELP 促进的变革则是双方多方面的变革。这样来看，参与 SCI 的中小学是分散的（dispersed，简称 D），而参与 CELP 的中小学则是固定的（localized，简称 L）；SCI 的学习研讨活动是定期的（periodic，简称 P），而 CELP 的学习研讨活动则是连续性的（continuous，简称 C）；SCI 的决策是集权的独立决策（independent，简称 I），而 CELP 的决策是民主的共同决策（joint，简称 J）；SCI 合作产生的变革是单向的（unilateral，简称 U），而 CELP 合作产生的变革是双方的（reciprocal，简称 R）。如果把这四个对立的维度进行分别组织，就会得到以下 16 种大学与中小学的合作模式：

LPJU	LPIU	DPJU	DPIU（SCI）
LPJR	LPIR	DPJR	DPIR
LCJU	LCIU	DCJU	DCIU
LCJR（CELP）	LCIR	DCJR	DCIR

6. 比奥特（Biott）的分类

比奥特认为合作教育研究通常有两种模式：一是执行模式（implementation partnership），即所谓专家模式，采用的策略是施予、教授、示范和实施；二是发展模式（development partnership）即互相合作模式，采用的策略是提问、咨询、讨论和发展。前一种模式是一种理论者自为权威、事事先入为主的主导方式。后一种模式中，大学的研究人员则不以既定的方案手把手要求实践者如何做，而是通过提问、咨询、讨论运用的策略，与学校教师紧密合作，共同发展切实可行的方案。①

7. 中国研究者的分类

殷芬提出了教师作为辅助研究者的合作教育研究和指向教师成为研究者的合作教育研究两种模式。前者又分大学教师立项、中小学教师提供数据和中小学教师立项、大学教师提供"指导"两种；后者则主要指行动研究。② 宋敏将合作教育研究区分为咨询合作方式、一对一合作方式和中介合作方式，并用案例分别进行了分析。③ 罗丹提出了校本研究式、课题研究式（行动研究）和教师发展学校式三种合作教育研究模式。④

（三）成功合作教育研究的特征

雪佛（Shive）认为这些特征有：（1）界定清晰的、根据需要予以修订的共同目标；（2）为达成目标，对双方权利与责任的约定；（3）对参与合作的理论者与实践者的激励机制；（4）比较稳定的财政支持；（5）在合作计划执行之前有足够的学习时间等。⑤ 霍尔姆

---

① 丁钢：《同侪互助：教学创新的内在动力》，2003 年 4 月，http://cur.cersp.com/info_Print.asp? ArticleID = 5273. 2003 - 04.

② 殷芬：《大学—中小学合作教育研究与教师成为研究者》，硕士学位论文，华东师范大学，2007 年。

③ 宋敏：《合作教育研究现状、问题及思考》，硕士学位论文，首都师范大学，2005 年。

④ 罗丹：《课程改革背景下大学和中小学合作的动因与模式》，硕士学位论文，东北师范大学，2006 年。

⑤ Shive, R. J., "School and university partnerships: Meeting common needs", *Improving College and university teaching*, Vol. 32 (4), 1984.

斯小组在其对 PDS 学校发展提出的建议中指出，成功合作通常对教育变革有宏观的、系统性的认识，这能让双方对合作有整体的、长期的考虑。[1] 富兰（Fullan）则强调合作成功要有理论的指导，而且在一个后现代社会里，合作双方要有从对方文化来思考的能力。[2] 索德森（Thorkildsen）和斯泰因（Stein）概括的特征有：（1）基于相互理解的高度信任；（2）信息共享，互相尊重，形成探究共同体，成员间基于平等"对话"的"沟通"；（3）民主决策，以免形成科层关系和特权；（4）有明确的共同目标，所有参与方（包括个人和组织）俱能获益；（5）彼此之间的悬殊差异，成为促进双方发生变革的刺激力量；（6）良好的行政架构和便于管理的议程；（7）外在支持，尤其是双方高层领导的热情帮助；（8）动态的经常性评估。[3]

（四）成功合作教育研究的条件

对此，有人认为需要发展参与者之间的信任，而且这种信任要建立在双方相互理解的基础上[4]；建立探究的团体[5]，团体中的交流以"对话"为基础，而不是"命令发布"[6]；合作过程中体现民主，

---

[1] Holmes Group, *Tomorrow's Schools: Principles for the design of professional development schools*. East Lansing: Author, 1990.

[2] Fullan, M., *Change forces: Probing the depths of educational reform*, New York: Falmer Press, 1993.

[3] Thorkildsen, R. & Stein, M. R. S., "Fundamental Characteristics of Successful University-School Partnerships", *School Community Journal*. vol. 6 (2), 1996.

[4] Gore, J. M., *Emerging Issues in Teacher Education*, Murdoch, Innovative Links Project, 1995.//Shapiro, J. P., Parssinen, C. & Brown, S., "Teacher scholars: an action research study of a collaborative feminist scholarship colloquyium between schools and universities", *Teaching and Teacher Education*, vol. 8 (1), 1992.

[5] Stenhouse, L., *An Introduction to Curriculum Research and Development*, London: Heinemann Educational Publishers, 1975.

[6] Shapiro, J. P., Parssinen, C. & Brown, S., "Teacher scholars: an action research study of a collaborative feminist scholarship colloquyium between schools and universities", *Teaching and Teacher Education*, vol. 8 (1), 1992.

避免等级性的关系[1];承认和满足不同组织和个体的兴趣和需要[2];承认合作者之间的各自差异性并且这些差异将会促进对方的发展[3]。萨拉林(Sarason)还指出,成功合作需要有核心人物,他/她应具有号召力、坚韧的品质和良好的教育理念,其中坚韧品质最为重要。[4]彼德森(Peterson)也提出,成功的大学与中小学合作往往与核心的教育变革发起人联系在一起。[5]

古德莱得(Goodlad)集他几十年的合作教育研究经验提出了应注意的一些方面[6]:(1)处理好彼此的文化差异。(2)合作中一般是大学(或大学里的教育学院、教育系)一方容易出问题,主要是因为合作的激励机制超越了大学传统做法。(3)加强双方高层的领导力、交流沟通能力及其责任心对合作非常重要。大学校长、院系主任、中小学校长等要经常在正式场合出现以加强人们对合作的信心与努力。(4)保证充足的资源。(5)形塑真诚的合作,讲究伦理是合作中最重要的因素,这要体现在每一个环节之中。(6)学会面对不确定性,在持续不断的"计划——行动——评估……"中前进。(7)避免"多快好省"综合症,合作不是为了向公众展示出风头。

---

[1] Gore, J. M., *Emerging Issues in Teacher Education*, Murdoch, Innovative Links Project, 1992.//Zeichner, K., *Beyond the devide of teacher research and academic research*, keynote address at the Annual Conference of the Australian Association for Research in Education, University of Newcastle, 1994.

[2] Gore, J. M., *Emerging Issues in Teacher Education*. Murdoch, Innovative Links Project, 1995.//Knight, S. L., Wiseman, D. & Smith, C. W., *The reflectivity-activity dilemma in school-university partnerships*. Journal of Teacher Education, vol. 43 (3), 1992.

[3] Knight, S. L., Wiseman, D. & Smith, C. W., "The reflectivity-activity dilemma in school-university partnerships". *Journal of Teacher Education*, vol. 43 (3), 1992.

[4] Sarason, S. B., Carroll, C., Maton, K., Cohen, S., and Lorentz, E., *Human services and resource networks*, San Francisco: Jossey-Bass, 1977, p. 131.

[5] Peterson, P. E., *Schools, Groups and networks: A political perspective*, Rev. ed. Washington, DC: National Education Association, 1977.

[6] Goodlad, J. I., *Educational Renewal*, Jossey-Bass Inc., 1994, pp. 109–113.

(8) 避免合作结构的僵化或无结构化，要在两者之间取得平衡。
(9) 领导要进行赋权与共享责任。

富兰（Fullan）认为维系成功合作教育研究的重要条件包括：（1）背景（context），良的合作时机及时空条件；（2）理性（rationale），确保大学与中小学的目标是适宜的，而且有成功合作的基础；（3）投入（commitment），合作双方都投入时间、金钱和人力；（4）结构（structure），确立交流、决策、解决异议等的机制和程序焦点，发展双方共享的远景，并使计划足够具体以凝聚参与各方，但又保持独立性和创造性；（5）过程（process），发展积极的人际和专业关系。[①]

翁朱华认为，成功的合作教育研究需要满足以下几项条件：（1）坚持合作的自愿原则；（2）理论者要运用实践的语言；（3）平等和互惠；（4）合作课题的实践适切性；（5）让教师体验成功；（6）适时调整目标；（7）充分的沟通和分享；（8）职责明晰；（9）融洽和谐的人际关系。[②] 牛瑞雪提出，开展合作教育研究需要建立共同的合作目标。参与者角色入位是合作教育研究的必要条件：教师是研究的主体，要具有自主发展的意识；学校需要为教师做研究提供组织、物质及文化的支持；理论者是促进者，应该根据学校的发展目标，为教师和学校的发展提供切实有效的帮助。此外，还需要建立必要的机制，保障合作教育研究的顺利进行。[③]

（五）合作教育研究中的妨碍因素

古德莱得曾提到，"历史上没有什么合作能解决学校中真正艰难

---

① Fullan, M., Erskine-Cullen, E. & Watson, N., "The learning consortium: a school-university partnership program: an introduction", School Effectiveness and School Improvement, Vol. 6, 1995.

② 翁朱华：《影响大—中小学合作的因素分析——一个大学—小学合作的个案研究》，硕士学位论文，华东师范大学，2003 年。

③ 牛瑞雪：《行动研究为什么搁浅了——合作教育研究的困境与出路》，《课程·教材·教法》2006 年第 2 期。

的、一贯性的难题"[①]。那么有哪些因素影响了合作教育研究的开展呢？克拉克（Clark）将之归结于大学与中小学两类组织文化，及日复一日运行方式上的差异性。[②] 里伯曼（Lieberman）认为两类组织在管理、文化背景、资金流向等方面的差异性导致双方的误解和冲突。[③] 哈贝曼（Haberman）也曾提到两种机构本质上的不相容性及两类主体间的不可沟通性。[④] 1984年由古德莱得主持的"学校教育研究"项目也支持中小学教育教学工作并没有在大学帮助下有所改善的看法。但这一研究的总结报告《一个称作学校的地方》并没有得出大学与中小学合作无效性的结论，而是换一个角度表达了积极性期待："如果我们不考虑大学与中小学之间的不相容性，而设想它们愿意寻求一种有效合作的方式，那么其间的障碍会是什么呢？"[⑤]

莱斯（Rice）通过对20多个合作教育研究个案的研究，从四个方面总结了影响合作的因素，每个方面又分为若干个层面，这些方面和层面分别是：（1）情境因素（situational fators），包括不愿意合作、相关关系和态度、不能获得持续的资金支持；（2）组织结构因素（structural dimension），包括制度和规则不完善、公开与控制问题、校长的态度；（3）过程因素（process dimension），主要指大学与中小学机构及人员之间的沟通交流不够；（4）关系因素（relation dimension），包括组织内的关系紧张、组织之间目标的冲突、最初的

[①] Goodlad, J., "School-university partnership and partner schools", *Educational Policy*, vol. 7 (1), 1993.

[②] Clark, R. W., "School-university partnerships and networks", *Occasinal Paper* No. 2, Center for Educational Renewal. Seattle: University of Washington, College of Education, 1986.

[③] Lieberman, A., *School-university collaboration: A view from the inside*. Phi Delta Kappan, vol. 74 (2), 1992.

[④] Haberman, M., "Twenty-three reasons why universities can't educate teachers", *Journal of Teacher Education*, vol. 22, 1971.

[⑤] Goodlad, J. I., *A Place Called School*, New York: McGraw-Hill, 1984.

不信任和怀疑关键个体的重要性、非正式会议的重要性等。①

萨拉森（Sarason）认为，合作双方对对方地位与权力的固有看法也会妨碍合作。从实践者一方来看，大学理论者无疑在教师教育、实践批判等方面具有天然的"法定"和"认证"地位，因此实践者潜意识里将理论者置于自身之上。② 也有人指出双方激励机制欠缺也是妨碍合作的重要因素。理论者将与实践的合作看成不必要的"服务"而非促进教育研究与教育理论发展的机会；他们始终相信可以通过阅读同行著作来了解学校和教育的本质，而不是真正深入学校教育实践。实践者们不从事学术研究、不发表学术成果，但得听从上级指示，这是其获取办学资源的重要渠道。这意味着，如果没有直接好处，他们不会做无把握之事。对此，哈维洛克（Havelock）评述道："在严格的经费预算之下，对中小学教师及管理者来说大学与中小学合作越来越难以为继，因为与获得经费相比这更像是一场不能给学校带来清晰、具体利益的学术游戏，它所提供的仅仅是空虚的咨询建议、一堆理论设想和专业提升的空头支票。"③

在中国学者中，杨小微谈到了理论者关注实践时应避免的几种常见心态，如"审判者心态"、"打捞者心态"、"纳凉者心态"等，认为这几种心态反映出理论者将实践者当做工具、手段而非目的，是一种占有、索取或利用；还提出了几种可选择的关注方式，如"遥远的惦念"、"贴近的守望"、"置身式的介入与互动"等，并认

---

① Rice. E. H., "The collaboration process in professional development schools: Result of A meta-ethnography": 1990–1998. *Jounal of Education*, *Teacher Education*, Vol. 53, January/February, 2002.

② Sarason, S. B., *The predictable failure of educational reform*, San Francisco: Jossey-Bass, 1990.

③ Havelock, R. G., *School-university collaboration supporting school improvement*. The eastern private university network case, Vol. 3, Washington, DC: National Institute of Education, Research and Practice Program, 1981, p. 131.

为理论者在关注实践时要把握好分寸感，保持反省的自觉性。① 金忠明分析了阻碍双方合作的潜在冲突，认为这些冲突主要有价值冲突（关注焦点不同、专注程度不同）、话语冲突（话语权冲突、日常话语冲突）、功能冲突（体现在双方职业特性的差异及所从属文化属性的冲突）、标准冲突（学理标准与现行考试评价标准之间的冲突）等。② 翁朱华认为两类主体开展合作教育研究存在以下障碍和困难：双方关注点不同，专业背景有冲突性，合作的目标与学校建设目标冲突，时间难以保证，固有思维模式和新理念的冲突等。③ 牛瑞雪认为教师缺乏自我发展动力，对研究的误解，时间与精力的有限性，学校支持的消退，空虚的校本科研组织，理论者"局外人"的尴尬身份，与教师不成功的沟通等，都是合作教育研究难以开展下去的消极因素。④

（六）合作教育研究中的关系理论

1. 组织层面的共生关系论（symbiotic partnership）

古德莱得在深入分析中小学之间合作与大学—中小学合作差异性之后，认为前者只能称为"network"，而后者才是"partnership"。一般来说"network"是同类性质组织合作关系的称呼，而"partnership"则是不同性质组织为达成各自利益而精心设计，合作解决共同问题的组织安排。中小学之间通过"network"可以互通信息、共享资源，并在某种程度上改善各自的发展状况，但指望这样的沟通达成学校根本性变革是不可能的。因为不管这些学校在规模、生源、资源上存在多大差异，但其目标、功能、结构是一致的，这决定了

---

① 杨小微：《教育理论工作者的实践立场及其表现》，《教育研究与实验》2006年第4期。

② 金忠明：《大学—中小学合作的潜在冲突》，《上海教育科研》2006年第6期。

③ 翁朱华：《影响大—中小学合作的因素分析——一个大学—小学合作的个案研究》，硕士学位论文，华东师范大学，2003年。

④ 牛瑞雪：《行动研究为什么搁浅了——合作教育研究的困境与出路》，《课程·教材·教法》2006年第2期。

他们不可能打破共有的惰性。而只有在文化上存在根本差异的两种组织在互相碰撞、侵袭过程中才会引起根本性的变革。为此，古德莱得引入了生物学中"共生"（symbiosis）概念（意味着不同种的生物共同生活），认为合作教育研究中两类组织的关系应是一种共生关系。因为这两类组织在目标、功能、结构、制度、规则、习俗等方面存在根本的"类"的差异，此差异会成为促进二者合作发展的重要资源。他还提出，这种共生关系必须满足三个条件：其一，两类组织之间存在差异性，相似性越大供双方分享的东西就越少；其二，通过合作必须满足各自的利益，即双方的差异要体现互补性（一方所有的正是对方所需的）；其三，合作的每一方都应有充分的奉献精神以保证对方利益的满足。合作教育研究达成共生关系所需的第一条件是本来就存在的，但后面两个条件却需要双方共同努力去创造，这需要责任、计划、创造性、领导、牺牲与坚韧。[1] 不过古德莱得自己也承认，在实际合作中能达成"共生"关系的是少之又少。

2. 有机关系论（organic partnership）

针对古德莱得提出的共生关系，斯克蒂（Schlechty）和怀德福（Whitford）提出了两类组织间的有机（organic）关系论。他们虽也承认合作教育研究必须以各自利益的明晰化为前提，但是"共生关系在根本上是脆弱、暂时甚至是易变无常的……这一关系要让一方花大量时间、精力满足另一方的需求，这就如同引诱一条小鱼从一个水域到另一个水域一样需要机会、时间和耐心。……可以说，难以形成持久和稳定的关系是共生关系难以解决的难题"。[2] 与共生关系强调各自利益之不同，有机关系将合作双方及各个组成部分的整体、共同利益置于一切之上，作为合作的基础。所有部分功能的发

---

[1] Sirotnik, K. A., &Goodlad, J. I., *School-university partnerships in action: Concepts, cases, and concerns*, New York: Teachers College Press, 1988, p. 14.

[2] Ibid., pp. 191－204.

挥都是为了合作共同体的共同利益,每个组成部分都是为整体存在而存在,一旦整体出现问题部分也就难以为继。在表达方式上,共生关系是"我帮助你解决你的问题,你也要帮助我解决我的问题";而有机关系则是"我们共同解决我们共同的问题,是我们的问题"。为此,有机关系强调跨越双方边界寻找双方共有的、不合作不能解决的问题,并认为只有"教学专业化"才是这样的,因为它既是当前大学教师教育的核心问题,也是中小学在激烈竞争中核心问题。解决此问题,关键是要形成可以共享的愿景,而这一愿景应由双方领导经过协商共同形成。[①]

3. 公平交易关系论（fair trade）

由古德森（Goodson）和弗里舍（Fliesser）提出,认为有效的合作教育研究应是相互平等的,具体表现在:共同界定研究问题,共同进行资料收集、分析和报告撰写,共同分享一致的目标,确保相互尊重、平等享受有关待遇（如资薪分配）等。这种平等的实现必须基于双方充分的相互尊重与信任,但现实中理论者经常将实践者看作是工作对象而非工作伙伴,极大伤害了彼此的平等合作。为此,在开始阶段相互不了解的情况下双方必须共同商谈达成"公平交易"以确保合作的正常进行。总体来说,这一关系有以下几个方面的要义:其一,在商谈"公平交易"时,双方都必须认真思考并回答两个问题:我愿意付出什么（时间、技能、资源等）？从合作中我能得到什么（专业发展、发表文章、职业升迁等）？对此,双方都可以在谈判桌上诚实地予以揭示。其二,充分考虑合作中导致双方不平等的障碍因素。其三,合作中随着双方利益、兴趣的转移,还可以重新商谈,达成新的"公平交易"。其四,形成一种评估策略以评价双方的关系状态。其五,一旦形成充分的信任与理解就要自觉地向平

[①] Sirotnik, K. A., & Goodlad, J. I., *School-university partnerships in action: Concepts, cases, and concerns*, New York: Teachers College Press, 1988, pp. 191 – 204.

等合作关系发展。①

4. 瓦格纳（Wagner）的观点

瓦格纳认为，所有在学校开展的教育研究都涉及到理论者与实践者间这样或那样的合作。实践者要么主动成为研究对象，并帮助理论者设计、实施和支持研究活动；要么正式或非正式地许可了这样的研究，实践者的合作是在学校开展研究的必要条件。为此，他结合自己及别人从事合作教育研究的经验，区分了合作教育研究中三种不同性质的关系：资料榨取型（data-extraction agreements）、临床伙伴型（clinical partnerships）、共同学习型（co-learning agreements）。②

5. 其他观点

除上述四种代表性的观点外，雪佛认为，合作教育研究中理论者与实践者关系的突出特征是相互对对方目标与实现目标资源的一种妥协和接受。③ 斯瑞蒂克（Sirotnik）高度称赞了理论者与实践者合作教育研究的"学习性质"，认为这是"人们在真实教育情境下聚集在一起研究正在发生的事情……并提出改进教育实践的策略的学习过程"④。里伯曼（Lieberman）强调指出，合作教育研究在规模、资金来源、参与者、行动类型、组织者及其组织方式等方面

---

① Goodson; Chris Fliesser, "Negotiating Fair Trade: Towards Collaborative Relationships between Researchers and Teachers in College Settings", *Peabody Journal of Education*, Vol. 70, No. 3, 1995.

② Jon Wagner, "The Unavoidable Intervention of Educational Research: A Framework for Reconsidering Researcher-Practitioner Cooperation", *Educational Researcher*, Vol. 26, 1997.

③ Shive, R. J., "School and university partnerships: Meeting common needs", *Improving College and university teaching*, vol. 32 (4), 1984.

④ Sirotnik. K. A., "The meaning and conduct of inquiry in school-university partnerships", In Sirotnik, K. A., &Goodlad, J. I., *School-university partnerships in action: Concepts, cases, and concerns*, New York: Teachers College Press, 1988, pp. 169 – 190.

存在较大差异性，但合作的关键点是共同的，即把人们聚集在一起工作，不是一方利用另一方，双方合作可以产生新的理念，形成相互理解，还能形成相互理解对方文化世界的特殊"场"[①]。卢乃桂和操太圣指出，合作教育研究中大学专家角色要从"立法者"向"阐释者"转变，要在与教师真诚地对话与交流中创建具有真正意义的"校院合作"关系，以"恢复教师作为教育知识创造者的主体地位"；并认为大学与中小学伙伴协作模式有利于打破学校及教师固有的平衡状态，并在以平等、民主为价值诉求的协作环境中，化解教师面对改革创新的保守态度及可能出现的负面情绪，使教师在"高挑战、高支持"的理想情境中获得积极的心理和情绪体验，进而提升其专业知识、能力和自主意识。[②] 还有学者从研究方法论的角度阐述了两类人员的关系，如成虹飞以研究者进入田野所扮演的角色为依据分为主客对立的关系、传译的关系、启蒙的关系及分享的关系[③]；潘慧玲则从研究决策权等角度切入分出上下不对等关系、平等对待关系、合作关系与互惠关系[④]等。殷芬提出，处理好两者的关系，大学学者遵从民主、尊重、对话三大合作要素，实践者则要坚持自愿、自主、坚持三大参与合作教育研究的原则；并认为双方关系发展经历了"约束—协作—合作"的演变过程。[⑤]

[①] Lieberman, A., "Collaborative work", *Educational Leadership*, vol. 43, 1986.

[②] 可参照操太圣、卢乃桂的《伙伴协作与教师赋权——教师专业发展新视角》（教育科学出版社 2007 年版），以及操太圣、卢乃桂的《挑战、支持与发展：伙伴协作模式下的教师成长》（《教育研究》2006 年第 10 期）等相关论文。

[③] 成虹飞:《我为何要做行动研究？一种研究关系的抉择》，http://www.nttc.edu.tw/ige/论文集/成虹飞.htm。

[④] 潘慧玲:《教育研究的取径：概念与应用》，华东师范大学出版社 2004 年版，第 18 页。

[⑤] 参见殷芬《大学—中小学合作教育研究与教师成为研究者》，硕士学位论文，华东师范大学，2007 年。

（七）对合作教育研究的批评

狄肯斯（Dickens）认为[①]，大多数讨论合作教育研究的文献，都缺乏明确而有力的理论基础，这样的合作也甚少发展成为系统的理论。虽然有些学者也曾提及诸如建构主义理论、后现代主义理论或成人学习阶段理论等，但总体说来，合作研究依赖的理论基础并不明显。因为具有这样的特点，就很容易造成两种状况：首先，因为没有清晰而可靠的理论作基础，不同的人在尝试合作研究时，可能就会对这种合作应有的性质持不同的理解，如古德莱得所指出的，有的可能只专注于职前教师教育，有的则可能专注以学校为本的探究，还有的可能把这种合作等同于以往的实验学校体制。[②] 对此，富兰等人指出，这种理解上的混乱与焦点的模糊，最终可能会使教育实践者丧失尝试建立合作研究关系的热情。[③] 其次，因为缺少理论基础，而且对合作的性质缺乏较统一而清晰的认识，再加上两个差异甚大的机构在进行合作时必然会遇到的困难，很容易使合作关系在不知不觉中"变质"，最后的结果与开始的预期（或声称）相去甚远。例如，合作之初可能会声称为着学校教育的更新、教师的专业发展，但最后的结局则可能又变成一个一般性的个案研究，以理论者从中获取些资料、发表论文了事，学校如何获得更新的动力与支援、教师专业又如何获得发展与进步，则付诸阙如。

库班（Cuban）认为，企图不经过大的程序（如州立法），就引

[①] Dickens, Cindy, "Too valuable to be rejected, too different to be embraced: a critical review of school/university collaboration", In: Marilyn Johnston, Patti Brosnan, Don Cramer, 2000. & Tim Dove eds, *Collaborative Reform and Other Improbable Dreams: The Challenges of Professional Development Schools*, State University of N. Y. Press, 2000.

[②] Goodlad, John I., "School-university partnerships and partner schools", In: Hugh G. Petrie ed. *Professionalization, Partership, and Power: Building Professional Development Schools.* State University of N. Y. Press, 1995.

[③] Fullan, Michael, Galluzzo, Gary, Morris, Patricia, & Watson, Nancy, *The Rise and Stall of Teacher Education Reform*, American Association of Colleges for Teacher Education, 1998.

发大学理论者与中小学实践者的合作研究并以此推动大学与中小学的变革是幼稚的；而且，公立学校是对校委会和整个社区负责的，所以，在进行课程、学校组织变革以前，须得到校委会和所在社区的同意。如果不将这些因素考虑在内，合作难以达到目的。[1] 彼纳（Pinar）的批评则更学术一点，在他看来，理论者与实践者靠得太近未必是件好事，因为学校日常生活的强大推动力就像一个黑洞一样，可能会把置于其中的理论吸收得无影无踪。[2] 此外，还有学者指出大学与中小学的合作可能存在的一些陷阱，如表面化的危险，即只是在纸上合作，实践中并没有包含合作应有的一些基本要素；再如片面化的危险，即只是部分地进行合作，而不是全面、完整地合作等。[3]

三　文献分析

（一）中英文文献比较

从研究时间上看，笔者查阅到的较早的直接相关的英文文献发表于20世纪50年代（并不排除还有比这更早的文献）[4]，集中出现于20世纪90年代；较早的相关中文文献发表于20世纪80年代，是有关教育行动研究的文献（虽然之前中国有多年的教育实验研究，但相关文献关注的焦点是"实验"而非"合作"），而直接以"合作教育研究"作为探讨对象的文献集中出现在2005年以后（以硕士论

---

[1] Compoy, Renee W., *A Professional Development School Partnership: Conflict and Collaboration*, Westport & London: Bergin & Garvey, 2000.

[2] Ibid.

[3] Stallings Jane A., Wiseman, Donna L., & Knight, Stephenie, "Professional development schools: a new generation of school-university partnerships", In: Marsha Levin ed. *Professional Practice Schools: Linking Teacher Education and School Reform*. N. Y. & London: Teachers College Press, 1992.

[4] 论文: Foshay, A. &Goodson, M., *Some Reflections on Cooperative Action Research*, Educational Leadership, Vol. 10, 1953; 著作: Aiken, *The study of the eight-year study*, New York: Harper and Brothers, 1952.

文为主)。由此可见，西方的研究明显早于中国，而中国的相关研究则尚处于起步阶段。

从文献数量上看，笔者收集到的直接相关英文文献，论文 97 篇，专著 20 部（含电子书籍），博士论文 8 篇；直接相关的中文文献，论文 31 篇，专著 2 部，相关著作 9 部（涉及合作教育研究的具体个案，教育研究方法），硕士论文 9 篇，博士论文 2 篇。从这一数量的表达，我们可以看出对这一领域的研究在程度上的中西方差异。

从文献观点上看，中西方探讨的领域基本一致，但西方的研究在深度及视角丰富性上明显强于中国，在阅读文献时亦能明显地感受到西方研究对中国研究的影响（往往成为中文文献观点的重要论据和依据）。

从研究方式上看，中西方的探讨几乎都突出了个案研究，但在个案研究上也存在差异：英文文献往往注重实证分析，而中文文献则一般是描述性的质性表达。

（二）存在的问题

毋庸讳言，虽然合作教育研究其研究的丰富视角及其观点对于拓展我们对这一研究形态的认识具有重要意义。但也不容否认，这些研究存在一些共同的局限性，主要表现在：（1）注重对个案的分析处理，缺乏从历史纵向维度对合作教育研究的整体发展历程进行审视，更缺乏对合作教育研究一般理论形态的建构。（2）虽然关注合作教育研究"如何做"，但往往将其当作"静物"分析，而较少涉及合作的实际动态过程。（3）注意到了合作教育研究这件"事"，而对合作过程中的"人"则缺乏应有的关注。表现在，注重"人"之外的外部因素（如经费等）、条件对合作教育研究影响的分析，忽视"人"之主体力量（内在因素）的作用。（4）虽然注意到了合作教育研究中大学与中小学两类组织间的关系，但对其缺乏深入系统的探讨。（5）从现有研究的整体来看，虽然合作教育研究的主题涉及的面较广，但每一项合作教育研究往往仅关注教育实践的某一方面,对教育实践的整体缺乏深入探讨。(6)虽然注意到合作教育研究沟通教育理论与实践的意义,但较多的是在一般意义上提及而对此缺乏深入探究,尤其对"如何沟通"缺乏深入分析。(7)中国的相关研究较多引用西方的基本观点和案例(如教育行动研究、教师专业发展学校等),注重它们对中国的"启示"意义,但对这些"启示"的适用性则较少探讨,对本国合作教育研究有无独特性、创生性缺少关注。

第三节 研究价值、方法与思路

一 研究预期价值

(一)理论意义

1. 形成有关合作教育研究中两类主体间关系的系统认识

这是本书的重心所在,即将关注的目光从"事"、"组织"转向合作过程中的"人",试图通过对两类主体间关系的比较分析,展现不同合作教育研究的品质。特别是注意探究以两类主体间关系为中介的教育理论与实践之间的沟通与转化,对交互生成式的主体间关系形态(关系的实质及其发展)进行较为深入的揭示。在阐述中,侧重合作过程中"人"自身的主体因素对合作教育研究的影响,突出强调主体自主性与自觉性激发对合作研究的意义与不可替代的力量,弥补已有相关研究侧重"人"之外的因素(如制度、组织等外部条件)的不足。对主体间关系的研究关注中国文化的特殊影响,努力揭示在中国文化背景下的主体间关系。

2. 构建交互生成型合作教育研究的理论形态

发展至今,合作教育研究已呈现出多种形态,这些不同形态在不同时期出现,在不同层面和角度体现了它们对于教育理论研究和教育实践变革的合理性。但也毋庸讳言,在这些合作教育研究中,理论(者)与实践(者)双方还处在不同程度的隔离状态,并不同程度地表现出不同的单向特征。近些年来,随着当代教育理论与中小学教育转型性实践变革同时态的纠缠式发展，合作教育研究在中国出现了新形态，即越来越注重理论（者）与实践（者）间的相互沟通与转化，出现了交互生成型的新的合作教育研究形态。如何从理论上探讨这一新形态，完善和深化人们对合作教育研究的认识将成为本研究的重点。这也是本研究力图形成的创新点。在探究中，本书基于本土立场和教育学立场，突出当代中国合作教育研究的创生性和独特性，努力勾勒出新型的交互生成式合作教育研究的理论形态。

3. 从主体间关系角度深化教育理论与实践关系的认识

对教育学而言，教育理论与实践关系的问题因其解释的多种可能和解释的多重层面和视角而成为"煮不烂的老问题"[1]。多年来，人们从多种学科立场（哲学立场，如将教育理论与实践关系转化为哲学命题进行探讨，从哲学中寻找问题解决的方式；自然科学立场，如不同形态的"中介说"；社会学立场，如布迪厄实践逻辑、实践感、场域等概念的套用等）出发，以多种思维方式（抽象思辨、类比、演绎、割裂后的整合等）作出了不同方向的探索，也得出了多种甚至截然相反的结论。这些探讨固然丰富了我们对问题的认识，但并没有完全摆脱简单移植和演绎的逻辑推理方式的局限。再进一步看，"已有的相关研究常常是没有主体的研究，其所推崇的转化是没有主体的转化。换言之，在此问题的研究上缺少'主体意识'。由此带来的根本性问题是：由于缺少主体，所谓的教育理论与教育实践的关系，成为抽象的关系，成为空壳性的命题"[2]。对此，有学者曾指出："教育中理论与实践关联的性质，从本质上看是人的认识与实践的关系问题，都与作为认识主体和实践主体的人相关。在以往的讨论中，我们偏重于对理论与实践的关联状态分析，忽视

---

[1] 叶澜：《思维在断裂处穿行——教育理论与实践关系的再寻找》，《中国教育学刊》2001年第4期。

[2] 李政涛：《论教育理论主体和教育实践主体的交往与转化》，《高等教育研究》2007年第4期。

的恰恰是对作为认识与实践主体的人的状态与关系研究。而正是他们在从事着教育理论研究与教育实践活动，是他们的活动方式和关系状态，决定着教育理论与实践的发展水平与关系状态。所以，我们应该把研究的重心集中到更为根本的主体身上。"[1] 这表明，教育理论研究者如何进入或介入"活生生的、真实的教育实践生活"，在这种"进入"与"介入"中思考自己与教育实践者的关系，并以此为突破探究教育理论与实践关系成为一种新取向。这意味着，教育理论者和教育实践者之间的交往与转化，将成为我们认识和解决"老问题"的新的深化点。本书将通过探究合作教育研究中两类主体间的关系，揭示以主体为中介的教育理论与实践的沟通与转化。

在一定意义上，这种聚焦至少有以下几层意义：其一，意味着教育理论与实践关系研究的问题域发生了变化，即从过往相对抽象思辨的关系转向了以"人"为载体的具体关系探讨；其二，意味着研究角度发生了转变，即不是就"关系"而谈关系，而是转向以"人"为载体的具体的教育理论与教育实践互动生成的动态过程；其三，意味着可能找到教育理论与实践相互作用、转化的重要机制，即通过理论者与实践者的合作教育研究，有助于理论者与实践者从过去长期存在的陌生、互不认同的状态中走出，向交互生成式的融通境界发展；其四，意味着如何使两类主体间的交往与转化持久有效，如何使这种独特的交往与转化的研究成为重建教育学、教育实践形态，乃至理论者和实践者实现自我更新的创生性力量，成为两类主体共同面临的发展性问题。

（二）实践意义

当代中国的教育实践形态是依近代社会转型期之强国需要而按西式教育改造而来。在其发展过程中，长期受政治逻辑与经济逻辑

---

[1] 叶澜：《思维在断裂处穿行——教育理论与实践关系的再寻找》，《中国教育学刊》2001年第4期。

的支配，其结果是在一定时期一定程度上促进了教育发展的同时，也给教育实践变革留下了巨大的负面影响。它表现在学校与教育实践者难以坚守自我与个性，缺失自己的思考力和行动的自主性与选择性，"不习惯于立足学校，研究学校本身的实际状况、研究社会发展对学校发展提出的要求、研究学校系统内外存在的问题与发展的可能，并在此基础上形成对学校改革的综合整体认识与发展规划和策略"[①]。20 世纪 90 年代以来，随着中小学教育实践变革及其反思的深入，当代中小学教育变革逐渐形成了新的趋势：在关注宏观的同时，越来越关注学校内部变革，教育实践者从变革的被动执行者逐渐走向变革的主动实践者，教育实践变革路线出现从上至下与从下至上的交叉形态。在这一过程中，学校作为教育实践变革的基本单位、校长和教师作为变革主体的认识日益清晰。部分率先投入变革的研究者开始自觉思考并寻找体现教育逻辑的教育实践变革空间与实现的路径。当前，这种转换还正在行进中。对实践者而言，这既是机遇，更是挑战。变革没有现成的模板可以参照，需要实践者打破已养成的种种旧观念、旧行为、旧习惯，大家共同面对严峻的现实，需要摸着石头过河。何况，当代中国学校变革是一场涉及学校整体形态、内在基质和日常教育实践的，由"近代型"向"现代型"整体转型的新型变革。[②] 这一变革性质，决定了变革过程中经常出现"期待之事不能完成，通向意外之事的道路却被开通"[③] 的情况。其变化的复杂性是变革的真正领域，"有成效的教育变革的核心并不是实施最新政策的能力，而是在教育发展过程中发生预期的或

---

① 叶澜：《"全球化、信息化背景下的学校教育改革"课题研究结题总报告》，载叶澜《全球化、信息化背景下的中国基础教育改革研究报告集》，华东师范大学出版社 2004 年版，第 21 页。

② 叶澜：《实现转型：世纪初中国学校变革的走向》，《探索与争鸣》2002 年第 7 期。

③ ［法］埃德加·莫兰：《复杂性理论与教育问题》，北京大学出版社 2004 年版，第 4 页。

非预期的千变万化中能够生存下去的能力"[1]。这一切对于中小学教育实践者自身而言是难以单独应付的挑战。因此，大学教育理论者进入中小学教育实践现场，在与教育实践者合作，共同研究教育实际问题的过程中促进教育实践的变革，将成为当代社会转型期中小学转型性变革的重要方式和希望所在。这就像富兰所指出的，教育变革的未来方向之一是由单兵独战变为联合作战，意即通过大学与中小学的伙伴合作关系，使双方人员相互交流，以促进互动式专业主义的发展和学校变革的开展。[2] 这种方式也将促进实践者寻找到中小学教育实践变革的教育逻辑，实现教育实践者的自主发展，形成并积蓄学校自我发展的内动力。因此，对合作教育研究中两类主体间关系的探讨对开展合作教育研究，促进中小学教育实践变革具有参照意义。

二 研究方法

在本研究过程中，主要使用了以下几种研究方法：

(一) 文献法（略，参见本章第二节文献综述）

(二) 田野研究法

读博士期间，我基本上每周有一天和"新基础教育"课题组深度介入上海及常州基地学校的实践变革及其研究之中。期间，我参与了一些学校"新基础教育"研究的专题研究（备课—听课—评课）、中期评估、普查、精品课研讨等活动，几乎听过这些学校所有学科的课堂教学，参加过课题组与校长、学校中层管理者、普通教师的多次座谈会，也与部分校长、管理者及教师有过直接接触，还与部分教研组长、教师进行过访谈。在这一过程中，我本人的角色发生过两次根本性的变化：第一阶段是"带眼带心"的旁观者，以

---

[1] ［加拿大］迈克尔·Fullan M.：《变革的力量——透视教育改革》，曾子达等译，教育科学出版社2004年版，第11页。

[2] Fullan, M. (with Stiegelbauer, S.), *The new meaning of educational change*, New York: Teachers College Press & OISE, 1991.

尽量了解这项研究，体会这项研究，并从心灵深处直接触摸研究中的"人"与"事"；第二阶段从博士生二年级开始，在普查中承担一些学校综合学科（音乐、美术、科学、体育、信息技术等）的"听课—评课"工作，努力将自己置入其中，这时不再是"旁观者"，而是置入式的介入者、沟通者、建构者。当然，在这一过程中，自始至终自己又是学习者、反思者。这些经历一方面使我亲身体验了理论者介入中小学教育实践与教育实践者交流沟通的过程，并在这种介入中丰富了自己的实践感，中小学教育在我头脑中不再是抽象的猜测，而是一种真实、实在的图景。另一方面，通过这种深度介入，我既理解了教育理论对实践者及其实践变革的意义，感受到在理论及理论者影响下的真实的学校变革情境与过程，也对实践者及其实践变革对理论创生的意义有了一些体悟。这些体验为我研究一种新型的交互生成式的合作教育研究奠定了基础。当然，过程中还收集到了基地学校大量的一手材料（总结、反思、发展规划、自评报告、访谈记录、会议记录等），这些都是本研究的实践资源。

三　思路与结构

（一）思路

本书将在已有研究的基础上，系统探讨合作教育研究过程中理论者与实践者两类主体间的关系，重心放在对当代中国新出现的交互生成式合作教育研究的理论建构及其间两类主体关系新质的理论分析上。探讨中，关注本土问题，对当代中国交互生成式合作教育研究的经验与智慧进行理论提炼，力求明晰在这一研究形态中，以两类主体为中介的教育理论与实践间沟通与转化的基本路径。

（二）结构

第一章导论部分主要阐述研究问题、选题缘由、概念界定、文献综述、预期价值、研究方法等；第二章从纵向时间的维度较为系统的阐述国内外合作教育研究发展的历史过程；第三章试图对不同类型合作教育研究中两类主体间关系的形态进行比较分析;第四章集中阐述交互生成式的合作教育研究,涉及它发展的背景、条件、意义、基本要求等;第五章着重分析在交互生成式合作教育研究中两类主体间关系的表征、实质、影响因素与发展过程等问题。

第二章

合作教育研究的发展历程

在国内，合作教育研究才刚刚起步。然而回顾历史，可以发现它其实已走过了较为漫长的发展道路。

第一节 合作教育研究的萌芽[①]与成型

一 合作教育研究的萌芽（19世纪上半叶）

合作教育研究是大学教育理论者与中小学教育实践者合作开展的研究活动。它的出现至少要具备几项要件：其一，大学与中小学两种组织成形；其二，教育研究成为一门专门的学问且在大学里有独立的学科建制；其三，形成了教育理论者与教育实践者两大职业群体；其四，至少一方对另一方有所需求。这样来看，它的发展最

---

① 就教育思想家在教育实践中实践自己教育思想来看，更远还可以追溯到文艺复兴时期意大利人文主义教育家维多里诺（1378—1446）在1424年为一个公爵办的一所名为"快乐之家"的学校，以实现他的人文主义教育理想。此后，还有夸美纽斯（1592—1670）为捷克"兄弟会"办的学校以实现他的泛智教育理想和运用直观性等教学原则和方法的教学实践。再之后是裴斯泰洛齐（1746—1827）、赫尔巴特（1776—1841）、福禄倍尔（1782—1852）、欧文（1771—1858）等，他们各以小学教育、师范教育、幼儿教育、工厂学校及办"新和谐村"实验区的教育实验而名闻于世。但如以本书所指的合作教育研究来衡量，以上的人中除赫尔巴特外，都非大学学者身份。因而，本书将合作教育研究的萌芽定位于大学复兴及教育学获得学科建制以后，毫无疑问，在这一时期又当以德国为主。

早可以追溯到19世纪大学复兴①和教育学科逐渐独立之时。为此，我们需要回顾19世纪德国的教育研究状况。

18世纪末19世纪初，大学在德国得以复兴，而且，这一"大学制度不仅教授知识，而且首先教授研究。这是它的骄傲，也是它声誉的基础"②。自此，科学家、思想家们纷纷进驻大学攻城略地般圈定自己的学术版图，形成了不同的学科建制。乘着这股东风，19世纪初教育研究在德国大学里实现了转型，此前"散兵游勇"似的教育研究者在大学里形成了学科性的组织，开始专门化的教育知识生产，并努力向其他学科"理论"的科学性看齐。这标志着学院化教育研究的逐步成形，同时也意味着大学教育理论者与中小学教育实践者两大职业群体的分化与独立。

由于教育理论研究与教育实践的血肉相关性，学科化后的教育研究在远离教育实践的同时，本身也蕴含着向教育实践靠拢的内在动力与需求。康德作为第一位将教育学作为一门课程引入大学殿堂的人，主张建立实验学校，在学校中教员自由地试验教育设想和方法，互相讨论，使教育艺术科学化。他曾说道："有人以为实验学校是不必办的，我们从理性上可以判断它的好坏，这是大错，经验告诉我们，实验的结果常常是出乎意料，与我们所期望的完全不合。"③其后，作为康德教育学讲座的继承人，赫尔巴特将康德创办实验学校并在实验学校里开展教育研究的设想变为现实。他建立了教学论研究所（1809），强调"为了使教学论研究所能够产生一种真正的教育力量，并且达到适当要求所需要的那种强度，教育学教授必须

---

① 虽然早在13世纪意大利即已诞生堪称世界最早的大学（1231年，萨莱诺大学），但由于教会的严密控制，在几个世纪里大学对于知识生产无所作为。19世纪德国大学的复兴改变了这种状态。

② ［英］梅尔茨：《十九世纪欧洲思想史》第一卷，周昌忠译，商务印书馆1999年版，第143页。

③ 夏芝莲：《外国教育发展史料选粹》（上册），北京师范大学出版社1999年版，第613页。

与一所小型的教育学机构结合起来,这种小型教育学机构拥有文科中学或高级市民中学里的中级班。我之所以提到中级班是因为在这些班级里起关键作用的是教育思想及其应用"①。在教学论研究所之外,赫尔巴特还在政府的资助下开设了教育学研究班,并确定它的三个目的分别为:"(1)每个研究班成员都有受教育的机会;(2)通过实践证明改进了的教学方法;(3)积累各种教育学方面适合推广和推进科学研究方面的经验。"② 他还主张这一研究班与文科中学开展联合。③ 在这里,我们看到的是脱离教育实践后的教育理论研究向教育实践靠近的内在自觉。

不过,赫尔巴特是在大学里建立教学论研究所和教育学研究班的,招收的也是大学生,其主要作用是培养教师。在这一过程中虽有经验丰富的学校教师的参与,但参与频率并不大。后来则是由研究班的富有教育教学理论与经验的资深学生担任新学员的导师,而这些新学员在从事理论学习的同时也担任儿童的教学工作。这表明,赫尔巴特虽然主张教育理论要走进教育实践,但其本人并没有真正走进学校教育实践。不过,他的主张和尝试蕴含了大学教育理论者与中小学实践者合作的种子。

除赫尔巴特外,19世纪中期教育研究方法的转变也促进了合作教育研究的萌芽。这时,在德国大学中兴起"一种类似于法国和英国实证哲学的思想倾向,它旨在引入自然科学认识活动来覆盖整个研究领域,且排斥任何别的方法"④。由此,德国教育学研究形成了

---

① [德] 赫尔巴特:《致柯尼斯堡文化与公共教育处的信》,载 [德] 赫尔巴特《赫尔巴特文集》(教育学卷五),李其龙译,浙江教育出版社2002年版,第23页。

② [德] 赫尔巴特:《致普鲁士议长冯·奥尔斯瓦尔特的信》,载 [德] 赫尔巴特《赫尔巴特文集》(教育学卷五),李其龙译,浙江教育出版社2002年版,第56页。

③ 同上书,第78页。

④ [英] 梅尔茨:《十九世纪欧洲思想史》,周昌忠译,商务印书馆1999年版,第148页。

新的研究取向——实证取向,产生了实验教育学。在发展过程中,实验教育学形成了两条道路:一种是在实验室严格控制的条件下进行,突出"科学"性,代表人物为梅伊曼;另一种则主张在学校现实的教育、教学条件下进行,代表人物为拉伊。拉伊认为,只有在自然情景中,或使"实验时的情景与教室中的情境愈相似愈好","实验的条件要尽可能地与班级教学的条件相一致"①,这样实验的结果才会有效。他还主张"在一小部分师范学校里,在大部分大城市的公立小学和大学里,在各州和各市独立的研究机构里,越来越迫切需要建立教育学实验室"②。这两种研究取向都需要教育实践者的配合:前者需要实践者尝试在实验室里研究出来的理论,以证明其研究结果的有效性;后者需要实践者执行设计好的研究方案,以得出"科学"的研究结果。

　　从上述可知,19世纪德国大学的教育研究自身蕴含着一股与学校教育实践者合作,走进教育实践开展教育研究的内在冲动,但这股动力不是来自教育实践发展和变革的需要,而是教育理论自身"科学化"的需要,是为了教育学取得独立的学科地位。如赫尔巴特特别强调:"假如教育学希望尽可能严格地保持自身的概念,并进而形成独立的思想,从而成为研究范围的中心,而不再有这样的危险:像偏僻的被占领的区域一样受到外人治理,那么情况可能要好得多。任何科学只有当其尝试用其自己的方式,并与其邻近学科一样有力地说明自己方向的时候,它们之间才能产生取长补短的交流。"③拉伊则强调教育学实验与心理学实验的区分,认为"只有当一项实验的主要目的是解决教育学的问题时,这项实验才是

---

　　① [德] W. A. 拉伊:《实验教育学》,瞿葆奎等译,人民教育出版社2005年版,第19页。
　　② 同上书,第26页。
　　③ [德] 赫尔巴特:《普通教育学·绪论》,载 [德] 赫尔巴特《赫尔巴特文集》(教育学卷一),李其龙译,浙江教育出版社2002年版,第9页。

教育学实验"①；还认为，"必须开发实验教育学的研究方法，使教育学能够独立，并借此把教育学确实提高到科学的地位"②。这些主张与尝试开辟了两种不同的合作教育研究的路径与方向——演绎验证与归纳总结的道路。

不过，合作教育研究虽然最早萌芽于德国，但德国大学学术研究的文化在一定意义上决定了它当时不太可能在德国获得进一步的发展。在这里，"追求真理和为知识而获得知识，作为一项崇高而有价值的职业，在大部分时间里已经成为德国大学中教授与学生共同的毕生工作……对纯粹真理和知识的追求至少暂时把人类的大部分从世俗生活的低级区域提升到理想的高空，并能提供一个额外证据，证明这样的信念：我们真正的家在那里，而不在尘世间"③。这是德国大学中根深蒂固的"wissenschaft"（"纯科学"）学术传统的真实写照。就教育研究来说，德国教育研究在相当长时间里占据主流的是远离实践的哲学思辨式的教育研究传统，而没有沿着赫尔巴特的指引真正走进实践。

二 合作教育研究的成型（19世纪下半叶至20世纪上半叶）

在这里我们将主要以美国为主进行阐述。之所以这样处理，主要是因为从这一时期开始美国教育研究接过了德国的"接力棒"，逐渐确立了执世界牛耳的地位。对此，滕大春教授曾指出，"如果说德国在19世纪是世界教育学术的马首，19世纪末到20世纪前半叶则逐渐由美国所取代了"④；"美国成为20世纪教育研究的中心，世界学者和学生群集美国，恰似1933年以前趋赴德国一般"⑤。而美国

---

① ［德］W. A. 拉伊：《实验教育学》，瞿葆奎等译，人民教育出版社2005年版，第10页。
② 同上书，第20页。
③ ［英］梅尔茨：《十九世纪欧洲思想史》（第一卷），周昌忠译，商务印书馆1999年版，第189页。
④ 滕大春：《美国教育史》，人民教育出版社1994年版，第619页。
⑤ 滕大春：《今日美国教育》，人民教育出版社1980年版，第10页。

教育研究的突出特色之一即是合作教育研究的迅猛发展，这是确立美国教育研究世界领导地位的重要基础，并对西方其他国家产生了重大影响，即使是德国后来也受到这种冲击。另外，从中国当前的教育研究状况来看，有关合作教育研究的尝试及其研究大多亦主要受美国的影响。因此，对这一时期合作教育研究发展历程的回顾以美国为主既有代表性，也对中国教育研究具有参照与反思价值。

当然这样处理，并不否认其他国家在这方面的尝试，只是本人没有能力充分涉及。就我所知道的，19世纪末20世纪初的英国也处于转型关键时期，教育革新也是风起云涌。1889年，塞西尔·雷迪博士在英国德比郡创办阿博茨霍姆学校，自称"新学校"，实验了一系列新的办学理念和方法，掀起了与美国进步教育运动遥相呼应的"新学校运动"（这一时期还有巴德利创办的贝达尔斯学校，尼尔创办的萨默希尔学校及大思想家罗素创办的比肯希尔学校等）。这一运动"不仅是一场深刻的教育思想解放运动，更是一场理论和实践水乳交融、有机互动的大规模的教育实验运动"[①]。受此影响，沛西·能、怀特海等人虽然没有创办自己的实验学校，但他们很关注英国教育的实际状况，尤其是"新学校"的实验是他们考察、研究的重点。他们的理论研究使"新学校"的实验上升到理论高度，为"新学校"及"新教育"的进一步发展奠定了理论基础。但严格说来，这些还不是直接意义的合作教育研究，因为雷迪、巴德利、尼尔等人虽接受过系统的高等教育却一直没有大学学者的身份（可算是有理论的实践者），而沛西·能、怀特海等人虽有大学学者的身份但却没有直接与"新学校"变革实践发生研究上的合作关系。

意大利（蒙台梭利）、比利时（德可乐利）、日本（小原国芳）等的情况大致与英国相似。[②] 倒是在苏联除了有实践者开展的教育实

[①] 杨汉麟：《外国教育实验史》，人民教育出版社2005年版，第373页。
[②] 同上。

验外（马卡连柯、苏霍姆林斯基等），还曾有理论者与实践者合作开展教育实验的持续尝试（一直延续到20世纪80年代）。如，赞可夫的教学与发展实验，历经20多年，构建了发展性教学理论体系；巴班斯基的教学过程最优化实验；达维多夫和艾利康宁领导的教学与发展实验；在20世纪下半叶，在教育理论者与实践者的共同努力下，苏联还发展出了"合作教育学"[①]。

下面言归正传，我们回到美国来说明合作教育研究在19世纪下半叶至20世纪上半叶的发展情况。在这方面，美国可谓是作为德国教育研究最好的学生，它不仅继承了德国合作教育研究的"种子"，而且还让其在美国发扬光大，结出了丰硕的果实，确立了美国"教育科学"在世界上的领导地位。

（一）合作教育研究在美国发展的原因

作为新兴国家，美国教育研究在相当长的时间里受欧洲各国（尤其是德国）的影响，以至于当时有人说"今天，美国的赫尔巴特教育学的信徒比在德国还多"[②]。这种状况到19世纪80年代中叶以后才开始改变。当时美国人在从农业社会向工业社会整体转型的大背景下，日益摆脱德国教育研究的影响形成了自己的风格与路径，体现出强烈的实践取向。其典型特征即是促进了合作教育研究的发展。这大概是受下列诸种因素的影响。

1. 美国大学学术研究的创新欲望

英国人阿贝·雷纳尔曾在1770年说："美国迄今尚未造就一位优

[①] "合作教育学"最初是20世纪60年代初期由一批教师针对苏联教育中的一些现实问题而在教育实践中创造和总结出来的民间教育理念，分散在苏联各地，没有组织，其经验也是属于个人的。但后来在教育学者的参与下形成理论。它的发展分为两个阶段：早期为"本来意义的合作教育学"，后期为"演变后的合作教育学"。20世纪80年代中期，苏联推行所谓"新思维"改革，合作教育学逐渐远离其本意，带有浓厚的政治色彩。

[②] Frederich Eby, *The Development of Modern Education*, York, 1974, p.786. 转引自张斌贤、陈露茜《赫尔巴特在美国》，《教育学报》2006年第5期。

秀的诗人,卓越的数学家和在艺术或科学任何领域中的天才人物。"①悉尼·史密斯在1820年也嘲笑说:"四海之内,谁读美国书,看美国剧,欣赏美国的雕塑?"②当时欧洲的这些议论极大地刺激着美国人。为此,从18世纪70年代和80年代开始,美国的社会与文化、艺术与科学研究等领域表现出强烈的民族主义特点。美国人极力声称,在这块新大陆上,文化进化论的法则是不必应用的,因为在这里,美国革命自身的天才性已经大大地缩短了历史的进程。的确,美国短暂的历史虽然使其长期相对于欧洲而显得落后,但亦赋予其发展的极强开放性、融合性、创新性和多种可能性。在大学学术上,"美国的生活为'解放'这个概念注入了新的内涵。……在美国的种种发明中,对世界影响最大的莫过于关于知识的新概念,而这种概念源于美国的实践"③。就教育研究来说,如果说欧洲人是贵族式的学术传统,而美国人则把教育研究及其思想全都纳入丰富多彩的日常教育生活的世俗竞技场,在教育实践中不停地尝试、创新新的教育知识成为一种新的习惯。这为合作教育研究在美国的发展奠定了基础。

2. 特有的实用主义目的

实用主义是美国哲学的一大创造,推崇主观经验,强调行动的实际效果并以之评价一切。经过多年浸淫,它成为美国人认识和改造世界的核心理念,成为美国社会和美国人精神生活和物质生活的支柱力量。这形成了美国人独特的认识旨趣:"讨厌理论和抽象的思辨……任何一种超越常识的哲学都引不起他们的兴趣,他们甚至把最抽象的形而上学也变成最简单不过的日常伦理。……唯一可以称

---

① [美]丹尼尔·布尔斯廷:《美国人:开拓历程》,谢延光等译,生活·读书·新知三联书店1993年版,第253页。
② [美]卢瑟·S.利德基:《美国特性探索》,龙治芳等译,中国社会科学出版社1991年版,第131页。
③ [美]丹尼尔·布尔斯廷:《美国人:开拓历程》,谢延光等译,生活·读书·新知三联书店1993年版,第169—170页。

之为他们哲学的乃是有用即真理的工具主义。如果说他们不像德国和英国的哲学家那样去探索那些高深的哲学思想领域,那是因为他们认为没有必要做那种探索,倒不是他们没有能力去从事这种研究。"① 因此,在美国大学里"专业生存导向旨趣,促使了大学董事会将较多资源拨给生产有用知识的那些专属学院"②。这使得美国大学教育研究者不得不面向中小学教育实践,满足其需求,体现知识的"有用性"。这种旨趣是美国合作教育研究发展的内在动力。

3. 大学功能的转变

在欧洲,大学是高傲学者们的"私产",他们控制书籍、校舍、职位,决不愿意丢失权力与尊严。这使其学术脱离社会和实践。美国大学发展则不同,它们从一无所有开始,完全由社会创建并由世俗人士组成的校董会协助安排和使用有限的资源。这样,大学的控制权就不可避免地落到了整个社会的代表们手中。这使其和社会一开始就保持密切联系,否则连生存都成问题。因此,如何更好地为社会服务一直是美国大学管理者的重要考量之一。这一特点直接促使美国大学发展形成了服务社会的功能,它与侧重文化陶冶、培养绅士的英国大学和注重造就学者、专攻知识研究的德国大学都截然不同。这一功能随着美国《赠地学院法案》(Morrill Act, 1861)的颁布③及威斯

---

① [美]丹尼尔·布尔斯廷:《美国人:开拓历程》,谢延光等译,生活·读书·新知三联书店1993年版,第215页。

② [美]唐纳德·A. 舍恩:《反映的实践者:专业工作者如何在行动中思考》,夏林清译,教育科学出版社2007年版,第37页。

③ 该法案由林肯总统签署,规定:(1)联邦政府在每州至少资助一所学院从事农业和技术教育;(2)按照1860年规定分配的名额,每州凡有国会议员一人可以获得3万英亩的公用土地或相等的土地期票;(3)出售公地获得的资金,除10%用于购买校址用地外,其余将设立为捐赠基金,其利息不得低于5%;(4)这笔资金如果在五年之内未能用完,全部退还给联邦政府。25年后国会又通过一个类似的《哈奇法》。这两个法律一方面极大刺激了美国公立高等教育的发展,另一方面确定了美国高等教育服务社会的办学方向。(参照黄福涛《外国高等教育史》,上海教育出版社2003年版,第185—186页)

康星州立大学（1848）的办学理念①而进一步强化，使大学成为社会需要的"瞭望台"，学术研究则既要了解这些需要，又要满足这些需要。在此情形下，美国大学的教育理论者较少坐在书房里做纯粹思辨的研究，而是走向社会、走进中小学，捕捉和满足学校和实践者的需要同时也满足自己的需求。而且，事实上，19世纪末美国正处于由农业社会向工业社会转型的关键期，这种剧烈的整体转型为美国教育理论发展和教育实践变革提供了巨大的机遇和挑战，合作教育研究的发展也是对这种机遇和挑战的回应。

4. 19世纪中后期美国大学在"教育市场"的激烈竞争

19世纪中后期，美国建立了一大批研究型大学、师范学校、文理学院。"这些立足未稳的新建高等学府相互间竞争十分激烈，争名誉，争资助，还有，最为关键的是争学生，只要有了学生，就有了一切。"② 而且，这些新兴大学与当时培养教师的师范学校在教师培养与培训这块"肥肉"上也是各不相让。③ 为此，大学竞相拉拢中小学，希望建立与中小学的合作关系。对此，"应该把这种（合作）现象理解成是大学抢占新的市场并且在各种各样的市、州、区域甚至全国的教育机构中确保大学的领导作用的热望。这些热望通常十分强烈，足以冲淡人们对能否发展一种教育的科学甚至一种教育专

---

① 该校在接受《莫里尔法案》的资助后，就明确了自己的办学方向，其后几任校长始终将学校与社会服务结合在一起，其间尤以范海斯（R. Vanhise）担任校长期间（1904—1918），他的关于"服务应当成为大学的唯一理想"，"大学应当成为服务于本州全体人民的机构"，大学应当"为全州服务"、"帮助把知识传递给广大人民"等观念，逐渐被其他大学接受并且为很具有影响的"威斯康星思想"。（参照睦依凡《大学校长的教育理念与治校》，人民教育出版社2001年版，第111—112页）

② ［美］丹尼尔·布尔斯廷：《美国人：开拓历程》，谢延光等译，生活·读书·新知三联书店1993年版，第208页。

③ 事实上，在这场竞争中，师范学校全面落败，纷纷倒闭或被吞并，这也正是美国教师教育大学化的历史背景。当前，中国也有人在主张教师教育大学化，要向美国看齐，但基本没有涉及到美国教师教育发展的特殊背景。这种模式在中国是否适合？还需要进一步斟酌。

业训练的科学所存在的广泛怀疑"①。这同时表明，这一时期大学建立教育系②其目的并不在于发展教育科学，而是基于市场竞争的需要，因为如果教育系能够占有训练教师和教育管理者的新市场对于确保竞争优势是十分重要的。这些初期合作主要还不是为了教育研究，属于工作层面的合作，但是随着合作的发展，研究成为其间重要的组成部分。

（二）美国合作教育研究的基本类型

美国最早的合作教育研究可追溯到 1861 年舍尔顿（Sheldon）在奥斯威戈小学教师培训学校（Oswego Primary Teachers Training School）设立的示范学校，专供观察与研究之用。③ 但真正在实验学校与实践者一道开展研究并对教育理论和实践产生重大影响的则非杜威莫属，而且与此同时还有其他两种不同的发展方式。

1. 沟通式合作教育研究的昙花一现④

杜威是美国历史上最为著名的哲学家和教育学家之一，也是美国学术获得世界尊重的代表性人物，在哲学理论、教育理论及方法论等方面有诸多新突破。与赫尔巴特一样，杜威具有深厚的哲学功底，他首先是个哲学家然后才是教育学家。但是，他并没有沿用赫尔巴特研究教育学的哲学思辨方式（尽管他早期也是赫尔巴特教育

---

① ［美］埃伦·康德利夫·拉格曼：《一门捉摸不定的科学：困扰不断的教育研究的历史》，张斌贤等译，教育科学出版社 2006 年版，第 11 页。

② 同上。

③ Deaborn, N. H., "The Oswego Movement in American Education", *Teacher College, Columbia University Contributions to Education*, vol. 183; 1922.

④ 受杜威在其实验学校教育研究的影响，20 世纪 20 年代美国出现了一批由实践者（或为学校校长或为学区教育管理者）开展的教育实验，如沃特的"葛雷制"、华虚朋的"文纳特卡制"、帕克赫斯特的"道尔顿制"，等等；另外，几乎与杜威开办实验学校同时，也有一批实践者开展了一些教育实验，如帕克的"昆西教学法"实验、约翰逊的有机教育学校实验，等等。这些实践者的教育实验探索因其缺乏合作教育研究的基本要素——大学理论者的身份，故在本书中没有做详细处理。但美国教育实践者的这些尝试在 19 世纪末 20 世纪初由中国第一批留美的专业教育理论者引入中国，成为中国最早合作教育研究的重要主题。

理论的崇拜者），而是注重教育实践。杜威来到芝加哥大学时，对"各种教育理论到处乱转"的现象大为不满，并为"抽象地讨论教育而不联系具体的实践所苦恼"[①]。为此，他萌生了创办一所实验学校的想法。在1895年秋天，在芝加哥大学校方当局拨款1000美元的资助下，杜威建立了"大学初等学校"，有12名6—9岁的学生，以及2位教师。当代美国教育史家克雷明（L. A. Cremin）指出："正是出于对儿童的研究……杜威夫妇创办了自己的学校。"[②] 1902年，根据埃拉·扬（Ella F. Young）的建议，学校更名为"芝加哥大学实验学校"，一般称为"杜威学校"。对于这所学校，杜威寄予厚望，认为"如果没有实验学校，那么教育理论工作就会成为笑话和欺诈——就像教授一门自然科学而忽略给学生和教授们提供实验室一样"[③]。他解释道，这样一所学校"与教育研究的关系就像是科学实验与生物学、物理学或化学的关系一样"，就像大学化学实验室旨在发现"化学真理"而不是"直接参与生产重要的化学染料药品"，实验学校的重心在于"建立各种教育因素的实际组合的科学理论"[④]。杜威主张在学校里直接进行实验，反对在实验室内实验后再在学校中应用。对杜威来说，教育研究需要许多不同的人合作建立伙伴关系，包括学者、公民、教师、行政人员和家长。他"不愿意承认一个日益普遍的观念，即'教育研究人员应该是心理学家与教育实际工作者之间的中间人……而是越来越相信，教育学术与教育实践不仅应在同一学院中融合，而且应在每个学校以及每个人间融合"，并主张"利用学校所有成员的主动性通过讨论作出决定"，而

---

① ［美］埃伦·康德利夫·拉格曼：《一门捉摸不定的科学：困扰不断的教育研究的历史》，张斌贤等译，教育科学出版社2006年版，第48页。

② ［美］克雷明：《学校的变革》，单中惠等译，上海教育出版社1994年版，第152页。

③ ［美］埃伦·康德利夫·拉格曼：《一门捉摸不定的科学：困扰不断的教育研究的历史》，张斌贤等译，教育科学出版社2006年版，第48页。

④ 同上。

不是由"一位专家对被动的教师发号施令来决定教学方法和内容"①。并且，他始终对已经发展起来的偏离教育实践的教育研究持有警惕之心，提出要预防它变成"纸上谈兵的科学"，并要求注意教育学者之间越来越习以为常的"教育套话"的交流。为此，他指出："教育科学的现实性，不在书本上，不在实验室中，也不在讲授教育科学的教室中，而是在那些从事指导教育活动的人们的心中……教育的实践提供构成所探究问题的资料和题材，它们是待研究的基本问题的唯一资源；教育实践也是一切研究的结论的价值的最终检查。"②

事实表明，杜威学校可算是是合作教育研究的一个成功范例。一方面，"当年大学各系，特别是理科各系主任给予学校的协助是很大的……大学各系主任、教职员们都很慷慨花费大量时间，在设备上给予支持。在这些全心全意的物质援助以外，他们还提供精神资源任凭这所学校的教师自由利用"③。对于这所学校，"大学一直是直接的和间接的帮助和支持的源泉。没有专家们的这种指导，教师们在他们日常经验中创造性的行使他们的职责时，可能要走更多弯路。要是这个实验能进行到底，它可能在各年龄阶段的教育方向提出第一个联合事业的范例"④。另一方面，杜威的教育理论与他在实验学校中的 8 年实践研究密切相关，他后来的文章（包括他 1916 年发表的代表作《民主主义与教育》）基本是在这些积累的基础上写就的。对此，凯瑟琳指出："这个学校是心理和教育系的一个实验室，杜威先生的理论，就是在这里根据当时新兴

---

① [美] 埃伦·康德利夫·拉格曼：《一门捉摸不定的科学：困扰不断的教育研究的历史》，张斌贤等译，教育科学出版社 2006 年版，第 48 页。

② 赵祥麟、王承绪：《杜威教育名篇》，教育科学出版社 2006 年版，第 210—211。

③ [美] 凯瑟琳·坎普·梅休：《杜威学校》，王承绪等译，教育科学出版社 2007 年版，第 1 页（译者前言）。

④ 同上书，第 8 页（原序）。

的心理学原理,和全系师生、学校教师以及学生家长共同创造的。它从不是一所'实习学校'。"① 杜威自己也承认这一点,"总的来说,人们和环境对我的影响大于书本的影响",1904年从芝加哥大学辞职后,"脱离了教育实践的杜威从'教育的重新组建'转为'哲学的重新组建',教育研究……不再是其日常生活的一个重要组成部分"。②

基于以上认识,对于杜威在其实验学校开展的教育研究我称之为沟通式合作教育研究。之所以称为"沟通",是因为这种研究强调理论者与实践者在学校教育实践中直接面对面的对话、交流,实践者也能积极参与到研究中去,体现了一定的双向特征。

然而,令人遗憾的是,这一合作教育研究路径随着杜威的辞职而中断,未能继续深化下去。1909年贾德接替了杜威芝加哥大学教育系主任的职务,基于性格、社会观点和思维方式的巨大差别,他很快就抛弃了杜威的研究方法,"原因在于这种方法所需要的教育研究组织方式与当时绝大多数大学已经形成的方式十分不同"。③ 当时,"为了使教育与大学其他学科(尤其是医学)具有同等的科学性、地位和权威,教育学的创业家们十分强调定量研究,寻求确定不变的东西,如学习的法则、管理效率的公式,等等"。④ 这方法的标志性人物是桑代克,由于其"显赫声望超过了杜威离开芝加哥、改变研究方向后的影响,造成了当时的教育研究不可能沿着杜威所倡导的道路继续发展"⑤。自此,"杜威在教育史上的地位,与其说是位改革家,不如说他是位被左派和右派既歌颂又批判的文化偶像

---

① [美]凯瑟琳·坎普·梅休:《杜威学校》,王承绪等译,教育科学出版社2007年版,第7页(原序)。
② [美]埃伦·康德利夫·拉格曼:《一门捉摸不定的科学:困扰不断的教育研究的历史》,张斌贤等译,教育科学出版社2006年版,第48页。
③ 同上书,第22页。
④ 同上书,第21页。
⑤ 同上书,第57页。

更为确切。可以肯定地说，他的教育科学观点没有为今后的教育研究建立一套可用的模式"。① 这里，我们不妨设想，如果当年杜威开创的研究路径得以继承，今天的教育研究有可能是另外一幅景象。实际上，只要读读当代美国教育研究者的文字，就可以发现他们对于杜威的无限怀想。

2. 实证型合作教育研究的迅猛发展

梅伊曼和拉伊开了实证型合作教育研究的先河，到了19世纪末期这种研究形态在美国得到了巨大发展。这一方面是由于当时心理学研究方法及其结果对教育研究的极大影响，另一方面是由于当时不为人尊重的教育研究者努力寻求"科学性"的结果。又由于取代杜威之后的贾德、桑代克等人的提倡和影响力，最终确定了实证方法在教育研究中的根本地位。当时，桑代克呼吁"把教育研究建立在进行控制性实验和精确的定量测量的基础上"，"他对简单变量的测验远比对自然环境中的观察更感兴趣"。② 而贾德则深信"教育政策和教育实践的坚实基础必须是客观的事实和经过检验的理论，而不是主观推测"。③

具体而言，实证型合作教育研究有两种取向：一是在实验室里的控制性实验研究，以桑代克和贾德为代表，注重对学生开展具有明确指向性的心理测量和在实验室里进行的控制性教育实验，将学校看作是实施实验结果的场所。出于当时流行的理论与实践之间自然科学式的线性关系的影响，他们十分自信能在不用观察教师教学的情况下提高教师的工作效率。因此，在"合作"意义上，实践者只是实验结果的验证者。另一种取向，则是在学校真实环境中开展实证研究，研究各种教育事实获得实证资料。这主要表现为在学校

---

① ［美］埃伦·康德利夫·拉格曼：《一门捉摸不定的科学：困扰不断的教育研究的历史》，张斌贤等译，教育科学出版社2006年版，第42页。
② 同上书，第58页。
③ 同上书，第65页。

中的教育测验①、自然状态下的心理测量②和教育调查③。在这一过程中，实践者是研究方案实施的配合者和所需信息的提供者。这些研究在当时的美国造成了重要影响，以至于马萨诸塞州牛顿学区总监弗兰克·斯波尔丁预言了"学区总监与大学教授之间合作时代的到来，提议所有的大学教育学教授与至少一个、最好是若干个学区总监达成实际合作伙伴关系"④，以持续不断地研究学校中的实际问题。

不过，我们需要注意到，这种美式实证教育研究与德国的实验教育学虽然一脉相承，在方法上存在相似性，但也存在较大差异。主要表现在：其一，美国实证教育研究缺乏德国实验教育学的教育学立场，注重知识的实用性，而非发展作为一门独立学科的"教育学"的学科理论体系；其二，发展的动力不是教育学学科发展的需要，而是基于社会发展及中小学教育实践变革的需要；其三，在美国特殊的教育生态之下，它以大学教育理论者与中小学实践者的合作为载体，理论者始终"眼睛"朝下，相较于知识生产为中小学教育教学服务更具优先性，教育理论在一定意义上倒成了服务的"副产品"。

3. 合作之中的合作教育研究

由于19世纪中后期美国新兴大学及学院之间在"教育市场"领

---

① 在教育测验方面，首先对实践起作用并造成震动性影响的是美国教育家赖斯1897年推出的"拼字测验"，用数据证明学生拼字的成绩并不因学习时间的增加而提高。此外，他还发明了"语言测验"与"算术测验"等。此后，与学科教学相关的测验研究大量涌现。

② 据孟禄1928年统计，美国各种心理、教育的标准量已达1300种。参见叶澜《教育研究方法论初探》，上海教育出版社1999年版，第82页。

③ 教育调查在美国始于1911年，哈佛大学的保罗·哈努斯调查了新泽西州蒙特克莱尔的学校，同时耶鲁大学的穆尔对新泽西州东奥兰治的学校进行了调查。自此到1917年，美国人共完成125项学校调查，到1928年完成625项，形成了规模宏大的学校调查运动。与以前的学校研究不同，这样的调查研究主要是由大学里的教育专家完成的。参见［美］埃伦·康德利夫·拉格曼《一门捉摸不定的科学：困扰不断的教育研究的历史》，张斌贤等译，教育科学出版社2006年版，第78—79页。

④ ［美］埃伦·康德利夫·拉格曼：《一门捉摸不定的科学：困扰不断的教育研究的历史》，张斌贤等译，教育科学出版社2006年版，第94页。

域的激烈竞争，它们纷纷建立了与中小学的合作伙伴关系，主要涉及为中小学的教师培训、学校管理者培训及为确保生源的数量和质量与中学的衔接上。1892年哈佛大学校长埃利奥特（Eliot）担任主席的"十人委员会"发布一项声明，声称："应由大学不同学科的教师和中小学教师共同组成一个委员会深入中小学，对其教育教学计划进行指导，以确认相关学科教学的限度、最好的教学方法、每门学科教学最佳课时分配及最佳学生评价方法。"[①] 在此精神指导下，该委员会召集大学各学科47名教师和中小学42名教师，对相关问题进行了调查。1894年，埃利奥特（Eliot）再次建议成立"全美大学入学考试指导委员会"指导高中教育教学工作，并于1899年在美国东部付诸实施。当时巴特勒（Butler）认为此"开创了大学与中小学合作的新纪元，将极大提升教育机构的效能"[②]。

需要指出的是，初期工作性质的"合作"是由大学主导的，与其说是"合作"不如说是大学谋求对中小学的控制，相形之下中小学处于严重不对等地位。以至于到1926年，由起初大学人员主导中小学课程设置、教学设计的局面进一步扩展到由其决定学校"好"或"坏"的评价。这引起了实践者们的强烈不满，使合作演变成了大学考试专家与高中教师之间的"斗争"[③]。

这种状况在20世纪30年代以后得到了改善，即在工作上合作的同时，注意开展合作教育研究，最具代表性的是由艾肯（Aikin）、泰勒（Tyler）主持的"八年研究"（1933—1941）。1929—1933年由于经济危机的打击，失业率大增，使许多中学生不得不继续留在学校，而真正有机会升入大学的还不到1/6。面对这种情况，许多进步主义

---

① Cohen, S. (Ed.), *Education in the United States: A documentary history*, New York: Random House, 1974, p. 1931.

② Fuess, C. M., *The college board: Its first fifty years*, New York: University Press, 1954, p. 24.

③ Sirotnik, K. A., &Goodlad, J. I., *School-university partnerships in action: Concepts, cases, and concerns*, New York: Teachers College Press, 1988, p. 43.

教育家认为，应改变大学的招生要求并促进中学课程改革，但这需要这两类组织密切配合。1930年，美国进步教育协会在第十届年会上正式讨论了协调中学与大学关系的主题，成立了"中学与大学关系委员会"（the Commission on the Relation of School and College）。该委员会共有26名成员，主要由一些中学和大学校长组成，约翰·巴勒斯学校校长艾肯（Aikin）任主席。委员会从200所中学中精心挑选了30所中学参加研究，另有300所大学参与。经过为期2年的努力工作，中学与大学关系委员会认真分析了中学普遍存在的问题，调查访问了许多中学和大学，征求了很多教师、大学管理者、教授、家长以及教育专家的意见，详细研究了美国中学教育变革的各种思想，基本确立了委员会工作的出发点和所要实现的目标，制定了旨在理顺中学与大学合作关系的实验研究计划。1932年，为了更加有效地开展实验，中学与大学关系委员会专门成立了"指导委员会"（the Directing Committee），由艾肯（Aikin）亲自担任主席，负责整个实验研究。1932年5月，指导委员会公布了一份题为《关于中学与大学建立良好合作的建议》（A Proposal for Better Co-ordination of School and College Work），确立了实验研究的主要目标、指导思想和实施方案。指导委员会将实验研究的性质界定为合作实验研究，将参加实验的中学和大学也称之为"合作中学"（co-operating secondary school）和"合作大学"（co-operating college）。实验具体分为两个阶段：第一阶段从1933年到1936年，参与研究的中学在中学与大学关系委员会和指导委员会的督导和协调下，在实验中学内部实施多方位教育革新，主要是按照进步教育的原则自由制定学校教学计划，编制课程，实施民主管理，鼓励教师参与实验研究，并与学生合作开展各项实验活动。指导委员会及其分支委员会、进步教育家和专业人士负责提供指导、咨询和帮助。第二阶段从1936年到1941年，由合作大学根据双方事先签订的协议从合作中学招收毕业生，不经过传统的大学入学考试，依据合作中学校长的推荐信和学生在中学表现的详细记录录取学生。

  总体来看，"八年研究"中合作教育研究的内容涉及到课程、学校管理、教师专业发展等方面，基本涵盖了教育实践的主要方面，对美国乃至整个西方世界的课程与教学活动产生深刻影响。在合作上，这一研究与以前合作教育研究最大的不同，在于坚决保障中学在研究中的自主权和参与研究的决策权。对此，艾肯（Aikin）曾指出："参与此研究的每个人都意识到有些事情必须要他们与大学人员在相互尊重、信任、理解的情况下共同合作才能完成。"[①] 这相对于此前合作中大学理论者对实践者的严密控制及由此造成两者间的剧烈冲突是一大进步。

第二节 合作教育研究的拓展与转型（20世纪下半叶）

一 合作教育研究的拓展（20世纪下半叶）

20世纪下半叶以来，合作教育研究获得了新的发展，表现出与20世纪上半叶不同的形态：其一，合作教育研究不仅在西方发达国家得到进一步发展，而且在其他国家（尤其是新兴的发展较快的国家）中得到迅猛发展，并与教育改革呈现出并进趋势，一般来说改革力度越大，就越具备合作教育研究发展的条件。这使得20世纪上半叶合作教育研究美国一枝独秀的势态被打破（我们将以中国为例进行说明）。其二，重视实践者的需求与经验，主张理论（者）注重与实践（者）间的沟通，打破了过去简单地从理论（者）到实践（者）、实践者只是操作执行的单向式样态，在杜威思想启发下的沟通式合作教育研究在西方得到巨大发展。

（一）中国教育实验的发展

从实际情况来说，中国的合作教育研究在起步上稍晚于美国，

---

① Aiken, *The study of the eight-year study*, Adventure in American education. Progressive Education Association, Commission on the Relation of School and College, New York: Harper and Brothers, 1952, p. 16.

大约从20世纪20年代开始。① 当时主要有两种形态：其一，移植性的合作教育研究。这又有两种情形：一种是由教育学者与中小学教育实践者一道合作尝试国外的教育实验，如设计教学法、道尔顿制、文纳特卡制、德可乐利教学法等，检验其在中国的有效性。较早有1922年舒新城率先在上海吴淞中学实验道尔顿制；继而廖世承在东南大学附中开始试验道尔顿制，其后在东南大学附小进一步推广。这些尝试也随着杜威、克伯屈、孟禄、柏克赫斯特等人的来华得到促进，在后来的发展中结合中国国情对国外的种种教学模式等又有新的改造，如李廉方教学法等。另一种是留学欧美的学者运用西方实证教育研究方法的研究尝试，如20世纪20年代国立中央大学的教育心理学系在艾伟主持下开展的许多教育实验——汉字之心理研究、横直读之比较研究、别字心理之分析、初中国文成绩实验研究、中学国文理解程度之比较的研究、数学成绩与他科成绩之相关的研究、译学问题研究、编制算术代数几何三种测验等，此外还举行大规模的中学国文测验多次。这一研究在1922年麦柯尔、推孟来华的推动下曾有较大的发展。其二，合作性的教育—社会改造试验，典型的代表人物有晏阳初、陶行知、梁漱溟、黄炎培等人。这类实验可以说是中国学者在当时中国社会背景下的独有创造。不过，我们也需要认识到，新中国成立前的这些研究并非常态。这主要是因为，当时教育研究不受政府重视，缺乏经费支持②，专业教育

---

① 这一时期中国合作教育研究中理论者的大学身份并不稳定和固定，要么之前在大学工作过，要么之后进入大学工作，流动性很大。这与国外大学的教育学者（专门的大学学者）及一些开展教育实验的有理论的实践者（没有大学学者身份）非常不同。在这里，我们承认这批中国早期的理论者与实践者合作开展的教育实验为本书意义上的合作教育研究。事实上，这些实验往往受益于他们之前在大学的工作（如吸引更多同仁参与），并对其后在大学的教育研究产生影响。

② 参见余家菊《师范教育》，中华书局1926年版，序言；李建勋《教育之科学研究》，载许椿生、陈侠、蔡春《李建勋教育论著选》，人民教育出版社1993年版，第379页。

学者有限①，大学教育系普遍面临生存危机（20世纪20、30年代，一些大学的教育系先后被取消），也缺乏对研究的有力支持②。

新中国成立以后，由于政权、文化与意识形态的急剧改变等因素的影响，新中国成立前的这些尝试基本上都中断了。但进行教育实验的精神在新中国成立后得到了继承，人们基本上又重起炉灶，既有中小学教育实践者自己的教育实验尝试，也有大学理论者与中小学实践者合作的教育实验。在此我们主要关注后者。

从20世纪50年代开始，教育理论者参与或主持的教育实验重新出现，较早且具有典型性的是北京师范大学理论者与北京景山学校实践者合作开展的教育教学改革实验。③ 后来由于受各种政治运动，特别是十年"文化大革命"的影响，许多实验一度中断。一直到20世纪80年代才又迎来教育实验的发展高峰。1980年2月，中央教科所在北京召开了一次教育实验专题研讨会，有30余名教育理论者和教育实验主持人与会。会议明确提出："教育科学的生命在于实验"，对以往那些"紧跟政治形势"、"一哄而起一哄而散"的群众运动式教育改革进行了批判，希望通过真正的"教育实验"科学地研究教育问题，以此"合理地突破古今中外百家之成说和习惯势力的束缚，从而通过创新道路建立起中国式的教育科学体系"④。自此，全国设有教育学科的主要（师范）大学纷纷步入中小学，由理论者与实践者一道开展各种类型的教育教学实验，其中具有代表性

---

① 据笔者查阅《第一次中国教育年鉴》（开明书店1935年版），1929—1931年三年间派遣国外留学学习教育专业的留学生总计176人，占总数留学生总数3137人的5.6%；1912—1932年的二十年间国内大学本科毕业生中教育系毕业的只有626人。

② 参见邱椿《教育崩溃的一个责任问题》，《独立评论》1932年第11期；陈礼江《大学教育系任务的商榷》，《教育杂志》1936年第25期。

③ 熊明安、喻本伐：《中国当代教育实验史》，山东教育出版社2005年版，第264页。

④ 以上引文均引自教育研究杂志编辑部：《教育科学的生命在于教育实验（座谈纪要）》，《教育研究》1980年第2期。

的有北京师范大学主持的"五·四学制改革实验"和"少年儿童主体性发展实验"、华东师范大学主持的"小学教育综合整体实验"、华中师范大学主持的"小学整体结构改革实验"、杭州大学主持的"中小学整体教育改革实验"、上海师范大学主持的"中小学教育体系整体改革实验"、北京市教科所主持的"小学全面发展教育实验"、湖南师范大学主持的"小学协同教学实验"、东北师范大学主持的"农村基础教育综合改革实验",等等。①

综合地看,20世纪下半叶中国的教育实验表现出以下特点:其一,较新中国成立前更普遍、规模更大。其二,理论者与实践者合作的特征明显,一批有影响的教育实验基本上是理论者与实践者共同完成的。其三,实验的类型多样化,如教学法实验、学科教学实验、德育实验、学生某一方面发展的实验、学制改革实验等,尤其是出现了整体教育改革实验的新形态。② 其四,与国外相比,在继承传统实验方法(如控制、量化分析等)的同时,也有自己新的创造(如系统方法论的指导、得出的新结论等)。不过,就合作教育研究

---

① 具体可参照熊明安、喻本伐《中国当代教育实验史》,山东教育出版社2005年版。

② "整体综合"性成为20世纪80年代后中国教育实验的最突出特征,其实质就是受系统论、控制论、信息论的影响,从整体出发用综合性方法处理实验变量。这类实验,突破单科单项教学实验的局限,结合不同的研究成果,把它们有机地集中于同一地方同一学校或同一班级学生身上,促进每个学生的最优发展,力求教学教育的整体效应。但是,我们需要区分,在众多"整体综合"的教育实验中,各种"整体"、"综合"的所指内涵上既有共性也有差异。其共性是在方法论意义上都认识到了教育实验不可仅侧重某一或某些点或面,要有整体、综合的意识;其差异在于,有的"整体"是指促进学生的整体发展(人),有的是指学校教育组织和结构层面的整体变革(学校),有的是指更宏观的教育整体体系(如中小学的衔接),甚至学校与社会的整体勾连(教育宏观体系)等;而"综合"有的指多种研究方法、工作方式的综合,有的指多种教育方式、影响的综合与衔接等。因为在具体所指内容上的差异,造成众多"整体综合"教育实验存在相当大的差异性,不过最终大多聚焦到"课堂教学"上,这可以看作"整体综合"的核心点。不过也有学者对这些"整体综合"的抽象与不可操作性提出批评。

中理论者与实践者的关系来看，这一时期中国的教育实验没有完全突破理论（者）主导、控制实践（者）的局面，实践者的自主性、话语权等缺乏应有的地位。此外，也有一些实验存在"赶时髦"、"一阵风"的毛病，真正在实践领域及实践者心目中产生持续影响的并不多，尚未出现教育理论领域的重要突破，也没有完全解决教育理论与实践关系这一"老问题"。

（二）西方国家沟通式合作教育研究的迅猛发展

在国内教育实验风起云涌之时，国外合作教育研究出现了新的动向。这主要是因为第二次世界大战以后，随着全球化的加剧发展，国际竞争日趋激烈，世界各国的社会结构、经济结构都面临不同程度的调整。与此同时，终身教育思潮、后现代主义教育思潮、全民教育思潮、全纳教育思潮等国际教育思潮兴起，国际社会和世界各国都把基础教育改革作为增进国力、促进社会持续发展的动力机制。这对各国中小学教育来说既是发展的机遇，更是巨大的挑战。它们纷纷重新界定教育目的、变革课程设置、推动新的教学方式和教育评价方式，在教育体制和制度变革上进行新的尝试。虽然各个国家的传统不同，基础教育的状态和改革方向也存在差异，但这些国家的教育改革努力几乎是相同的。在这场变革中，教师问题、教育管理问题、课程问题等成为变革的核心。而这些问题都不是大学或中小学所能单独解决的，而需要双方共同合作，加强研究。在这方面最有代表性的还是美国。

其一，第二次世界大战以后（特别是在1957年苏联人造卫星发射以后）美国民众对基础教育质量和师资质量严重不满，对培养师资的大学及中小学的教育教学多持批评态度。这对大学和中小学构成了强大的社会压力，逼迫两类组织互相靠近寻求合作，美国各级政府及一些民间有影响力的基金会也积极促进这种合作。对此，美国教育家欧内斯特·L.博耶指出："大学与中小学的合作是我国一场重要并日益发展的运动。这样的伙伴关系必将促进优异教学和缓解现在的数学和科学的教学危机。……说到底，合作是实现一个更宏大、更实质目标的一种手段。只有当大学与中小学对它们应该走向何方有着共同的见解和共同的了解,伙伴关系才能扎下根来。我深信,当大学与中小学携手并肩,共同努力:加强早期教育;确定学术性核心课程;促进天才教育;为教学招收优秀学生;给予教师足够的工具和恰当的表彰;……为合作作出努力的人们会得到高度的回报,学生也会因合作得到周到的服务。这是大学与中小学之间合作的最好理由。"[①]

在这一潮流的影响下,合作及合作教育研究在美国得到迅猛发展。如,1966年"学生教学协会"(Association for Student Teaching)和"美国教师教育学院协会"(American Association of Colleges for Teacher Education)共同发表了《教师教育协作伙伴关系》报告,详细阐述了在教师教育领域大学与中小学合作的政策、途径。这些合作不仅仅止于教师培养和培训方面,也有围绕学生学习、教师专业发展、课程改革、学校管理等领域开展了大量合作教育研究。同年,古德莱得(Goodlad)建立了加利福尼亚州立大学洛杉矶分校教育学院与南加利福尼亚州多所学校之间的"合作联盟",以二者之间的"中间人"(broker)促进教育理论在学校教育实践中的联系,改进中小学教学工作;同时也向大学教育学院反馈中小学对师资培养的需求,提出教师教育改进建议。另据1985年由全美州立大学协会发布的报告统计,近1/3州立大学的校长定期与中小学联系,几乎所有大学教育系与中小学开展合作;73%的州立大学管理者定期与中小学管理者座谈,了解中小学教育问题;所有228所州立大学反映出合作领域主要是在教师专业发展研究、职教师培训上,其中有72所大学提到促进合作的主要目标在于确保其"地方业务"(如师资培训),因为这些"业务"面临其他专业机构的强力挑战。总之,如果能让中小学加入其合作关系网络就能确保其"地方业务"的市

---

① [美]欧内斯特·L.博耶:《关于美国教育改革的演讲》,涂艳国译,教育科学出版社2002年版,第104—105页。

场份额。① 20 世纪 70 年代后，美国联邦基金也鼓励建立这样的伙伴关系，如设立"教师质量提升计划"（Teacher Quality Enhancement）、"促进明日之教师运用科技计划"（Preparing Tomorrow's Teachers to Use Technology）、"综合学校发展项目"（Comprehensive School Reform Development Programs）等。此外，20 世纪 80、90 年代的几个著名报告也进一步强调了合作教育研究的必要性，极大地促进了合作教育研究。如，在 20 世纪 80 年代末，96 所主要研究型大学建立了改善职前教师教育和在职教师培训的霍尔姆斯小组（Holmes Group）。该小组先后于 1986 年、1990 年、1995 年发布了《明日之教师》、《明日之学校》和《明日之学校教育》三大报告，极大推进了 PDS（教师专业发展学校）的发展。这种新型合作模式"为职前教师教育、在职教师专业发展、促进教育知识探寻等提供了'临床'性环境"②。这些工作形成了"霍尔姆斯协作伙伴关系"。此外，还有 74 所大学与地方中小学建立了合作关系。③ 其他全国性的合作教育研究网络也赞成 PDS 模式，包括"全国教育、学校和教学重建中心"（National Center for Restructuring Education, Schools, and Teaching, NCREST）、"教育变革全国网络"（National Network for Educational Renewal, NNER）等。相较于 20 世纪上半叶，在这新一轮的合作中中小学及其实践者的自主性大大增强，不再是单纯地执行大学及理论者的方案。

毫无疑问，美国教师教育变革引发的合作教育研究方式对世界其他国家产生了相当大的影响。在中国 20 世纪 90 年代以后就出现了一些类似的变革尝试。

---

① Robert, *American Association of State Colleges and Universities surveys AASCU Special Report*. Washington, DC: AASCU, January, 1985, p. 2.

② Clark, R. W., *Effective professional development schools*, San Francisco: Jossey-Bass, 1999, p. 9.

③ The Holmes Partnership, *Member of the Holmes Partnership*, Retrieved July 24, 2000 from the World Wide Web: http://holmespartnership.org/members.html.

其二，在教育研究本身，二战以后人们对传统的实证主义主导的教育研究进行了反思和反叛，转而强调实践者的要求及其经验（或称实践智慧）。在这种倾向影响下，出现了两种具有合作品性的教育研究方式——教育行动研究和教育叙事研究。行动研究最早是由麻省理工学院"群体动力学研究中心"的心理学教授勒温立足于群体动力学研究而开创的一种新型研究方式，后来引入教育研究中。"合作"是行动研究的重要特征。实际上，美国许多大学与中小学间工作层面上的合作（如最常见的 PDS）也包含着教育行动研究。20 世纪 50 年代由于美国教育界受苏联人造卫星发射影响强调高标准的"学术研究"，理论者得到的研究资助增加而退守大学，使行动研究受到沉重打击。然而，这一研究形式却在大西洋彼岸——英国受到不同寻常的礼遇。这与英国教育学家斯滕豪斯主持的"人文课程研究"分不开。研究过程中，他提出了"教师成为研究者"的口号，主张让教师从事"一线研究"，来自大学的理论者组成的研究小组则在外围予以协助，从事"二线研究"。由于斯滕豪斯个人的教育理念、人格魅力、威望及倡导的行动研究模式，极大地影响了他身边的人和英国教育研究。在他去世后，旧同事埃利奥特继续领导英国的行动研究，而凯米斯则远赴澳大利亚开辟新的研究地域。由于他们取得的巨大成功，行动研究在世界得以广泛传播。在 20 世纪 60 年代，行动研究还曾引入德国，一直延续到 20 世纪 90 年代初，对德国传统教育研究产生极大冲击。[1] 20 世纪 80 年代以后，美国教育行动研究在唐纳德·舍恩（Donald A. Schon）等人倡导的"反思性实践者"[2] 口号下，又得以复兴，影响至今。

总体上看，在行动研究的"合作"中，实践者的自主性是比较充分的，其地位与教育实验不可相提并论，与理论者的互动体现了

---

[1] 参见陈惠邦《教育行动研究》（台北）师大书苑有限公司 1998 年版，第 60—64 页。

[2] 参见［美］唐纳德·舍恩：《反映的实践者——专业工作者如何在行动中思考》，夏林清译，教育科学出版社 2007 年版。

沟通的特征。

教育叙事研究①几乎于教育行动研究同时兴起，在20世纪80、90年代以后也成为合作教育研究的主要形态之一。它相对于传统教育研究的独特性在于对教育实践生活、教育实践者经历与体验的关注，并以发出实践者的声音为己任。要实现这样的目标，意味着研究主体——理论者必须改变过去的研究方式，建立与研究参与者——实践者的良好关系。就如康奈利和克兰迪宁所说："叙事探究是经验的研究，就像约翰·杜威告诉我们，是在环境和事件条件下人的关系问题。参与者处在关系中，作为研究者我们也处在与参与者的关系中，叙事探究是这种经验的经验，是处在关系中的人与人一起研究"，"关系是叙述式思考的中心，关系是叙事探究者做什么的关键。"② 因此，可以说，教育叙事研究是理解教育实践生活、教育实践者经历与经验的一种方法，是理论者与实践者在一定时间内，在一个或一系列地点，以及在周围环境的社会互动中的合作。理论者与实践者良好合作关系的建立是教育叙事研究的关键因素，因为它是研究资料来源的保障。如果实践者不愿意参与研究或不愿意与理论者深入交流、敞开心扉，理论者就不可能了解实践者独特的经历、经验、体验及学校教育生活中的种种"隐喻"。这种合作，也体现了"沟通性"。

总体上看，二战后，"研究和实践人员之间的伙伴关系变得十分吸引人，这是由于很多研究基地从实验室转移到了学校和教室里。在这种以实地考察为主的研究里，与实践人员合作可以给研究带来智力资源，而这在孤立的研究情况下是无法得到的。最理想的情况是，这种合作关系给研究带来一种双向流动：一方面给实践提供指导；另一方面在实践中产生的知识和智慧又丰富了研究。在某些情

---

① 现在学术界对于教育叙事研究的界定存在较多争论，主要是质疑其"研究"的品性。在这里我们专指由大学理论者在中小学做的教育叙事研究。

② [美]简·克兰迪宁、迈克尔·康奈利：《叙事探究：质的研究中的经验和故事》，张园译，北京大学出版社2008年版，第197页。

况下，没有这种合作关系，就无法开展重要的研究项目。然而这种伙伴关系也不总是轻而易举就形成的，往往要花很长的时间才能建立起来。这种关系对建立双方的信任起着关键的作用，只有有了这种信任，研究人员才能把工作做好，也才能和教育人员开展关于研究在实践中作用的互利的对话……简言之，研究人员需要实践人员，实践人员也需要研究人员。没有这种合作关系，大量的教育科学研究很可能是零零碎碎的、机会主义的，而教育家们也不大可能用科学知识去改善他们的实践"[1]。美国国家研究理事会在其发表的对美国教育研究具有指南性质的报告《教育的科学研究》（1999）中也建议"联邦教育研究机构应该投资给有助于联系研究者和实践者的基础设施，因为我们认为这样能推动研究本身的发展。通过逐渐地利用各种方式把对教育实践复杂性的更深入的了解融入理论构建、实证测试和方法开发中，研究者和实践者之间持续的合作可以加强基于实践的研究"[2]。据美国国家教育统计中心（NCES）1989年的统计资料，"在1983—1984和1987—1988学年度，合作伙伴关系得到巨大发展，其数量从42000个增加到了140800个，参与合作伙伴关系的学校从17%增加到了40%……1989—1990学年度，全美51%的学区、占学生总数65%的学生参与了合作伙伴计划"[3]。

二 合作教育研究在中国的转型（20世纪90年代至21世纪初）

自20世纪90年代以来，合作教育研究的发展呈现出了新特征，

---

[1] ［美］理查德·沙沃森、丽萨·汤：《教育的科学研究》，曹晓南等译，教育科学出版社2006年版，第89页。

[2] 同上书，第145页。

[3] National Association of Partners in Education, Inc., *National School District Partnership Survey*, Alexandria, VA: Author, 1991. 另外，需要说明的是，这里讲的"参与合作"，其主体是多元化的，主要有公司、企业、家长、大学人员等。

大致可以概括为：其一，合作教育研究在越来越多的国家受到重视，成为当代中小学教育变革和教育研究的重要方式；其二，合作教育研究本身研究的深度、广度在不断加强，日益与各国国情、不同地区的区情及不同学校的校情结合，体现出以往所没有的多元化；其三，在中国的合作教育研究中，教育理论与实践、理论者与实践者间的沟通与转化在不断增强，不再是过去双方需求（"你帮我解决我的问题，我帮你解决你的问题"）的沟通和简单叠加，而是双方需求体现出内在关联性，体现出交互生成的状态，一种新型的交互生成式合作教育研究形态日渐成熟。这可以看作中国教育及中国教育研究在新时代的又一次觉醒。[①] 下面结合中国合作教育研究的状况来说明这一时期的发展。

随着 20 世纪 80 年代以来的教育实验陷入低潮，中国的合作教育研究呈现出两种倾向：其一，继续引进西方沟通式合作教育研究模式，在借鉴的基础上注重中国元素，努力实现合作教育研究的本土化。这主要表现在：教育行动研究、教育叙事研究在中国的迅猛发展，如自 1997 年以来华东师范大学陈桂生教授领衔的团队与上海市打虎山路第一小学、无锡扬名中心小学的一批教师建立"教育研究自愿者组合"合作开展行动研究等；还有借鉴美国教师专业发展学校（PDS），建立中国的教师发展学校（TDS），具有代表性的是 2001 年首都师范大学教育科学学院的十余名大学教师走进北京市丰台区和朝阳区的几所中小学，开始创建中国的首批教师发展学校，与中小学教师合作开展教育教学

[①] 在新中国成立前一批有识之士曾强调过"中国教育要中国化"、"中国教育研究要中国化"或"教育学的中国化"等，但由于种种原因这种理想并没有得到很好的实现（参见舒新城《论道尔顿制精神答余家菊》，《中华教育界》1923 年第 8 期；赵乃传《科学的态度与新教育》，《新教育评论》1925 年第 1 期；朱元善《教育者研究态度之革新》，《教育杂志》1918 年第 10 期；刘天予《我们应当自反的一个重要问题》，《现代教育》1929 年第 1 期，等等）。

研究①；此外，在中国香港地区，20世纪90年代中期以后，一些大学纷纷借鉴国外大学与中小学合作模式，在移植的基础上逐步实现本土化，最具代表性的有香港中文大学理论者推动的较大型的学校改进计划，包括"跃进学校计划"（1998—2001）、"大学与学校伙伴协作共创优质教育计划"、"优质学校计划"（2001—2003）、"优质学校行动计划"（2003—2004），等等。②

其二，交互生成式合作教育研究得以发展并日益成形。一批中国教育理论者在对过去教育实验进行反思及对当代中国社会转型与教育变革审视的基础上，深入中小学与实践者一道开展教育实践研究。他们扎根中国本土，寻求中国教育经验、教育智慧对于教育理论发展的营养，并在此基础上不断创生出新的理论与实践形态。这些合作教育研究的新探索在相当大的意义上突破了过去实证主义方法论的束缚，也突破了对西方教育理论与实践的盲目崇拜，在许多方面还有新的超越，体现了中国教育研究的创生性。可以说，当代

---

① 其他建立教师发展学校的尝试，主要有：广州市沙园中学教师发展学校，以研究型课程为突破，实施自主发展的教育模式；杭州师范学院继续教育学院靖江初中教师发展学校，对教师进行分类培训，关注教师持续的专业发展；上海市实验学校教师专业发展学校，从制度措施上推动教师专业发展；沈阳师范大学沈河区正阳一校教师发展学校，通过大学教授为小学教师提供理论、方法的指导，小学教师到大学学习，听取各种讲座，促进双方的交流互动；济南师范附属小学教师发展学校，聘请客座教授，与学校一线教师开展面对面的交流，提高教育教学水平；天津和平区中心小学教师发展学校，构建教学、研究、学习为一体的新型教师学习和工作方式；四川师范大学教育科学学院成都高新区教师发展学校，以教师专业化发展为目标，制定了教师专业发展计划，创办校内刊物《教师发展研究》形成了教师校本培训的特色等。

② 其理念受美国教育学者亨利·莱文（Henry Levin）主持的美国跃进学校计划（Accelerated Schools Project, ASP）的启发，在香港50所中小学展开以美国ASP的三个主导原则为核心价值，即目标一致、赋权承责、发挥所长，并以推行"强效学习"为目的的学校变革（参见卢乃桂：《能动者的思索：香港学校改进协作模式的再造与更新》，《教育发展研究》，2007年第12期）。它是香港最具影响力的合作教育研究项目之一。

中国的交互生成式合作教育研究是世界合作教育研究在新时期的新发展。在这方面具有代表性的有：华东师范大学叶澜主持的"新基础教育"的理论与实践研究，经历15年探索性研究（1994—1999）、发展性研究（1999—2004）、成型性研究（2004—）三阶段的发展以后，开始了"生命·实践"教育学派的建设，形成了当代中国教育改革的理论体系，参与研究的基地学校也呈现出整体转型后的新形态；北京师范大学裴娣娜教授开始主持"主体教育"研究，经过十余年的发展，项目组从一所学校发展到后来14所高校，4所科研单位，121所中小学合作进行研究，形成了"主体教育理论"；此外还有华东师范大学熊川武教授主持的"理解教育"研究，形成的"理解教育"理论体系等。

第三章

合作教育研究中两类主体间关系形态的比较分析

对于合作教育研究人们已从多个角度进行了研究。在此，我们将从合作中教育理论者与实践者两类主体间的关系入手进行进一步的阐述。当然，这里需要强调，我的探讨将聚焦于"合作教育研究"中的关系，而非大学与中小学组织层面的工作性质"合作"中的主体间关系，即必须区分大学与中小学间的"合作"（如教师培养、教师培训、委托管理等）和理论者与实践者合作开展的"合作教育研究"。实际上，已有的许多研究往往没有做这样的区分，因此一涉及"关系"就会纠结于组织或结构层面，而忽视研究过程中的主体间关系。其中最具代表性的是古德莱得（Goodlad）提出的"共生"关系，强调的是基于大学与中小学组织间的差异及其互补性的关系，是组织间的"共生"而非理论者与实践者间的"共生"，且集中阐述两类组织间为何要"共生"，对"共生"的实际状态、如何"共生"、"共生"的过程及成效等则缺乏分析，即便连他自己也承认，"共生"更多是一种理想，实际合作中真正能达到"共生"的几乎没有。[①] 当然，也有少数人曾论及合作教育研究中两类主体间的关

---

① Sirotnik, K. A., &Goodlad, J. I., *School-university partnerships in action: Concepts, cases, and concerns*, New York: Teachers College Press, 1988.

系，较具代表性、引用率较高的是瓦格纳的观点。[①] 他在论文中着重描绘了三种关系状态——资料榨取式、临床伙伴式和共同学习式，并对三种关系的特征与追求做了阐述，但对三种关系中主体间的"间"性——即两类主体相互作用的机制与过程并未提及。而且，从合作教育研究的发展历程可知，它在不同时期、不同国家有不同的形态，其间两类主体间的关系肯定具有差异性。因此，从对现有研究的深化来看，对合作教育研究中两类主体间关系的探讨确实需要新的思路。

第一节 分析的基本框架

一 双方的意愿

合作教育研究中两类主体间关系的状况，首先取决于他们对于合作的意愿，这也将影响合作的持续性。主要有以下三种状态。

（一）主动—被动

这有两种情形：第一种是理论者主动实践者被动。如在克里弗·戴伊（Christpher Day）阐述的教育知识生产型合作教育研究中[②]，理论者维持其在教育知识生产过程中的主导地位，而参与合作的实践者则是研究的对象或客体，两类人员之间的关系是分离而非整合。又如在琼·瓦格纳（Jon Wagner）所阐述的资料榨取型合作教育研究中[③]，研究的问题通常集中于教育和教育过程的本质等理论方面，这些问题、研究及其产生的任何答案都被认为是大学理论者

---

① Jon Wangner, *The unavoidable intervention of educational research: a framework for reconsidering researcher-practitioner cooperation*. Educational Researcher. Vol. 26, 1997.

② Christopher Day, "Re-thinking school-university partnerships: A Swedish case study", *Teaching and Teacher Education*. Vol. 14, 1998.

③ Jon Wangner, "The unavoidable intervention of educational research: a framework for reconsidering researcher-practitioner cooperation", *Educational Researcher*. Vol. 26, 1997.

的专利，研究的过程可以是以定量或定性方式采集数据，有时候这些活动和问题对于实践者来说是费解、神秘、厌烦甚至荒谬的。上述合作研究的关键特征是两类主体对研究目的和及研究本身理解的不对称性，理论者与实践者在研究中的角色有明确区分：理论者是探究、撰写研究报告、建构知识的主体，而实践者的工作意义则是被研究、描述、操作及提供素材。如此角色区分与双方社会地位是相一致的。理论者是作为学校生活的"局外人"在从事研究和反思，而实践者则作为学校生活的"局内人"在行动。合作中，彼此可能尊重对方，也可能不，但双方都不希望对方分享自己的看法和价值。这种合作所产生的知识（结果）一般在理论者之间交流，或提供给高层教育行政部门，可能对教育政策制定产生影响，从而间接地影响实践者的工作。

第二种情形是实践者主动理论者被动。如巴奈特（Barnett）提到的"买卖"式合作教育研究（vendor model）[1]，即理论者将自己的专业知识及其研究活动作为一种"服务性商品"，中小学实践者根据自己的需要向理论者"购买"这种服务，当双方契约达成后理论者则要依据契约履行自己的责任与义务。卡拉翰（Callahan）和马丁（Martin）阐述的"成功首创学校"项目（Successful Schools Initiative，简称SCI）也属于这种情形。[2] 另外，身处此境中的理论者若不能满足实践者需要或能满足需要，其结果是或达成下一个"服务项目"的契约或合作走向终结。

（二）被动—被动

理论者与实践者开展合作教育研究都是被动的。这主要是由于

---

[1] Barnett, B. G., Hall, G. E., Berg, J. H., & Camarena, M. M., "A typology of partnerships for promoting innovation", *Journal of School Leadership*, vol. 9 (6), 1999.

[2] Jamie L. Callahan & Dorian Martin, "The spectrum of school-university partnerships: A typology of organizational learning systems", *Teaching and Teacher Education*. Vol. 23, 2007.

"第三方"（可以是行政或其他力量）的安排，而"不得不"或"无奈"地开展合作，当任务完成时合作也就结束。

（三）主动—主动

这有三种情形：第一种是双方各有"利益"考量，常见的是理论者期望实践者成为研究对象或资料提供者，而实践者则期望通过与理论者的合作获得某些回报（如论文发表、研究项目署名、专业培训等）。在这种合作教育研究中，每一方都将自己利益的满足建立在对方奉献的基础上，然而每一方都有自己的根本利益（如理论者的根本利益在于其学术研究，实践者的根本利益在于其教育工作）。因而在实际情形中，往往每一方都不太可能搁置自己的根本利益而满足对方的利益，故而合作常常陷入困境。以在美国常见的教师专业发展学校（PDS）为例，中小学既是大学新教师培养的实习基地，也是教育理论者研究的"田野"，实践者既能提供研究资料，其实践活动也是理论者研究的对象；而中小学愿意发展成为 PDS 是因为能为学校教师带来难得的专业发展机会，并能得到改进课堂教学的"额外的眼睛和帮手"，还能得到政府的相关资助；对于实践者来说，因其参与新教师指导工作而可以免费得到在大学提供的课程学习（培训）、研究指导以及来自自己学校的激励。但从实际开展过程来看，双方的合作并未如设想的那般美好，理论者"暂时地忽略……儿童、班级和 50 分钟的课堂。事实上，我们努力要做的事情就是建立理论"[1]，将理论建构当做是中小学课堂之外的事，也是与课堂无关的事，他们来到 PDS 只是为了参与教师培养，贡献自己的"专业知识"，提供"专业服务"，而不指望在这里能收获什么理论上的回报。而教师们参与项目的主要兴趣在于"儿童、班级和课堂 50 分钟"，他们不乐意听到"暂时地忽略"这样的话。而且在合作中两类主体间时常进行着"平等与控制"的斗争，"大学教师通常都定

---

[1] Linda Darling Hammond：《美国教师专业发展学校》，王晓华等译，中国轻工业出版社 2006 年版，第 106 页。

位于指导者，而中小学教师则被定位为学生。实际上，我们（中学教师）只被当作任务的被分配者"①。所以 PDS 在美国一直面临生存问题。②

第二种，双方都是某一研究项目的成员，并且在研究计划中各自属于不同的环节、完成不同的研究任务。虽然双方都主动投入到研究项目中去，但只是项目意义上的规定组合式的"合作"。研究过程中，双方按照既定分工和进程安排完成各自任务，任务结束，合作走向终结。从严格意义上说，双方其实是"合做"教育研究，而非真正的"合作"。

第三种，双方基于共同的理想、价值追求和对方及合作教育研究本身的了解和理解，主动合作，并在合作中持续沟通，获得合作发展动力，合作得以持续。对此我们将在下文中的交互生成式合作教育研究中有详细阐述。

二　双方的地位

双方在合作教育研究中的地位是反映主体间关系的重要维度，主要有三种情况。

（一）理论者占据主导地位

理论者在合作中主控研究全程，其角色是"立法者"；实践者则处于被支配甚至被控制的地位，其角色是"执行者"和"原始材料提供者"。在大多数合作教育研究中，两类主体间关系即呈现这种状态（在下文中会有涉及）。这里以拉维德（Ravid）和汉德勒（Handler）

---

① Rick Ginsberg & Lynn K. Rhodes, "University faculty in partner schools", *Journal of Teacher Education*, Vol. 54, 2003.

② 这种生存困境除上述原因外，还有诸如激励机制缺乏（尤其是理论者将 PDS 的工作当作额外的工作任务，不计入学术提升的条件）、经费不稳定等。这些也许需要在我国积极提倡这种模式的理论者注意，它是否能在中国立足亦有待检验。

论及的商谈式合作教育研究为例[1]，这是一种典型的专家模式。教育理论者被认为在某个或某些领域具有精深的专业知识，可以为教师习得新的知识或技巧提供帮助。如他们可以为教师将某种技术整合进教学提供咨询；还可以指引教师以新的方式来解决问题；还可以开展形形色色的工作坊（workshop）就某些问题进行研讨。过程中，教育理论者被当成专家，而教育实践者则是向专家学习并改进自身实践的人；知识的流向是自上（理论者）而下（实践者）的单向流动。在本质上，这种关系只是一种协作（cooperation），而不是合作（collaborative partnerships），因为其权力等级十分明显。协作中，两类组织的管理者也有可能涉入协作的计划与实施，但大学管理者的涉入一般限于在协作刚刚开始时指定相关人员参加，而中小学管理者则会全程参与。这种协作一般是对一定的资金资助或"上头"命令的回应，也会受到较严格的监督（如需要形成正式计划、定期的发展报告、协作过程的详细资料等）。

（二）实践者占据主导地位

在研究中根据需要来邀请理论者参与，理论者的角色是"咨询者"、"促进者"、"阐释者"，实践者则是"雇主"和理论建议的"采纳者"。上文中述及的"实践者主动—理论者被动"合作教育研究也属此类。

（三）理论者与实践者相互平等

随着合作教育研究的发展，越来越多的人直接或间接地强调合作中两类主体间的平等。如，古德莱得（Goodlad）论及的"共生"关系[2]，其实质是强调大学与中小学两类组织间差异性对于对方发展的补充作用。斯克蒂（Schlechty）和怀德福（Whitford）提倡的"有

---

[1] Ruth Ravid, Marianne G. Handler, *The many faces of School-University Collaboration: Characteristics of Successful Partnerships*, Teacher Ideas Press, 2001.

[2] Sirotnik, K. A., &Goodlad, J. I., *School-university partnerships in action: Concepts, cases, and concerns*, New York: Teachers College Press, 1988, p. 14.

机"关系[1],强调双方在研究问题上的"共有性"和"共享性",以避免一方对另一方的僭越。古德森(Goodson)和弗里舍(Fliesser)主张的"公平交易"关系[2],是为了在双方的"合作"中保证每一方都"不吃亏",确实有交易的味道。这几种观点中都蕴含着"平等"的意思,但都没有直接对"平等"的真实意蕴做出清晰的阐述,尚处于"提倡"层次。琼·瓦格纳(Jon Wagner)对此问题倒有较为直接的分析,他在论及"共同学习型"的合作教育研究时[3],指出理论者与实践者间工作的区分变得很模糊,两者都被认为是研究的主体和研究的对象。尽管理论者与实践者分别作为"局外人"和"局内人"身份的事实没有改变,但是在合作中,理论者在实践之内,双方身份出现部分交叉。结果,理论者及其所属研究机构也被作为研究对象,成为变革和批判分析的目标,更提出涉及教育研究自身和彼此关系自身的有关问题。这使研究的视野更为广阔,收集的资料更为多样。总体上说,在这一合作中,理论者与实践者都参与学校教育教学的实践过程之中,双方都付诸行动与反思。通过合作,一方可以从另一方学到更多,同样重要的,也可以从自身学到更多,并体会到这种学习与学校教育教学实践的关系。这是我所见到的英文文献中对"平等"阐述得较为详细的具有代表性的论述。不过,从其阐述来看,重心还是落在"合作"而非"平等"上,对双方平等的性质、实质、实现过程等关注较少。从这些著名人物的

---

[1] Sirotnik, K. A., &Goodlad, J. I., *School-university partnerships in action: Concepts, cases, and concerns*, New York: Teachers College Press, 1988, pp. 191 - 204.

[2] Goodson; Chris Fliesser, Negotiating Fair Trade: Towards Collaborative Relationships between Researchers and Teachers in College Settings. I Peabody Journal of Education, Vol. 70, No. 3, *Curriculum Issues and the Postsecondary Preparation of Educators.*, 1995, pp. 5 - 17.

[3] Jon Wangner, "The unavoidable intervention of educational research: a framework for reconsidering researcher-practitioner cooperation", *Educational Researcher*, Vol. 26, 1997, pp. 13 - 22.

阐述中，可以看出"平等"问题的重要性，但从其语焉不详中可反映出实现平等及将之"说清楚"的难度，也说明在西方合作教育研究真正做到平等的合作教育研究并不多。对此，古德莱得（Goodlad）、瓦格纳（Wagner）等也不讳言。而且我也注意到，这些阐述中的"平等"更多停留于"权利"平等的层次，政治或伦理意味较浓（因而与隐私保护、法律等联系在一起），而不是在合作教育研究的"研究"、"发展"意义上分析平等的真实意义。对于这些问题，我们将在下文的交互生成式合作教育研究中做进一步分析。

三 关系的指向性

这是从教育理论与实践关系上来看合作教育研究的目标定位究竟是为了哪一方的发展，主要有两种情况。

（一）单一指向

包括有两种情形：第一种是为了满足理论者研究及理论发展的需要，实践和实践者是研究的对象或资源发掘地。大量合作教育研究体现了这种情形，尤其是合作教育研究发展的早期阶段。第二种是为了满足实践者发展或改进实践的需要，理论者是研究的辅助者。这与20世纪50、60年代以后，随着人们对传统合作教育研究及其过程理论者主导和控制的反思、实践者的觉醒等有关。

（二）双向指向

也有两种情形：第一种是双方需要满足的叠加，即"你帮助我解决我的问题，我也帮助你解决你的问题"或"我给你帮助，你给我回报（如金钱、机会等）"，体现了互惠性。如古德森（Goodson）和弗里舍（Fliesser）主张的"公平交易"式合作教育研究，又如PDS式合作等，其共同点是双方需求缺乏一致性，相互利用性明显，因此貌似"双向"，其实质是两种"单向"的叠加。第二种是交互生成式的双向，即注重双方需求的内在关联性，研究中双方关系处于内在沟通与转化之中（下文将有阐述）。

四 关系的程度

不同的合作研究存在程度上的差异，但对于这种差异目前的研究还难以区分。我们认为这主要取决于合作研究的广度、深度和两类主体合作交往的接触频率与深度。

（一）合作的广度

合作广度是指在整个合作教育研究的过程（方案设计、方案实施、结果评价）中，理论者与实践者在什么阶段开展什么意义上的合作。它涉及两类主体间研究关系涉及的"面"，有以下几种情况：

其一，研究项目意义上的分工式合作，即围绕研究项目明确理论者与实践者的各自任务并各自完成，在需要时根据研究目标对两者研究成果进行整合。这是研究成果"整合"意义上的合作："整合"前，研究成果由各自完成，主体间的"间性"不够。

其二，在实施阶段开展合作，形成"理论者设计—理论者与实践者共同实施—理论者评价"或"实践者设计—实践者与理论者共同实施—实践者评价"的研究形态。其中前者最为常见。在实施阶段的合作中，双方关系还会表现出上述"双方的地位"中的三种状态。

其三，分段组合式合作，即在研究过程的三个阶段中，方案设计、结果评价由一方单独完成（一般是理论者），方案实施由另一方单独完成（一般是实践者），整个合作教育研究是两类主体在不同阶段分别承担工作和任务的组合，形成"理论者设计—实践者实施—理论者评价"的研究形态。在这一形态的合作中，实践者往往是被规定、被测试的对象，理论者占据主导地位。[1]

其四，全程式合作，即两类主体在"方案设计—方案实施—结

---

[1] 目前随着学校自主性的增强，出现了"实践者设计—理论者实施—实践者评价"的合作。这种合作具有强烈的雇佣性，如一些学校为了宣传或包装需要聘请教育理论者按其所需提供"服务"。这虽是合作，但在严格意义上并不具有"研究"性，且彼此的关系已经异化成商业交易。故在这里并不专门纳入。特此说明。

果评价"的整个过程开展合作，共同开展。这一合作又可能有三种发展路径：第一种是根据实践问题或实践者需要双方进行方案设计，以后的方案实施与结果评价都以实践问题是否解决、实践需要是否满足、实践经验是否提升为核心开展，一个合作"项目"结束后，就寻求另一个合作项目，缺乏持续性和相互间的关联性。在现实中，许多教育行动研究采用这种方式。第二种是根据理论发展需要双方进行方案设计，以后的方案实施与结果评价都以理论是否得到证明为核心开展，到一定程度后，合作结束。第三种是根据理论（者）与实践（者）的共同发展需要，由两类主体共同设计方案，在方案实施过程中根据两者的发展情况不断调整、深化，使理论形态与实践形态在交互作用中实现螺旋式向前发展。

（二）合作的深度

合作的深度是指两类主体合作开展的教育研究在探究深度上的状态，是决定双方关系发展程度的重要指标。它与合作中双方的意愿、双方的态度、关系的指向及合作的广度密切相关，主要有两种状况：

其一，合作教育研究围绕（理论者或实践者）一定时期、一定研究任务的完成和研究目标的实现，并不持续深究进一步发展的可能，时间较短，效果也不持久。对此，可以称之为浅层合作。在这样的浅层合作中，研究结束即意味着两类主体间研究意义上的关系的结束。

其二，合作教育研究在双方不断相互了解及相互调整中持续开展，研究本身体现出发展的阶段性、持续递进性，研究的深度不断加强，研究涉及面（研究问题）由点到面日益广泛且逐渐深入，对理论发展与实践变革的影响大且深，并逐渐深入到"人"的改变的层次。对此，可以称之为深度合作。当然，在这一过程中，也有可能受一些研究之外的因素的影响（如理论者或实践者的人事变动等），深度合作会退化为浅层合作，并走向终结。

（三）交往接触程度

在合作教育研究中，理论者与实践者两类主体有多种交往方式，在不同的交往方式中他们接触的程度也存在差异。这种差异在一定意义上也影响着他们相互间的关系程度。这有几种情形：

其一，直接接触与间接接触。直接接触是指在合作教育研究中，两类主体面对面地直接交流（下文会详细阐述），间接接触则是指主要通过"中间人"而非两类主体面对面的方式来交流。实际上，许多合作教育研究（尤其是美国式合作教育研究）主要采用了间接接触方式，理论者通过所谓"broker"（往往是研究生或雇用的有经验的实践者）来与中小学实践者沟通，其任务是向双方传达研究的信息、要求、措施等。而理论者本身则将主要时间花在大学里自己的学术研究上。这是一种"遥控式"的合作教育研究。这种情形在中国香港地区也开始出现，即理论者聘请"学校发展主任"[①]来担任中间人，由这些领会理论者意图的"主任"们频繁进入中小学指导实践者的实践，并与其交流促进其专业发展，当然也向理论者反映实践者的状态。无疑，这些"中间人"在理论者人数有限而又大规模推广以合作教育研究为基础的学校变革时是一种较好的选择，但其不足在于隔断了理论者与实践者面对面交流的深度与频度，不利于理论者及时有效地感知实践者的需要和中小学变革中的问题，也不利于发展理论者自身理解、解读中小学教育实践生活的能力。此

---

① "学校发展主任"是涵盖香港中小学教育各环节，针对教师具体需要的专业支持人员，经由理论者培训而成。其工作是从学校教师中找到合适的伙伴，再在庞大的"问题丛"中耐心地辨认出每所学校的核心问题，寻找问题的源头，然后与伙伴们一起设计适当的办法，并通过协商和实践去解决问题。学校发展主任一方面要进行有凭据的专业实践，另一方面则要不断进行行动研究，使自己对工作更有洞察力。为了学校发展主任能有较均衡的专业视野和较完整的研究取向，理论者会安排定期的分享会及各种活动（如最新研究发现、阅读文献报告、各校工作进展报告、有关分析问题和解决方法的讨论等），目的是重组其专业经验。而作为学校发展主任的辅助，还有"借调教师"。借调教师都是从中小学教师队伍里表现出众者中选拔出来的，他们愿意暂时离开学校工作岗位，赴大学配合理论者的研究工作。他们的工作常会按其专长分配，贡献实践经验（参见卢乃桂《能动的思索：香港学校改进协作模式的再造与更新》，《教育发展研究》2007年第12B期）。

外，随着网络技术的发展，还有理论者与实践者以网络虚拟空间为平台的间接接触，大家在网络上直抒所见、交流心得、探讨问题。这亦不失为一种合作手段，有利于双方在开放的情形下表达意见。但其问题在于，这种交流可能具有虚假性，有时"说得比做得好"甚至"光说不做"，其主张究竟在多大程度上转化成了真实的教育实践则尚不可考。

其二，接触的频度与效度。频度反映了合作中两类主体是否经常接触，效度反映了两类主体接触后的效果。这两者是决定合作教育研究实效的重要因素，因而对两类主体间的关系发展有重要影响。在一些合作教育研究中，理论者往往进入实践现场的次数有限（如一月一次或数周一次等或不定期进入），且进入前对研究缺乏系统周密的策划，随机性的"抽查"或"指导"成分多，进入后又缺乏对研究的推进机制，因而难以保证研究的有效性。这种状态常常对实践者参与合作的信心、动力及合作关系等造成消极影响。

五　关系的性质

如果从合作教育研究中两类主体间关系的性质上来看，还可以做出以下几种区分：

（一）对立式关系

在合作中，两类主体在价值、观念、情感、行为等方面存在明显或隐讳的对抗，使合作难以为继。它主要有以下几种情形：第一种是因为理论相对于实践（者）来说"无用"。在合作教育研究的实践中，经常遇到实践者对研究的抱怨，不满理论过于抽象，自己对这种理念层次的理论研究缺乏兴趣，要求理论研究者把这种抽象转化成更为具体的操作步骤。而一旦转化为具体的操作步骤，实践者又发现这样的理论离自己的课堂实践非常遥远，从而抱怨理论无用，对理论者产生反感或抗拒情绪。第二种是理论者对教育实践现场的介入打破了实践者习以为常的生活状态及教育教学常规，从而产生对立。第三种是由于双方交往中的态度、方式失当（如理论者由于不了解实践者及其实践需要，表达不到位、语言失当，甚至表现出优越感等；实践者也有可能对理论者态度、语言失当等）导致彼此对立。

（二）控制式关系

在合作中，一方对另一方提出"命令"式要求或处方式的执行性方案，要求对方严格执行，体现出一定的尊卑特征和等级性差异。在实际合作教育研究中理论者常常占据控制的主导地位，主要由理论优先实践传统所致。当然，在雇佣式合作教育研究中，实践者则对研究进程具有控制性。

（三）合成式关系

合作双方按照研究方案的分工各自独立执行，在一定时期（如评估或结题时）双方将各自成果进行整合，如上面提到的"合作"式教育研究。

（四）交换式关系

合作中和合作后，双方各取所取所需，寻求自己利益和要求的满足，进行"公平交易"，其本质是"互惠"。

（五）创生式关系

它有两种可能：即单向式创生，对理论发展或实践变革产生影响，持续生发出新的形态或有持续性的新发展；交互式创生，理论与实践呈现同时态、纠缠式发展。

到这里，我们对分析合作教育研究中两类主体间关系的基本框架做了大概性的梳理。但这里特别需要指出的是，上述每一维度的不同方面或情形在一定条件下是可以相互转化的，即合作教育研究中两类主体间的关系始终处于流变之中，并没有一种合作教育研究从一开始就注定主体间的关系会是某种固定状态。这充分表明了，合作教育研究中"合作"本身的复杂性及其两类主体间关系发展的多种可能性，最终呈现为什么样的状态在根本上取决于主体自身。

第二节　常见合作教育研究中
两类主体间的关系

合作教育研究发展至今已形成多种类型，本书不可能全部涉及。因而我们将在上文分析框架的观照下，以教育实验研究、教育行动研究、教育叙事研究三种最为典型、常见的合作教育研究为例，分析两类主体间的关系。

一　教育实验研究中两类主体间的关系

出于对哲学思辨式教育研究的不满，19世纪末拉伊和梅伊曼将心理学研究的实验方法引入教育研究，使教育实验成为人们追求教育科学化和教育学科学化的典型研究方式，后在许多国家得到不同程度的发展。从与教育实践者合作开展的角度看，它一般有两类：一类是在实验室严密控制下进行，然后在中小学由教育实践者验证其实验结论的可靠性，是一种理论证实或证伪式的教育实验；一类是理论者提出理论假设、做好研究设计，在学校自然教育情境下由理论者指导实践者实施，最后一般由理论者分析资料、形成结论，是一种归纳式的教育实验。在两种教育实验形态中，实践者都非全程参与，参与的阶段存在差异：前者是在研究的总结阶段，后者是在研究的实施阶段。但其研究方法论基础是一致的，即都是在实证主义指导下，对相关变量进行控制和施加影响，收集并分析相关数据信息，确定实验影响与实验结果的因果关系。在整个研究过程中，强调理论者对于教育事实的如实研究，不渗透个人价值观念与情感，力求研究结果的客观性、因果性、可证伪性、定量化和可重复性。就像弗雷德里克·埃里克森（Frederick Erickson）所说的那样，"实证主义教育研究的假定是：历史会重演；人们能对从过去的事件中学到的东西加以概括，用以说明未来的事件——无论事件发生的场合是否发生变化"①。因此，以实证主义为方法论基础的教育实验强调教育存在是"真实的"存在于我们自身之外，可以通过实验的方法予以把握和捕捉，教育研究就是要寻求教育现象中存在的因果关系，按照自然科学的研究模式把握教育存在的规律，认识的正确性也必须通过经验来验证。这种研究坚持技术理性②，认为：（1）实际的教育问题有通用的解决办法；（2）解决这些实际问题的办法是可以在实际情境之外的地方研究机构发展出来；（3）这些解决办法可以通过出版物、训练或行政命令等途径转换成实践者的行动。显然，这种研究逻辑采用了"研究—开发—传播"（R—D—D）的流水线式的操作模式，实践者在流水线中只需要阅读由理论专家开出的使用说明书然后照章办事就可以了。在这样的知识生产链上，教育理论者与实践者以主客体的方式相分离，遵循的是从理论到实践（证实或证伪理论）或从实践到理论（归纳总结实践经验）的单向逻辑。过程中，实践者"被作为学校的土著人被客观地研究"，"教育世界和它的工作环境几乎被视为第三世界文化，教师在教育研究中几乎成为被剥夺了公民权的农民"③。关于这一点拉姆佩（Lampert）讲得更明确："他们（理论者——笔者注）……认为教师如同技术生产部经理，认为教师的责任就是提高教学效率，非如此而学业不能完成。根据这一看法，如果教学人员运用研究人员的成果来解决课堂问题的话，教学质量就可以得到提高。教师的职责就是查阅研究人员和决策者讲了哪些应该做的事情，或者对学生讲了什么并叫学生做些什么，例如，教师辅导和学生自学各应占多少时间，儿童必读的故事书中应该有多少新单词。似乎只要教师听命于

---

① 转引自［美］梅雷迪斯·D. 高尔《教育研究方法导论》（第六版），许庆豫等译，江苏教育出版社 2007 年版，第 21 页。
② ［美］阿特莱奇特：《行动研究方法导论——教师动手做研究》，夏林清等译，台湾远流出版事业股份有限公司 1997 年版，第 260 页。
③ Kincheloe, J., *Teachers as Researcher: Qualitative Inquiry as a Path to Empowerment*, The Falmer Press, 1991, p. 12.

研究人员和决策者，学生也就大吉了。"①

在"合作"中，实践者是被动的参与者，没有话语权，其需求也无需理论者重视，理论（者）对实践（者）具有等级上的尊卑特征。当数据收集完毕或理论者认为信息足以说明理论假设时，研究就行将结束，也就是说研究一切都是围绕理论者需要而开展，在时间上难以持久。由于实践者往往是被动参与，理论者也并不持续性地在学校教育现场与之沟通，这种研究因而也难以真正扎根于教育实践领域和实践者的心中，研究深度也有限。在研究文本呈现上，参与研究的人——理论者与实践者都"隐形"不说话，呈现的只是实验开展程序、变量与控制措施、数据分析与结果等客观描述。

当然，我们也必须承认，教育实验研究的努力在一定时期、一定意义上为教育研究的"科学化"和教育的"科学化"作出了贡献。而且，它本身也并非一无是处，实际上，现在在教育实践中某些方面（比如说：生字抄写遍数与正确默写率的关系，打字练习时间与打字熟练程度的关系等）还需要进一步开展教育实验研究。不过，毕竟教育领域不是客观的物理世界，实证主义的研究方式的确存在相当大的局限性。就像狄尔泰所说："我们不能通过将自然科学思想家发明的方法借用到我们的领域来证明我们是他们真正的学生，而是让我们的知识符合我们的客体的本质。我们这种对待客体的态度与自然科学家对待他们的客体的态度完全一样。"②

二 教育行动研究中两类主体间的关系

长期以来，教育研究以一种体制化的方式与教育实践分离：一般人往往认为"研究"是理论者的专利，他们进行基础与应用型的教育研究，并由其中衍生出诊断与解决实践问题的技术；而"行动"

---

① Magdalene Lampert, "How to teach: The teachers' viewpoint about the problem in pratice", *Harward Education*, Vol 55, 1985.
② 转引自谢也坤《走向精神科学之路》，江苏人民出版社 2003 年版，第 55 页。

则是实践者的职责，只需要提供问题与素材给理论者作研究，并检验其研究结果的效用。在这种研究"常识"中，理论者作为研究者的角色不仅区别于实践者，且通常比实践者更加优越。然而，20世纪50、60年代以来，这种教育研究传统面临越来越大的挑战：一方面专业教育理论者对自己不能清楚解释教育专业实践过程的核心过程而感到不安，另一方面实践者对教育理论知识在实践运用中的可靠性也提出质疑。前者使理论者走进实践，寻求把握与认识实践情境的不确定性、不稳定性与无序性，后者使实践者产生自己参与研究并以研究解决自己的问题的动力。在此取向下，实践者及其实践经验或实践智慧在教育研究中越来越受重视，实践者自身也不同程度地获得了研究主体的身份。教育行动研究即是在此背景下得到发展，"合作"是其基本特征。[①] 其中，理论者与实践者间的合作关系在不同时期出现的教育行动研究模式中呈现出不同的状态。

（一）技术取向教育行动研究中两类主体间的关系

行动研究发展初期呈现技术取向。在科里耶（Collier）倡导的行动研究中，理论者所扮演的角色就是"非指导性的咨询专家"（non-directional consulting expert），其任务是引导团体成员澄清问题、再认识变革需要、参与决策过程并执行行动。二战后，随着美国《合作教育法》的颁布（1953），行动研究在教育研究领域得到推广，特别受到杜威"做中学"的启发。但这一时期的行动研究基本上仍受实证主义技术理性的影响，在理论者眼里，实践者是"第三人称"——"他或他们"。因此，行动研究一般由理论者主控，"合作教育行动研究"其实并无"合作"的真正意味，实践者只是被邀来共同进行教育研究而已，并未真正确定其在研究过程中的主体地位。过程中，理论者"吸收"教师研究一些教室之外的问题，这些

[①] 这从教育行动研究的英文名称"collaborative action research"就可以看得出来。在教育行动研究中的"合作"有实践者间的合作和实践者与理论者间的合作，在此我们主要探讨后者。

问题可能与教师的实践兴趣根本无关；它使用一些技术来产生和调查研究一些理论者提出的问题，关注外来研究成果的效益和实践的有效性。整个过程只是用来验证某些在另外的地方提出的研究假设的应用性能。尽管这种研究也能促进实践的改进、实践者的理解和研究情境的改善，实践者也能不同程度地参与研究的设计、实施、总结全程（主要还是实施阶段），但其角色只是"研究助理"，主要工作是收集理论者不易或不便收集的资料。对于研究本身，实践者只能依赖于理论者的声誉或"权威"来确定实践的合理性，而不是根据他们自己对教育实践的真实分析和思考。因此，这种模式只是"R—D—D"模式的变体，带有浓厚的实证主义气息。理论者与实践者间仍然是资料榨取式的"合作"，只是体现了一定的"沟通"性而已，而且这种"沟通"仍然有明显的单向特征。如今，这种模式合作教育研究中仍然广泛存在，在经历了长期的研究"压迫"以后，实践者似乎已经习惯于听从理论者的"指令"，按照"程序"操作，如果理论者不能给出明晰"指令"或"程序"，实践者相反还会显得不太适应，甚至茫然失措。这也足以反映出实践者真正获得研究主体地位的困境所在。

（二）反思取向教育行动研究中两类主体间的关系

20 世纪 50 年代以后，美国的教育行动研究逐步陷入低潮，但 20 世纪 70 年代以后在英国得到巨大发展，并在斯滕豪斯（Stenhouse）和埃利奥特（Elliott）努力下表现出了与技术取向教育行动研究不一样的特点，突出教师自身的反思。斯滕豪斯认为，"教育即实验室；教师就是科学研究社区中的一员"[1]，他们应该拥有在教育专业方面独立自主的自我发展能力与权力。此种独立自主的专业发展必须透过实践者自身在其教育实际中从事系统性探究与自我反省而获得。教师因此可以在其教室中验证知识并建构知识。他的主要

---

[1] Stenhouse, L., *An Introduction to Curriculum Research and Development*, London: Heinemann, 1975, p. 144.

观点是：只有发展教师之批判性与创造性力量，才能真正改善学校教学与行政工作。埃利奥特前所未有地强调实践者的"自我反省"（self-reflection）与教育行动的重要性。"行动促进反省"是埃利奥特的独到创见。但真正将反思性行动研究发扬光大的是美国人舍恩（D. Schon），20世纪80年代他在美国重新焕发了教育行动研究的活力。舍恩认为，"科技理性即为实践的实证主义认识论（the Positivist epistemology of practice）。19世纪实证主义发展至巅峰，并进入了大学体制；到了20世纪前几十年，科技理性已在专业教育的学院中，占据了牢固的位置"[1]。但实际上，这些科技理性并不能概括实践中的一切，在现实生活中"我们所知道的远多于所能描述的"，据此，他提出了反思理性（即实践理性）并概括出其特征[2]：（1）复杂的实际问题需要特定的解决办法；（2）这些解决办法只能在特定的情境中发展出来，因为问题是在该情境中发生和形成的，实践者是其中关键的、起决定性作用的因素；（3）这些解决办法不能任意地使用到其他的情境之中，但是可以被其他实践者视为工作假设，并在他们自己的工作环境中进行检验。这些假设成为反思的行动研究的理论基础，它表达的是实践者的"实践理论"。在这些过程中，实践者的知识整合在行动之中，他们对自己行动的反思揭示和发展了那些潜在于他们身上的实践理论，这些理论的发展导致他们产生行动的意念，然后产生相应的行动。为此，舍恩提出了"反思性实践者"的口号，主张实践者"在行动中反思"，开展"反思性实践"，教育理论并不控制人的思维，并不用一种"目的—手段"式的图式规定实践者先做什么、后做什么，教育理论对实践者的价值在于为实践者提供某种解释，使实践者接受某种启示而更好地"理解"自己的实践，实践者借此而形成

---

[1] ［美］唐纳德·A. 舍恩：《反映的实践者：专业工作者如何在行动中思考》，夏林清译，教育科学出版社2007年版，第31页。

[2] 同上书，第40—56页。

自己的"实践智慧"。

以上之所以花费笔墨阐述反思取向的教育行动研究,其目的在于突出这一时期教育实践者的主体性在长期遮蔽之后终于开始得到重视。人们开始意识到,实践者也是有理解能力的主体,"他们的行动不是由自然法则完全决定的,而是受行动者的理性观点影响——这些观点和理性会发生变化,反思性地改变着行动者的所作所为"[1]。因此,研究中理论者开始把实践者"看作是共同生活世界的一员——像其自身一样有理解力的主体,不仅是'他者',而且也是有自主性和责任感的行动者,应该受到关注。研究者把这些'他者'作为'你们'——即'第二人称'"[2]。这时,实践者自身开始成为研究的主体,他们自己提出并选择研究的问题,自己决定行动的方案,自己实施和总结。在此过程中,理论者根据实践者的需要或要求在研究全程中不同程度地参与,扮演的角色是"促进者"和"阐释者":原则上,他基于"合作"精神参与行动研究,一方面要协助教师自我澄清问题、计划行动策略,"试探与发展出能协助他们克服在了解某些事物时的特殊困难的反应,协助他们立基于知识之上往前发展,协助他们发现他们已知道却未能说清楚的,协助他们能够将学校的知识与他们自己自发的行动中的认识协调起来"[3],同时监视或观察行动历程及结果评价等;另一方面也必须发挥中介作用,促使参与的教师与其他成员展开沟通讨论。在此过程中,理论者并不提供问题的直接答案。这正如行动研究的著名倡导者弗舍(Foshay)和古德森(Goodson)所认为的那样,"当教师相信专家所说的他们的问题是什么,并怎样解决这些问题时,合作性行动研究的大

---

[1] [英]斯蒂芬·凯米斯、罗宾·麦克塔格特:《参与行动研究》,载[美]诺曼·K. 邓津、伊冯娜·S. 林肯《定性研究:策略与艺术》,风笑天等译,重庆大学出版社2007年版,第622页。

[2] 同上书,第623—624页。

[3] Schon, D., "Coaching Reflective Teaching", In P. Grimmett & G. Erickson, *Reflection in Teacher Education*, New York: Teachers College Press, 1988, pp. 19–29.

门就被关闭了"①。在此过程中，两类主体在研究全程有不同程度的合作，其有双向特征，但这种关系犹如"主人"（实践者）与"佣人"（理论者），具有雇佣性。

（三）批判取向教育行动研究中两类主体间的关系

上述两种教育行动研究虽有差异，但也有共同之处，即都关注于微观层面实际教育问题的研究与应用性处理，忽略了对政策或其他社会政治、经济结构、意识形态等背景因素的反省及改变的思考。20世纪70年代，几乎与反思取向教育行动研究同时，另外兴起了一种批判取向的教育行动研究。1971年迈克·杨（M. Young）在其著作《知识与控制》（Knowledge and Control）中指出，教师应对其习以为常的教育实际与教育生活中的观念、假设、方法、态度等进行反省与挑战。古巴特（Gorbutt）把这种批判思考的精神特征称为教师的"专业知觉"（professional awareness），认为作为研究者的教师应随时保持自我批判的"专业知觉"，不断检视自己与其他同仁的教学，并据此修正教学行为与态度。② 20世纪80年代，由于受到新马克思主义和法兰克福学派批判理论的影响，这种批判取向的教育行动研究更强调"解放"的意蕴，卡尔（Carr）和凯米斯（Kemmis）是这一取向的代表人物。他们大力彰显批判理性，摆脱前面两种行动研究的微观视野，而强调从宏观角度反省、批判教育实际存在的经纬背景，包括社会制度、历史文化、教育机构之权力结构、意识形态等因素，认为教育行动研究事实上是教师从其信念、假设、固定习惯、偏见以及意识形态的无形限制中获得解放的历程。确实，批判理性在某些方面扩展了技术理性和实践理性，"它承认实践理性的优先性——在面对不确定实践问题时有必要做出决定，但它不认为问题是由行动者独自决定的。它的目标是理解情境如何影响人们

---

① Foshay, A. &Goodson, M., "Some Reflections on Cooperative Action Research", Educational Leadership, Vol. 10, 1953.

② Gorbutt. D., "The new sociology of education", *Education for Teaching*, vol. 89, 1972.

做决定，以及思考事态可能被如何重建，未来的情境可能发生改变……批判理性会根据结果来评价情境——主要从实践后果对那些参与改变情境和由情境改变而受影响的人们的非理性、不公、偏离或不令人满意的程度方面来评价"[1]。

就理论者与实践者在研究中的关系来说，他们努力寻求"共识"，认为"共识"是交往合理性与有效性的规范并将之建立在"论辩"的基础上。所谓"论辩"是基于"共识"的需求与人类共同志趣之达成所进行的理性互动与沟通的形式。在"论辩"中寻求"共识"的过程也是在不受宰制与束缚的自由平等条件下，相互教育、共同成长的过程。期间：(1) 任何有语言沟通能力的主体均可自主、自愿地参与论辩；(2) 任何人均可对任何论点提出质疑；(3) 任何人均可提出任何有关论辩焦点的论点；(4) 任何人均有平等表达其内在的态度、需求、欲望的自由，而这些自由不应受到任何压迫或限制。[2] 因此，批判性教育行动研究特别强调理论者与实践者间民主平等与交互批判反省（reciprocal reflection），成为"互为信赖的朋友"和"批判性的朋友"，认为这正符合民主与正义的本义。在此过程中，"理论者倾向于把这些群体成员看作是'我们'——即第一人称"[3]。不过，在这种关系中，理论者提供了批判的向度和价值的介入，如果使用不当有可产生一种"精英意识"，把自己认为重要的观点强加给实践者，而且他自身也不知道自己的理论、价值是不是也带有偏见需要被批判。另外，正如人们普遍认为的那样，批判理论具有"乌托邦"性质，因此在批判性教育行动研究中理论者

---

[1] ［美］斯蒂芬·凯米斯、罗宾·麦克塔格特：《参与行动研究》，载［美］诺曼·K. 邓津、伊冯娜·S. 林肯《定性研究：策略与艺术》，风笑天等译，重庆大学出版社2007年版，第623页。

[2] ［德］尤尔根·哈贝马斯：《交往行动理论》（第一卷），曹卫东译，上海人民出版社2004年版，第91—100页。

[3] ［美］斯蒂芬·凯米斯、罗宾·麦克塔格特：《参与行动研究》，载［美］诺曼·K. 邓津、伊冯娜·S. 林肯《定性研究：策略与艺术》，风笑天等译，重庆大学出版社2007年版，第624页。

与实践者的关系也不可避免地具有"理想"特征。

至此，我们对不同取向的教育行动研究及其两类主体间的关系作了简单概述。如果从总体上看，教育行动研究确实起到了解放实践者的作用，这对打破传统哲学思辨式或实证式教育研究中理论者与实践者的主客体关系起到了很大作用。但是，对此我们也不能太过于乐观。因为教育行动研究在现实中的推行并非如上述说的那样顺畅，恰恰相反它面临着巨大困难。越来越多的迹象表明，人们在理论上"谈论"行动研究的多[①]，而真正在实践中操作、"做"行动研究的其实少之又少。在西方，行动研究倡导者也承认，"行动研究在西方也确实步履艰难。比较成功的行动研究并不多见"[②]。就合作中理论者与实践者的关系而言，教育行动研究存在一个悖论：一方面，人们认为无论是学校还是实践者本身都缺乏开展行动研究的动力和条件，如学校部门及其工作设置之间的"箱格化"、实践者之间的孤立化、难以保证研究所需要的时间与经费、实践者缺乏反思自我及其实践的习惯与能力等。这要求开展行动研究必须有外部理论者的干预。另一方面，当理论者干预实践者的行动研究时，干预的"度"如何把握：不能过大，否则就会喧宾夺主，剥夺了行动研究所提倡的主要核心理念——实践者作为研究者或反思性实践者的自主性和在研究中的主体地位，又回到传统研究窠臼中去；也不能过小，否则行动研究难以开展，没有实效。因此，在多数情况下，理论者与实践者的合作常常处于这种摇摆不定的"博弈"之中，其间理论者不得不游移于教育实践及实践者之外，不能真正深入，而实践者则又常常偃旗息鼓退回到自己阵营之中。因此，"合作"的行动研究在实际操作中常常并没有达到"理想"的预设状态。

而且，对于实践者而言，虽然受"教师成为研究者"或"教师

---

① 这里的"谈论"不仅仅指相关的学术研究活动，也是指行动研究已日益成为大学里的一门课程。这种课程一方面固然促进行动研究的推广，但另一方面则使其日益蜕化成一种特殊理论知识体系，而不是一种实践行为。

② 刘良华：《校本行动研究》，四川教育出版社2002年版，第238页。

成为反思性实践者"口号的鼓励,但往往只是"被"吸收到研究中,只是"被"允诺拥有亲自操作研究的资格。也就是说,实践者虽然进入了研究,事实上尚处于"被"理论者"施舍"或"认可"的状况,他们还远未成为真正意义的"研究者"。这样来看,教育行动研究实际上并没有完全摆脱传统实证主义教育研究中"R—D—D"模式的阴影。这与行动研究倡导的"合作"中的"民主"理想实在是大相径庭的。对于理论者而言,他们原本出于改进中小学实践的"求善"诉求,离开舒适的书房,进入充满不确定性的教育田野开展研究,他们甘愿付出,为实践者提供理念、方法方面的"指导"与"辅导",但实际的后果常常出人意料:研究者的善意"指导"与"辅导"常常对实践者构成知识霸权或话语霸权之类的压抑,理论者的"善意"介入竟然遭遇实践者排斥:"我们"遇到了"漠然的教师群体"、"学校支持的消退",结果"我们成了尴尬的研究者"。[①]

更何况,教育行动研究并不追求发展理论,只"旨在帮助教师和管理者有效开展日常工作或迅速交流所遇到的具体政策问题,这种研究很有希望帮助克服长期存在的教育研究与教育实践难以紧密结合的问题。但是,这种研究不会有助于产生有关教育过程的崭新深入的见解,除非在实地一起工作的研究者和实践者把他们的经验都能带回到大学中进行从容不迫的理论探讨"[②]。因此,指望通过教育行动研究来建构系统的教育理论是不现实的,恰恰相反行动研究带有明显的反理论倾向:一方面,理论者参与行动研究时会自觉根据实践者需要提供服务,"当大学研究人员进入研究中时,他们的职责是为教师提供服务和帮助。这样的大学研究人员通常认同'教师的知识',拒绝承认或者主动消减对相关理论话语的使用"[③]。另一

[①] 牛瑞雪:《行动研究什么搁浅了——合作教育研究的困境与出路》,《课程·教材·教法》2006年第2期。

[②] [美]埃伦·康德利夫·拉格曼:《一门捉摸不定的科学:困扰不断的教育研究的历史》,张斌贤等译,教育科学出版社2006年版,第242页。

[③] 刘良华:《校本行动研究》,四川教育出版社2002年版,第607页。

方面，实践者对理论及理论者过去及潜在的霸权始终十分警惕，他所提倡的"教育理论联系教育实践"的本质是"拿来主义"——"拿"理论为我所用，而并不回馈理论。因此，理论（者）与实践（者）在教育行动研究中的沟通其本质也是单向的（满足实践者专业发展及实践变革需要），只是这时的指向与教育实验研究中的指向（满足理论者及理论发展需要）方向不一样而已。

三 教育叙事研究中两类主体间的关系

如果说教育行动研究的出现是由于理论者与实践者对教育理论脱离教育实践的不满，那么教育叙事研究就是对传统理论研究"宏大叙事"、忽视实践生活和经验的"反叛"。因为教育研究本应具有极强的实践性，却长期被哲学与科学的研究方式俘虏。哲学方式推崇思辨，对教育的审视冷峻而遥远；科学方式推崇因果性"规律"的寻求，没有了教育本身的温情与生动。不仅如此，两种方式的共同点在于都是自上而下、由外而内的研究教育，埋没了教育实践者个体、教育实践情境、教育实践活动本身的独特性、灵动性。它们面临的困境是：往往教育研究越是精确，其与人类教育经验的联系反而越来越少。因此，"20世纪70年代以来，西方教育科学领域发生了重要的'范式'转换：开始由探究普适性的教育规律转向寻求情境化的教育意义"[①]。当然，这种转向是人文社科研究"叙事"转向的一部分，也是后现代学术研究的一部分。人们认识到，"与其说人文学科领域的'科学研究'是在如实地描述、分析现代社会文化的真实状况，还不如说只是为了完成现代性的体制权力所施予它们的任务。事实上，真实状况远没有被逻辑话语描述殆尽"[②]。因此，叙事转向的"基本立场是说现实社会生活领域的复杂行为关系及其

---

① ［加］大卫·杰弗里·史密斯：《全球化与后现代教育学》，郭洋生译，教育科学出版社2000年版，主编寄语。
② 丁钢：《声音与经验：教育叙事探究》，教育科学出版社2008年版，第4页。

随时间流动的变迁特征不是任何一种理论框架所能解释得了的，在这种情况下，研究者只能通过'叙事'（尤其是让社会上的各色人等自己言说）来接近、表达社会生活真相"①。在推崇叙事研究的人看来，人类经验基本上是故事经验，人类不仅依赖故事而生，而且是故事的组织者，研究人的最佳方式就是抓住人类经验的故事性特征，撰写故事并以此向读者表达真实生活的意义。因此，教育叙事研究者相信，"教育学不能从抽象的理论论文或分析系统中去寻找，而应该在生活的世界中去寻找"，教育学存在于"极其具体、真实的生活情境中"。②

从上述立场出发，有些教育叙事研究者从杜威那里得到了启发，他们"在研究中，将经验置于最显著的位置开始于对杜威著作的定期重温"③。因为对杜威来说，教育、经验和生活是紧密交织在一起的，"当有人问研究教育意味着什么，回答——从最概括的意义来说——就是研究教育。跟从杜威，研究教育就是研究生活"④。此外，他们还从人类学家那里引进了田野研究的方法，从现象学那里得到了方法论的启示，从扎根理论那里借鉴了信息处理方法，从文学与叙事学那里学会了研究文本的组织与表达。这样，教育叙事研究日益发展成为一种独特的研究方式。目前，"叙事探究作为在科学与人文这两极之间的一个中间道路，已逐渐成为教育研究中的一个核心学术话语方式。其对教育的重要意义在于：它把有关生活性质的理论思想引入到活生生的教育经验之中，并通过生活（如教与学）经验的叙述促进人们对于教育及其意义的理解"⑤。但再独特，它也有

---

① 丁钢：《声音与经验：教育叙事探究》，教育科学出版社 2008 年版，第 4 页。

② ［加］马克斯·范梅南：《教学机智——教育智慧的意蕴》，李树英译，教育科学出版社 2001 年版，第 43 页。

③ ［加］简·克兰迪宁、迈克尔·康奈利：《叙事探究：质的研究中的经验和故事》，张园译，北京大学出版社 2008 年版，序言。

④ 同上。

⑤ 丁钢：《教育研究的叙事取向》，《现代大学教育》2008 年第 1 期。

其基本特征,其中理论者与实践者的合作是必不可少的。"叙事探究是理解经验的一种方法。它是研究者和参与者在一定时间内,在一个或一系列的地点,以及在与周围环境的社会互动中的合作"[①]。许美德也认为,"只有研究者与被研究者建立密切的交往关系,才可能做出叙事研究来"[②]。这意味着研究主体——理论者必须改变过去的研究方式,建立与研究参与者——实践者的良好关系。就如康奈利和克兰迪宁所说:"叙事探究是经验的研究,就像约翰·杜威告诉我们,是在环境和事件条件下人的关系问题。参与者处在关系中,作为研究者我们也处在与参与者的关系中,叙事探究是这种经验的经验,是处在关系中的人与人一起研究","关系是叙述式思考的中心,关系是叙事探究者做什么的关键"[③]。因此,可以说,教育叙事研究是理解教育实践生活、教育实践者经历与经验的一种方法,是理论者与实践者在一定时间内,在一个或一系列地点,以及在周围环境的社会互动中的合作。理论者与实践者良好合作关系的建立是教育叙事研究的关键因素,因为它是研究资料来源的保障。如果研究参与者不愿意参与研究或不愿意与理论者深入交流、敞开心扉,理论者就不可能了解实践者独特的经历、经验、体验及学校教育生活中的种种"隐喻"。所以,纯粹形式上的教育叙事研究过程就是理论者与实践参与者协商合作,在沟通互动的基础上,经历的"进入现场——积累现场文本(实践者的日记、笔记、反思、自传及研究者的现场记录等)——建构研究文本"的过程,是"我"讲"他(实践者)的故事"的过程。而且,这种合作过程一般在理论者与实践者个体

---

① [加]简·克兰迪宁、迈克尔·康奈利:《叙事探究:质的研究中的经验和故事》,张园译,北京大学出版社2008年版,第22页。

② [加]许美德:《思想肖像:中国知名教育家的故事》,周勇等译,教育科学出版社2008年版,第8页。

③ [加]简·克兰迪宁、迈克尔·康奈利:《叙事探究:质的研究中的经验和故事》,张园译,北京大学出版社2008年版,第197页。

之间发生，而非群体行为。

一般来说，教育叙事研究分为三个阶段：研究方案设计、经验资料收集和研究文本撰写。理论者与实践者的关系主要发生在后两个阶段之中，其中尤以在经验资料收集阶段为重。

在经验资料收集阶段，理论者采用人类学式的田野研究方式来到教育实践现场（课堂和学校等）进行参与式观察，收集体现实践者个人经历和故事的素材（尤其是对实践者个人生活看似平淡却又有深层影响的自我故事或个人经历故事）。除了这些素材收集之外，理论者还要与实践者进行深入交往，力求走进参与者的内心世界，开展一些结构性和非结构性的访谈，倾听他个人的经历、故事。在这个过程中，理论者坚持的基本原则是"悬置"自己的理论前设或"存而不论"、"中止判断"。这是现象学方法在叙事研究中的运用。因此，在教育叙事研究中理论者要努力从实践者和教育实践本来面貌的立场去理解经验。这要求理论者要具有把自己的"组织化群体的特定价值和特殊利益中分离出来的能力，以使他或她能够获得一种不是建立在事先价值基础上的理解能力"，而且还要"与现行规范和价值保持足够的社会距离和个人距离，从而能够客观地分析它们"。[①] 为了讲好"故事"及使这样的故事具有"客观性"，"一个田园调查者（或说是讲故事者），通常面临着'深入性'和'科学性'的两难：一方面，如果他得不到社区的某种认同，无法消除当地人中的'外人'感，无法在参与中去观察，那么，田野作业的'深入性'就成了问题。另一方面，一旦他比较深入地进入社区生活后，他往往又被告诫要与被调查者保持一定的距离，不要让外来因素影响社区的'原生态'，否则，就是不够'科学'的。因此，对任何田野调查者来说，要做到田野资料既是深入的又是'科学'的，都

---

① [美] 亚瑟·J. 维迪奇、斯坦福·F. 莱曼：《定性研究在社会学和人类学中的历史》，载 [美] 诺曼·K. 邓津、伊冯娜·S. 林肯《定性研究：方法论基础》，风笑天等译，重庆大学出版社2007年版，第40页。

是一件极困难甚至是不可能的事"。① 在教育叙事研究中这种困境同样存在，其结果一般是为了保持"科学"的"客观性"，而牺牲"深入性"，通过呈现一个"客观"的"故事"以带给读者以意义。正如一位教育叙事研究者在其叙事报告"后记"中所说的那样："研究刚开始时，李群（案主）对我的观察本能地带有一定的戒备心，有意无意地展示'好'的一面，避免她认为'不好'的东西曝光。但我们只要真实，无论什么都没有'好'与'不好'，只有'是'与'不是'、'为什么是'与'为什么不是'。"② 当然，在研究过程中理论者作为研究主体在参与时也会有自己的独特感受，理论者进入每一个新的研究现场都会经历自己的故事，在与实践者互动过程中还会引起自己过去相关经历、经验的重现与反思。这就像康奈利所说："当作为叙事探究者在三维空间研究时，对我们来说有一点变得清楚了，就是作为研究者，我们与自己的过去、现在和将来相遇。"③ 这时，理论者需要把这些感受以自传和反思笔记形式记录下来。这时，就不仅有实践者的"故事"，也有理论者的"我的故事"。这两类主体的故事最后会在研究文本撰写时出现交织，理论者在文本表达中要说明自己的感受，这同样是为了避免自己主观的理解对实践者的经验造成"污染"，误导读者。即在故事的表达中要说明自己主观的介入有可能造成的影响或研究对自己造成的影响（体验、矛盾冲突等），以力求保持客观性。因此，在教育叙事研究中，理论者常常要背负伦理负担。有学者把此因归结为："民族志研究田野的伦理尴尬，是因为参与观察不可避免地涉入互动的虚伪"④。

---

① 应星：《大河移民上访的故事》，生活·读书·新知三联书店2001年版，第343页。

② 耿涓涓：《教育信念：一位初中女教师的叙事探究》，载丁钢《中国教育：研究与评论》（第2辑），教育科学出版社2001年版，第229页。

③ ［加］简·克兰迪宁、迈克尔·康奈利：《叙事探究：质的研究中的经验和故事》，张园译，北京大学出版社2008年版，第63页。

④ 朱元鸿：《背叛/泄密/出卖：论民族志的冥界》，《台湾社会研究季刊》1997年第26期。

总体上看，教育叙事研究中理论者与实践者之间力求形成一种互为主体性（intersubjectivity）关系，理论者不再是研究中主导的人物，而是关心实践者先前的个人经验与加入研究后的自我觉知经验，交互涉入、彼此了解，强调相互尊重与了解。理论者视实践者为一个可提供丰富资讯的主体，而且这个主体同意参与研究并与理论者建立良好的研究关系，他相信理论者对其经验陈述不具威胁性，因而乐意敞开自己的经验世界并与理论者分享自己的经验。由此可见，就研究中两类主体间的沟通交往而言，他们的关系具有双向性（即都需向对方"敞开"自己），但从研究的最终指向而言，这种双向"敞开"仍具有单向特征，其重心在于实践者及其经验世界的如实呈现，而理论者却必须屏蔽自己的理论前设（参与而不介入）。说到底，双向"敞开"是为了让理论者能进入实践者的私人世界与个人生活范畴或生活经验世界。因此，理论者与实践者发展这种互为主体性的交往关系本身只是一种手段，即作为收集资料、形成叙事研究必不可少的手段。只是因教育叙事研究所需要的经验性素材必须要有这种亲密关系才能获得，理论者才会努力去营造这种关系。故而在一定意义上，还是一种"旁观者"的立场，只是由传统的"远距离旁观"转换成"交谈式旁观"而已，并没有根本改变"旁观"的本质。这样来看，教育叙事研究与其他注重"宏大叙事"的研究相比，确实在研究的对象与内容、关注的焦点方面发生了转向，但在理论者与实践者的关系上还没有实现真正的突破。格里斯内（Glesne）和彼斯肯（Peshkin）曾对叙事研究的新手提出警告：在研究中，相互了解与信赖的关系（rapport）和友谊关系（friendship）二者应有所区隔，且极力反对建立友谊关系，因其容易造成抽样误差以及导致丧失客观性的危险。[①] 所以，教育叙事研究在本质上还是一种"资料榨取型"合作，它虽然体现出一定的"人文关怀"性，

---

① Glesne, C., & Peshkin, A., *Becoming qualitative researchers: An introduction.* White Plains, NY: Longman, 1992.

但这种"人文关怀"注定是不彻底的，甚至是虚假的。就像人类学家一样，"他们即使像他们的被研究者那样，对被研究的当地社会有切身的关怀，这个'关怀'也是暂时的、虚假的，人类学家的关怀还是他们自己的社会。完成调查任务之后，人类学家要离开他所研究的那个地方，将自己在当地的生活体验提升为'知识'"。[①] 这样，研究一结束，实践者多多少少会有一种被"抛弃"的失落感。说到底，人类学家式的叙事研究者始终是一个外部的旁观者，其内心并没打算真正融入研究对象的生活，他们之间是两条不会相交的平行线，研究对象只是资料榨取的对象或工具，彼此之间即使有暂时性的"我—你"关系，但从更根本意义上讲这只是一种"主体—客体"的、资料榨取式的"我—他"关系，一旦"故事"所需要材料收集完毕也正是"合作"结束之时，留给实践者的可能更多的是无限的惆怅："当宣布我的工作告一段落，已经习惯生活于关注之中的李群若有所失，她的内心希望这种'注视'持续下去——被'注视'中的李群体验着不同的自己"[②]。结束之后呢？……

此外，教育叙事研究本身还蕴含着另一种潜在的理论者与实践者关系。这种关系是以"故事"文本为中介的，即理论者—（实践者的）故事文本—读者（主要是其他实践者）式的关系形态。这种关系在一定意义上才是理论者从事教育叙事研究真正在意的。"读者在研究开始时只存在于研究者的想象中，在现场工作中几乎被遗忘，现在（指创作文本时——笔者注）却变得突出了，这是叙事探究文本必须面对的情况。研究者和参与者在良好关系的基础上分享意义和重要性的愉悦是重要的，但是对于撰写叙事探究文本是不充分的。作者要始终有一种意识，就是一个读者在越过作者的肩膀凝视他的写作和作品。如果读者的判断是错误的，或

[①] 王铭铭：《经验与心态》，广西师范大学出版社2007年版，第144页。
[②] 耿涓涓：《教育信念：一位初中女教师的叙事探究》，载丁钢《中国教育：研究与评论》（第2辑），教育科学出版社2001年版，第229页。

者文本的意义没有被他人理解,这些都是可以接受的解释。但是如果没有读者意识,研究文本没有对读者具有价值意识,则是不可原谅的。"① 叙事研究者寄望通过故事文本来向读者展现真实的教育生活,从而达到一般教育理论所不能达到的效果,体现叙事研究的独特性。"叙述可以借助文本向每个实践的参与者和读者摊开,也就是叙述提供给我们的文本并不象思辩一样斩钉截铁,每一篇文章都在告诉你真理,而叙事的研究结果并不标榜自己是斩钉截铁的真理,而是读者可以参与进来,可以以你自己的方式去理解,在方法上采取了多义的诠释方法,多角度的切入,给你一个开放的空间。"② "虽然这种故事里无法归纳出其他人的生活所必须遵循的规律,但它提供了一个富有教益的实例:这种事是可能的,或者这种事是常有的。"③

第三节 常见合作教育研究中两类主体间关系的局限性

通过上面的分析,我们可以大致了解不同合作教育研究下教育理论者与实践者两类主体间关系的差异性。除了这些差异性以外,站在教育实践研究继续发展的角度看,它们也表现出一些共同的局限性。④

---

① [加]简·克兰迪宁、迈克尔·康奈利:《叙事探究:质的研究中的经验和故事》,张园译,北京大学出版社2008年版,第158页。
② 丁钢:《声音与经验:教育叙事探究》,教育科学出版社2008年版,第5页。
③ [俄罗斯]科恩:《自我论》,佟景韩译,生活·读书·新知三联书店1986年版,第265页。
④ 当然,这里论及它们的局限性并不否认其在教育研究发展史上的合理性,即使在现在它们在教育理论与实践领域仍有重要影响。但从教育实践研究进一步发展来看,分析其局限性是为了找寻新的可能空间。

一　理论优先实践传统的影响问题

现代意义上的教育研究发源于西方，19世纪末20世纪初在中国也开始发展。总体上看，国外与国内的教育研究都未能摆脱西方固有的理论优先于实践学术传统的影响。这一传统直接影响到合作教育研究中理论者与实践者关系的处理。

在西方思想史的谱系中，理论与实践的关系不难理解。从古希腊开始，理论之于实践的优越性，知识之于行动的优越性的传统，一直统治着欧洲两千多年的思想进程。虽然在历史的演进中，尼采和马克思等个别思想家曾经对理论的优先性提出过质疑和批判，但都未能从根本上动摇这种正统。坚持这种传统的人认为，理论（theoria）的意思是"观看"，也就是作为旁观者摆脱了各种操劳之后纯粹的"看"。它预设一个"知者"作为主体，观看冥想作为客体的外在世界，以把握世界的本质，其结果是知识（episteme）。杜威曾指出，这样一种理论态度体现了西方人对终极确定性的追求，确定性在实践的日常活动领域中是找不到的，只能在纯粹的认知活动中才能体现出来，"这就是我们的悠久哲学传统的意见"[1]。这种对永恒世界和终极真理的向往，对确定性的追求，要求理论家们忽略人类的实践生活，因为在世俗世界是无法实现这些终极价值的。经过几千年的流传，理论之于实践的优先性，知识之于行动的优先性已经深深地渗入西方人文学术的血液当中，成为其最核心的"精神气质"。在此前提下，纯粹的知识分离于实践，并贬低后者。真理仅存在于先验之实在，而唯有观念能再现实在。理论因此被套上神圣的光环，追求的是确定的精神性标的。另一方面，实践则被视为低下之事，因为它的领域与对象为物质与身体，具有因时地变异的不确定性。旁观者的研究立场认定，人越

---

[1] ［美］约翰·杜威：《确定性的寻求——关于知行关系的研究》，傅统先译，上海人民出版社2004年版，第6页。

是行动作为，就越是脱离于知识大道。沉思默想而非行动作为才是求知活动的精髓，不是人开创知识，而是存在通过人找到了它的象征性表达。

这一传统对于教育研究产生了根深蒂固的影响，即理论者始终是站在教育之外、自上而下地"看"教育。为此，旁观者成为从事教育理论研究的研究者的基本立场，同时也是教育学者在从事学术研究时的一种自我角色定位。在"旁观者"看来，教育理论研究所能做和应当做的，只能是做好自己的本职工作——"供奉"出自己的理论。他无法也无需为他的理论在实践中的应用性负责，因为后者作为一种社会活动，超越于他的影响力之上。[①] 而且，当这种立场与自然科学实证主义认识相结合时，教育理论者们就可以堂而皇之地打着"价值中立"的幌子置身教育实践与教育生活之外，或坐在书房里进行思辨式的教育研究，构造自己的教育理论"体系"大厦；或"走近"教育现场，以专家的身份向实践者发布"谕令"，而教育生活的本真意义和状态则被有意无意地忽视。虽然20世纪50、60年代以后教育行动研究、教育叙事研究等反传统教育研究范式兴起，但这些研究范式只是在研究对象、内容、关注焦点等方面发生转向，并没有根本改变教育理论者"旁观"的传统，也始终没有改变实践者在教育研究中的"卑下地位"，号称"平等"的合作带有"招安"与"施舍"的意味。

西方教育研究的这种取向对于世界教育研究产生了广泛而深远的影响，近代以后传入中国至今几乎已演变成为一种常态。以至于一些外国学者对于这种"常态"都觉得不可思议。如丹麦学者曹诗弟在谈到"中国教育研究重要吗？"时说："整个国际社会都对中国教育的进展表示浓厚的兴趣。但是，关于中国教育的各种论文能否

[①] 高伟：《一个"劳而无功"的虚假命题——评"教育理论与实践关系"之争》，《北京大学教育评论》2005年第2期。

让阅读者产生一种兴奋感,或者说,这类论文又能向大家揭示什么关于中国社会未来状况的真知灼见呢?坦率地讲,很少有论文能够做到这一点。为什么会这样?……在我看来,就方法而言,绝大多数中国教育研究采取的都是一种'由上到下'的理论视野,而且常常是在研究者与管理者之间的内部交流中进行。……换句话说,多数论文所表达的内容都是作者根据一些相关的理论资料和政策文献得出的主观意见,最后的结论往往也在意料之中,不外是告诉你中国教育应该怎么样,而不是描述中国教育的真实状况。……就我个人而言,能够激发阅读兴趣的毋宁说是那些按照'从下到上'的视角写出来的中国教育论文,这样一种视角也许可以大大改变人们对于既定问题的常规看法。……对中国教育研究来说,这一点恰恰意味着去和那些'沉默的大多数'交谈,包括学生、家长和普通教师。"[①] 这的确发人深省。

二 教育理论与实践沟通与转化的有效路径问题

几乎每一种合作教育研究都宣称要沟通教育理论与实践,并为此做了不同形式的努力,也取得了一定的成效。但客观地说,这些合作教育研究在此问题上还远未完善。由于长期受理论优先实践的影响,一般来说,在理论(者)与实践(者)的对话中,理论(者)占有明显的优势,甚至处于霸权地位。在"研究—开发—运用"的知识生产线上,实践者处于最末端。研究所产生的理论如果不被肢解、技术化、程序化就难以在实践及实践者中推行,而且推行的过程呈现单向线性特征,实践领域的真实状况、真实需求及实践者的声音则可以"忽略不计"。即使以解放实践者、突出实践者主体地位的教育行动研究和以发出实践者"声音"为己任的教育叙事研究也没有真正解决教育理论与教育实践相脱

[①] 曹诗弟:《中国教育研究重要吗?》,载丁钢《中国教育:研究与评论》(第2辑),教育科学出版社2003年版,扉页寄语。

离的老问题。具体来说，教育行动研究通过把"行动"和"研究"结合起来，企图缩短理论与实践的差距，鼓励实践者采取质疑探究和批判的态度，在实践中进行反思以改进实践和增进对实践的理解，并改善实践情境。它关注的焦点在于实践中的具体问题，强调研究结果的立即性与及时性，并不主张类推到其他实践情境，"因此，一般人往往认为教育行动研究的'实用行动'价值高于'理论研究'的价值"①。虽然在过程中，有理论者的参与，但这种参与更多是提供参考性的咨询建议，理论对实践者的研究和践行并不具有明显的全程、持续、深入渗透特征，也不可能真正做到缩短"理论与实践间的距离"，更不用说行动研究本身蕴含的反理论取向。教育叙事研究虽然也强调理论者与实践者的合作，但这种合作本身不是为了发挥理论对于实践变革的作用。恰恰相反，"叙事探究者倾向于从作为经历和讲述故事表达的经验开始"，"叙事探究的贡献更多在于创造研究课题的新意和重要性，而不是产生一套知识体系以宣称能够增长相关知识。此外，当叙事探究成为文学文本被其他人阅读时，它的重要性不是因其包含的知识，而是允许研究的读者检验生活的各种可能性"。②它坚持对理论前设的"悬置"，寄望以"叙事"来表达生活的真相与经验，其意不在建构理论的知识体系而是创作"故事"型的研究文本并通过"故事"与读者间的互动彰显意义。

总体上看，这些合作仍没完全摆脱将教育理论与实践分离的割裂式思维，在理论（者）优先于实践（者）的等级假设下，"当理论人试图屈尊去解读实践的时候……时时处处以理论人的逻辑来看待和要求实践人，在潜意识里要求所有的实践人都能够像理论人一样读书、思考、写作、做学问，都能带着理论人头脑里的

---

① 蔡清田：《教育行动研究》，南京师范大学出版社2005年版，第12页。
② ［加］简·克兰迪宁、迈克尔·康奈利：《叙事探究：质的研究的经验和故事》，张园译，北京大学出版社2008年版，第44—45页。

'理论'去备课、上课、说课，按照理论人的要求亦步亦趋……从而自觉或不自觉地以理论的逻辑替代实践的逻辑，以理论的学问替代甚至取代了实践的学问。"[1] 另一方面，面临理论（者）"霸权"的威胁自然就激起实践者的反抗，难以真正内化理论和接受理论者，而是或积极或消极地"消减"理论的力量。因此，常见合作研究总是陷入从理论到实践或从实践到理论的单向逻辑和单向线性关系之中，较少注意到或深入探讨两者间内在双向式沟通与转化的可能，更没有形成有效的教育理论与实践双向沟通与转化的路径。

三 理论者与实践者间的沟通问题

在常见的合作教育研究中，理论者对于实践通常有三种态度：其一，不介入的立场，持"纯粹的旁观者眼光"，是人类学研究方式在教育学研究中的运用，秉持的是自然科学式的"客观态度"。其结果是，"作为旁观者，你能理解演出所包含的'真理'，不过，你必须付出的代价是不参与演出"[2]。但如把握不好，就有可能演变出一种"旁观式"的生存方式，陶醉于专业术语的把玩，忽略对现实问题的思考，放逐自己在真实的社会人生问题上本该承担的责任，把握不好就会演变成杜威所批判的"搬弄命辞的把戏、琐细的论理和广博周详的论证的徒具外表的各种形式的玩弄"[3]。其二，参与而不干预的立场，突出"现场感"，强调教育实践特有的实践逻辑和实践感，认为这种实践逻辑或实践感是理论或理论研究者所不能

---

[1] 李政涛：《论研究教育实践的路径》，《教育科学研究》2008年第4期。
[2] ［美］汉娜·阿伦特：《精神生活·思维》，姜志辉译，江苏教育出版社2006年版，第102页。这里需要进一步说明的是，据考证"理论"一词来自希腊语"theatai"（即旁观者），其基本意涵是"沉思"，即从外面、从位于参与演出和完成演出的那些人后面的角度观察。
[3] ［美］杜威：《哲学的改造》，许崇清译，商务印书馆1958年版，第11页。

把握的。① 从根本上看，上述两种立场其实没有什么根本差异：一是不愿接触实践，二是"不能"接触实践，归结到一点都是抛弃实践。其后果有可能将教育理论大厦建筑在沙基之上或根本就没有"基"。其三，霸权立场，要么要求实践者按照自己的"理论"来执行，不得违拗；要么从自己理论建构的需要出发，过滤、筛选活生生的实践，"当理论工作者谈论理论的时候，实践本身立即被符号化、客观化、对象化，其结果就是'话语中的实践'已非'实践着的实践'"②。于是，我们经常可以看到，"专家只要跟有思想的一线教师对话，就是吵架！……他们得出的结论是：一线老师怎么是这样子的？不积极努力地配合我们，不积极努力地推进教学，净提一些千奇百怪的问题"③。

　　常见的合作教育研究中实践者对待教育理论又是什么态度呢？大致也有三种：其一，奉若神明，心甘情愿地执行理论者提供的理论模式，作为研究对象"照着做就行"。这在教育实验研究中常常见到。其二，实用主义态度，能用则用，不能用则不用，一切以自己的问题和需要为准则。这在教育行动研究中常常见到。其三，抵制理论和理论者，认为理论和理论者的"入场"打破了自己的生活常规，带来了不舒适感。这几乎在每种合作教育研究中都可以看到。

　　从上述理论者与实践者的相互态度来看，其实他们相互间并没有摆脱对立式的矛盾，陷入"谁主导、谁控制"与"谁被主导、谁被控制"的困境之中，体现出单向式的关系状态。既然是合作，理论者与实践者、理论与实践就不可能避免在学校场域中共同存在，但两者间的碰撞与竞争导致的彼此间的尴尬关系并没有得到妥善处

---

① 这可以从国内一些学者基于布迪厄"实践逻辑"的观念而对教育实践进行理解中得到反映。
② 石中英：《论教育实践的逻辑》，《教育研究》2006年第1期。
③ 尹弘飚：《重建课程变革联盟中的信任》，《教育发展研究》2008年第8期。

理，理论者与实践者经常是空间上相互"走近"，而没有真正在心灵上相互"走进"，更遑论"互构"。这种状况可能是由以下几种原因引起的：

其一，始终强调因大学与中小学在性质上的根本差异，并否认研究者与实践者两类主体间内在沟通与转化的可能性。[①] 这与西方理论研究者持续一贯的"旁观者"认识传统有关，理论及其研究者被套上高贵神圣的光环，而实践与实践者却变得卑下。

其二，西方社会原子式的个人主义传统，人与人之间始终保持相对距离。用巴赫金的话说，"接受个人主义教育的人表面化地理解自主，将自主归结为'自我'和'他人'的矛盾。对这种'来自地下的人'来说，世界分裂为两个营垒：一个是'自我'，另一个是'他们'，即所有人无一例外地是'别人'，不管他们是谁"[②]。以美国为例，在美国，个人主义具有极深的文化基础，这可以从其说明"自己"的词汇中得到反映：以 self-前缀开头的词汇不下一百个（远超英国），包括 self-conscious（自觉的），self-esteem（自尊），self-denial（克己），self-reliance（自力更生）等，不一而足。美国人将"自我"上升到理念与价值观层面成为一种重要的"文化因子"，在个人的生活中占据中心位置，选择并进行种种活动都是为了满足和实现自我。"个人主义是美国文化的核心……我们相信个人的尊严，乃至个人的神圣的不可侵犯性。我们为自己而思考，为自己而判断，为自己决策，按自己认为适当的方式而生活。违背这些权利的任何事情都是道德上的错误，都是亵渎神明的。对于我们自己，对于我

---

① Clark, R. W., *School-university partnerships and networks* (Occasinal Paper No. 2, Center for Educational Renewal). Seattle: University of Washington, College of Education, 1986.//Liberman, A., *School-university collaboration: A view from the inside*. Phi Delta Kappan, vol. 74 (2), 1992.//Haberman, M., "Twenty-three reasons why universities can't educate teachers", *Journal of Teacher Education*, vol. 22, 1971.

② [俄] 巴赫金：《陀思妥耶夫斯基诗学的一些问题》，转引自 [俄] 伊·谢·科恩《自我论》，生活·读书·新知三联书店 1986 年版，第 407 页。

们关心的一切人,对于我们的社会和整个世界,我们最高尚的愿望都是与个人主义息息相关的。"[1]

其三,则是因为西方社会根深蒂固的主体主义文化。它"像一棵苍老而又根深蒂固的橡树,深深地渗透在现代思想这块土壤中"[2],而且,"所有生活在西欧和中欧、加拿大和美国的人,都是这种文化的嫡系传人,与它水乳交融,正如鱼水之谐"[3]。而主体主义在方法论层面的表现就是坚持主客体二元对立的基本原则,"主体主义的二元对立所产生的理智的力量能够排山倒海,无孔不入,对理论家和公众的思考产生的影响不可估量,惜乎常常为人视而不见。它的默默无闻是它的衡量权力的尺度,其程度已经到了我们习惯于把它当做自然而然、不可逆转的地步了"。[4] 主体主义看待世界的立场就是这个世界为每个主体个体而存在的,带有浓厚的"唯我"倾向,当其与个人主义结合时,就会成为理论者与实践者间发展亲密合作关系的障碍。因此,在西方合作教育研究中,理论者与实践者关系基本上是"我—他"式关系,虽然有人提出要构建"共生"关系或"共同学习"关系,但连他们自己,如古德莱得(Goodlad)和瓦格纳(Wagner),也都承认这种关系可望而不可即。不过"我—他"式关系发展的高级水平会从主—客体关系转化成主体间的关系,即"我—你"式关系。这种"我—你"关系主要还是强调理论者与实践者间作为主体在交往时人格上的平等性,尚未在研究和发展层面上达到相互转化的层次,在研究中不可避免地产生"主体客体化"现象,更没达到马丁·布伯宗

---

[1] Robert N. Bellah, *Habits of the Heart: Individual and Commitment in American Life*, New York: Harper & Row, Publishers, 1986, p. 142.
[2] [美] 劳伦斯·E. 卡洪:《现代性的困境——哲学、文化和反文化》,王志宏译,商务印书馆 2008 年版,序言。
[3] 同上书,第 42 页。
[4] 同上书,第 44—45 页。

教意义上的"我—你"关系①层次。研究者依然将实践者当作自己的研究对象，只是将其地位由"他"提升到了"你"，表面看是尊重，其根本目的并没有发生改变，即将"我"的资料榨取建立在"你"利益满足的基础之上，其实质是"互惠"，走的仍是自然科学式的认识路线。"给"是为了获取，"给"了以后怎么样则不是

---

① 这里的"我—你"式关系非德国宗教哲学家马丁·布伯思想中的"我—你"式关系。马丁·布伯在其著作《我与你》（陈维钢译，生活·读书·新知三联书店2002年版）及其续编《人与人》（张见等译，作家出版社1992年版）中系统阐述了他的关系哲学。在《我与你》中，第一卷旨在挑明世界的二重性和人生的二重性，"你"之世界与"它"之世界的对立，"我—你"式人生与"我—它"式人生的对立。第二卷讨论"我—你"与"我—它"在人类历史及文化中的呈现。第三卷展示了"永恒之你"即上帝与人的关系。他批判了"我—它"式的人生，宣扬"我—你"式人生。这样，马丁·布伯从犹太思想传统出发，对近代西方哲学进行了批判，他认为真正决定一个人存在的东西，决不是"我思"，也不是与自我对立的种种客体，关键在于他自己同世界上各种存在物和事件发生关系的方式。这种方式由两个原初词"我—它"与"我—你"来表达。布伯把近代西方主客体二分的世界观归结为"我—它"关系，他认为"我—它"不是真正的关系，因为"它"（客体）只是"我"（主体）认识、利用的对象。在这种关系中，我不能发现自身的意义，不能面对神圣。布伯要世人注意一种真正基本的关系"我—你"，这与西方传统的"我—它"关系是对立的。"我—你"式关系是一种根本的关系，布伯说"泰初有关系"（第33页），这就是说关系处于本体的地位，"原初词'我—你'创造出关系世界"（第24页）。只有在这种关系中，一切才是活生生的、现实的。这种关系有两层意思：（1）当我与"你"相遇时，我不再是一经验物、利用物的主体，我不是为了满足我的任何需要，哪怕是最高尚的需要而与其建立关系。因为，"你"便是世界，便是生命，便是神明。我当以我的整个存在，我的全部生命，我的真本自性来接近"你"，称述"你"。（2）当在者以"你"的面目呈现于我，他不复为时空世界中之一物，有限有待之一物。此时，在者的"惟一性之伟力已整个地统摄了我"。"你"即是世界，其外无物存在，"你"无须仰仗他物，无须有待于他物，"你"即是绝对在者，我不可拿"你"与其他在者相比较。由此可以看出，马丁·布伯心中的"我—你"式关系具有本体论意义，是关系本体。他的观点与海德格尔一样，对西方"见物不见人"的主客二元传统进行了反思与批判，但更多的是作为一种理想或"心灵鸡汤"并不占据主流。在现实意义上，这种"我—你"关系与其说是人与人的关系，不如说是"人—神"、天人、人—自然间无法割裂的有机关系。

"我"所想和所能的,"给"了以后学校发生什么与"我"研究的内容、研究品质的提升也缺乏内在、有机、持续性的联系。在这种关系中,理论者为了体现对"你"的平等性的尊重,虽然进入中小学教育教学现场,但一般坚持"进入"而不"干预"、坚持提供咨询建议而不共同实施改进的基本原则,是积极的人类学方法。[①] 其角色只能是临床诊断者、建议者、促进者,而不是真实介入者,而且这种关系往往是由"中间人"(broker)和研究生作为沟通的桥梁。只有在极少数个人之间的友谊关系之下,研究者才有可能进入实践者的生活,但大多数情况下研究者与实践者始终保持人际距离,而这种距离常被理解为相互尊重与平等,是进一步合作的基础。

其四,强调隐私保护。如美国联邦政府在 20 世纪 60 年代即制定出了相关条例,在 90 年代进行了进一步的规范,发布了《保护研究对象联邦法案》和《注意事项与规则》,美国教育研究协会(AERA)还专门制定了《AERA 道德准则》。大学里还有专门的"审核委员会"等。[②] 保护研究对象的权益本身毋庸置疑,但这些规定从一开始就将教育实践中的"人"定位为理论者的研究对象,实际上是将理论者与实践者在法律、权益意义上区分开来,使得两者相互防备。这在客观上成为了"我"走进"你"的障碍。因此,不经过教师、学生家长、地方法院允许,研究者进入教师的课堂是难以容忍的。而且,在美国,教师"在教学过程中寻求建议被人们当成耻辱,'自己的事情自己处理'……教师孤立的加强极大地削减了教师学习和共享知识的机会……在许多学校,给其他同事提建议是不合常理的事情。旨在促进学校发展而采取的竞争激励机制,也正在努力把'商业法则'运用到教育中,这更进一步阻碍了教师之间

---

① 之所以说是"积极的人类学方法",是因为研究者进入现场后毕竟提出了咨询建议,这与人类学只是描述现场的立场有所差异。
② [美]梅雷迪斯·D. 高尔:《教育研究方法导论》(第六版),许庆豫等译,江苏教育出版社 2007 年版,第 74—76 页。

的合作和共享"①。教师之间尚是如此，更何况理论者与实践者之间。

四 合作研究的基本单位问题

传统学院化"旁观式"教育研究注重"抽象叙事"，忽视、忽略了教育实践活动、教育情境中的教育局部领域、具体个人及其生活，以思辨方式对"教育"及其相关问题进行乌托邦式的探讨。这种教育研究是没有探讨或研究的基本单位的，抽象、宏大的"教育"就是研究的对象。而且这些探讨也缺乏时间维度（在"宏大叙事"中教育事件、教育活动是在它们之中和用它们自己来表现的，被看作"存在"具有永恒意义）。随着合作教育研究的发展，人们的研究开始从"天上"到了"地上"，开始关注真实教育实践生活或实践者面临的具体实践问题。这时，哪些问题应置于理论者与实践者合作研究关注的问题？这些问题间有什么关系？每个问题的研究与发展呈现什么样的状态？等等就成为两类主体需要面临和解决的问题。也即是，合作教育研究的基本单位开始凸显。不过，我们看到许多合作教育研究在基本单位问题上基本是注重突出教育实践中"点"：或关注课程（甚至课程当中的某一方面，如校本课程开发等）或关注教学（甚至教学当中的某一方面，如教学方法等）或关注学生发展（如德育中某一方面或学习中的某一方面等）或关注教师专业发展（甚至教师专业发展的某一方面）等。对"点"的关注和研究通常期望产生两种效应：其一，从"点"到"点"，即一个问题解决后再解决下一个问题，问题之间缺乏关联性，使合作教育研究呈现"做加法"的状态。其二，从"点"到"面"，即以"点"为突破口带动其他方面的研究和发展。这些尝试一般与理论者自身研究倾向与专业特长、实践者需要等有关，对于研究和实践变革都具有重要意义。此外，在我国20世纪80、90年代出现的"整体综

---

① ［美］Linda Darling Hammond：《美国教师专业发展学校》，王晓华等译，中国轻工业出版社2006年版，第8页。

合"式教育实验中，研究单位具有了"整体综合"特征，但在具体所指上较为混乱，有的聚焦于学生（人的整体）、有的聚集于学校教育对人发展的整体影响、有的聚焦于更宏观的教育整体体系等等，都在抽象的一般意义上展开，在实际研究过程中难以落实。它们的合理之处在于注意到了教育实践的整体复杂性，但在处理这种复杂性的方式上没能产生根本性的突破。这些对我们的启示是，合作教育研究的基本单位既不能是一些"点"或面，也不能停留于抽象的整体层次。这需要我们在研究基本单位上有新的突破。

五 "事"与"人"的关系问题

教育实验研究以自然科学实证主义方法论为指导原则，整个地遗忘了"人"，既没有关注研究对象——实践者的生命成长，理论者也没有反省自身。教育行动研究虽然关注教师的专业发展，但一般仅仅关注于此，忽视教师作为"人"的其他发展要求与可能性，将教师当作专业工具，使研究本身缺乏人文关怀性。教育叙事研究中理论者虽然力求与实践者建立亲密的合作关系，但这种亲密其实只是为了榨取资料的虚假的"人文关怀"。它关心的是让实践者无保留地"奉献"故事素材与经验，却不关注实践者在研究中的"获得"。而且，在现实中，许多合作教育研究已日益演化为一种新的"研究方式"，且仅仅是新的"研究方式"而已，相对于传统的研究方式只是形式变更：过去"我"那样做研究，现在"我"这样做研究。"研究"本身是关注的焦点，追求"研究"的投入与产出比率，并不将"我"置入研究之中，更不将参与者——实践者的成长置入其中。实践者在参与合作时也往往考虑合作教育研究本身对于学校或自己声望、地位或实践工作（如升学率、专业提升等）的实用价值，甚少考虑研究对自己的生命成长的意义。尤有甚者，在市场经济条件下，有人将合作教育研究中理论者与实践者的关系等同于知识生产者与消费者的关系。就像利奥塔所说的那样："以前那种知识的获取与精神、甚至与个人本身的形成密不可分的原则已经过时，而且将更加过时。知识的供应者和使用者与知识的这种关系,越来越具有商品的生产者和消费者与商品的关系所具有的形式,即价值形式。不论现在还是将来,知识为了出售而被生产,为了在新的生产中增殖而被消费:它在这两种情形中都是为了交换。它不再以自身为目的,它失去了自己的'使用价值'。"① 这种状况应该说在当今社会中已有出现:有理论者将自身的专业理论知识向有着"包装"需要的中小学实践者兜售(当然也是一些中小学实践者的主动寻求),两者一拍即合,形成了商业化的"互惠"关系。这样的关系在性质上发生了异化。

因此,从总体上看许多合作教育研究对于两类主体而言更多的是一种"事",当该得到的得到了或想得到的未得到时,合作也就难以持续了。它犹如落在人身上拍拍就能掉的灰尘,始终"外在于我",其间的人并没有真正将自己置入其中。

---

① [法]利奥塔:《后现代状态》,车槿山译,生活·读书·新知三联书店1997年版,第3页。

第四章

交互生成式合作教育研究[①]

近年来,中国开始兴起新型的交互生成式合作教育研究,代表了一种新的发展方向。在这里,我们将对它进行理论上的进一步探讨。

第一节 交互生成式合作教育研究发展的背景

一 当代教育理论更新与教育实践变革的同时态发展需求

教育研究乘着19世纪大学复兴的东风而实现学科化,它使教育学者从复杂的教育实践中超拔出来,以冷峻的眼光审视教育问题,从而获致对教育深沉而理智的理解。这在相当程度上拓展了教育思考的深度,使教育知识逐渐成为一门理论性的、系统性的专门学问。但这种形态的教育研究在日渐成形的同时也蕴含着对其自身具有颠覆性的"危机"。主要表现在以下方面。

(一)教育理论研究具有明显的去实践倾向

这使教育理论者日益远离教育实践和实践者,教育理论中逻

[①] 本章及下一章的阐述,将以"新基础教育"的理论与实践研究为基础。这主要是基于本人博士学习期间有参与这一研究的经历,比较了解和熟悉。但这并不否认其他合作教育研究的交互生成性。特此说明。

辑、知识的成分越来越多,教育实践智慧的成分却日见萎缩;这使教育理论研究陷入追求知识、"为赋新词强作愁"的理论逻辑困境之中。理论者们"都表现出对他们工作结果的应用缺乏关心,或者直接摒弃应用这些结果,他们要么争论说如果和超出大学的世界联系会损害知识分子自治,要么——如果他们是实证主义——认为这样的联系威胁他们的'客观性'"①。就像王元化先生所指出的,"研究问题,不从事实出发,不从历史出发,而从概念出发,从逻辑出发……从事理论研究一旦陷入这境地,就将如同希腊文化中的安泰脱离了大地之母一样,变得无能了"②。在研究过程中,有理论者以为阅读同行著作就可以理解教育的本质与实质,而对充满复杂性、生成性实践形态的教育存在则倍感陌生,其内心可能还有某种惧怕。这样的理论者、这样的理论就难怪为教育实践者所不屑,这样的教育学也就成了杜威所批判的"坐在安乐椅上空想的科学"。

(二) 教育研究丧失了对于教育实践的解释与指导能力

教育学研究长期以来追求其理论成果的普适性。普适主义在理论研究史上,既是一种世界观,也是一种价值观,还是一种方法论。它相信万物背后有普遍的本原或本体(多→一),运动变化背后有某种永恒不变的东西(动→静);作为价值观,普适主义相信超越时空的、普遍而永恒的价值体制或制度规范;作为方法论,普适主义喜欢抽象地看问题,喜欢从某种超时空的抽象前提提出放之四海而皆准的普遍结论,并且把一般看成脱离个别而存在的东西,认为抽象的或普遍的才是真实的。这种取向表现在学院化教育研究上,便是企图构建一般性的普遍教育学知识体系,寻求教育规律与基本原则。这种追求忽视了教育实践的情境性、过程性、生成性、复杂性特征,

---

① [美] 戴维·J. 格林伍德、默顿·勒温:《重建大学与社会的关系》,载[美] 诺曼·K. 邓津、伊冯娜·S. 林肯《定性研究:方法论基础》,风笑天等译,重庆大学出版社2007年版,第92页。

② 王元化:《思辨录》,上海古籍出版社2004年版,第1—2页。

而成为唬人的"玄思",最坏的时候甚至成为"搬弄命辞的把戏、琐细的论理和广博周详的论证的徒具外表的各种形式的玩弄"①。当其与时下盛行的量化科研(或学术)评价机制相结合,对于教育理论研究的杀伤力则更大:功利性的学术作品数量追求足以困守理论者于书房、书海之中。闭门造车的"理论研究"再加上"玄思"的"深刻性"和"重复性",除了让教育实践者离得更远以外,实际上对于教育理论自身发展也没有多大价值。难怪人们一致认为,"教育学的现状并不令人满意。世界各国的教育理论几乎无一例外地受到非议;理论工作者批评它缺乏严密的科学体系,理论水平不高;实际工作者指责它脱离实际,实践价值不大"②。确实,"一门远离实践、苦心经营的教育科学是不能够强大到既能作为一套系统的和具有批判力的理论(即一门科学),又能作为一种改变行为的工具"③。

(三)教育理论自主性受到严峻挑战

当学院化教育研究离真实的教育实践越来越远时,也意味着自身发展的营养根系日益退化、萎缩。这时,理论者的目光和手就情不自禁地指向了其他学科,沉醉于从其他学科借鉴或移植语言、方法、观点、体系。这种借鉴或移植的"乞丐"式行为几乎是教育学科及其研究者的慢性自杀,因为在这一过程中,自身的自主性已被让渡。一门没有自主性、独特性的学科和缺乏自主性追求的理论者是没有尊严可言的。对于这种困境,也许没有什么比霍斯金说的更令人难堪:"'教育学'不是一门学科。今天,即使是把教育学视为一门学科的想法,也会使人感到不安和难堪。'教育学'是一种次等

---

① [美]杜威:《哲学的改造》,许崇清译,商务印书馆2004年版,第12页。
② 瞿葆奎、黄向阳:《教育学的反思与元教育学》,载瞿葆奎《教育学的探究》,人民教育出版社2004年版,第312页。
③ [美]埃伦·康德利夫·拉格曼:《一门捉摸不定的科学:困扰不断的教育研究的历史》,张斌贤等译,教育科学出版社2006年版,第234页。

学科，把其他'真正'的学科共冶一炉，所以在其他严谨的学科同侪眼中，根本不屑一顾。在讨论学科问题的真正学术著作当中，你不会找到'教育学'这一项目。"① 这种状况已不是口头上的揶揄，而是一种事实，成为了教育学研究者心照不宣的公开秘密。造成这种现象的表浅原因是教育学作为一门晚熟型学科，在其发展过程中一直依赖其他学科的方法、理论，起初是哲学、伦理学，其后则是心理学、社会学、管理学、人类学等。当与这些对教育学发展作出贡献的成熟学科相比，教育学难免显得幼稚和自卑，因为总是索取而没有贡献；如果用自然科学的学科标准来衡量，教育学的成熟学科特性则更不明显。然而，人们在做这样的比较时却较少意识到，学科发展的成熟度往往是与学科研究对象的复杂程度联系在一起的——研究对象越是简单、机械，学科成熟得越早，研究对象越是复杂、变化，学科成熟得越晚。这也是研究"物理"的自然科学各学科成熟早，而与人相关的学科成熟晚的重要原因之一。在与人相关的学科中，教育学直接与人的生命成长相关，而且是与持续成长的人的各种互动（师生、生生、人与自我、人与环境等）及不同层次、不同水平的转化有关，其间的丰富性、复杂性、不确定性远远超过其他学科。这是教育学长期难以形成自己独特的研究方法、内容体系的深层原因。认识到这一点，我们就应当对教育学的学科特性有正确的定位（首先是教育学学者自己的定位），既要确认学科的发展前景，同时亦要树立学科发展的责任感与使命感。事在人为，教育学的学科自主或成熟不是靠等待，更不是靠外援，而是要教育学学者自己去完成。而这一切都需要我们去把握、认识教育活动内在的丰富、复杂及逻辑与结构。这种把握与认识不可能由其他学科学者来做。在这一意义上，教育学研究的实践转向是实现教育学

---

① ［美］霍斯金：《教育与学科规训制度的缘起——意想不到的逆转》，载［美］华勒斯坦《学科·知识·权力》，生活·读书·新知三联书店1999年版，第43页。

"新生"的必然选择。①

与此同时,当代中国社会转型期的学校转型性变革正如火如荼地开展。在饱受多年政治与经济逻辑的干扰之后,学校正成为教育变革的基本单位,以校长和教师为代表的实践者正逐渐成为教育变革的主体。人们正努力寻求符合教育逻辑的变革路径。这种寻求超越了实践者经验所能驾驭的范畴,也非过去模仿政治、经济变革的演绎式路径所能承担。大量教育变革实践表明,"变革越深入到教育的根本问题,越不拘泥于方法层面,就越需要理论"②。为此,针对实践者的理论培训或由其自己开展的理论学习近些年来得到强烈关注。但问题是,这样够不够?因为大量实践也表明,种种理论培训和理论学习的成效并不显著。尽管其初衷是好的,但实施中却往往沦为积累检查评估的档案材料的过程,成为外在于实践者的"任务",而且有时候还可能异化成为利益追逐的手段。这不仅没有改善实践者对理论和理论者的态度,反而徒增不屑。更关键的是,当代教育变革纷繁复杂,教育情境充满不确定性,教育活动本身也极具创造性,并没有任何一种理论具有"先知"般的魔力可以一劳永逸。"理论"本身也需要在实践变革中创生,两者正呈现出同时态的相互纠缠式的发展态势,不可能等到理论发展成熟了再去进行学校变革,也不可能等到学校变革完成了再去总结理论。

以上表明,当代中国教育理论发展与实践变革面临发展中的具有内在关联性的困局,在指向未来的时间维度上,它们在发展目标、

---

① 当代教育学重建除了深入实践的"下行"路线之外,还有一种"上行"路线。后者着重于探讨教育学重建的一些前提性问题,如学科理论基础更新、学科立场的寻找、学科研究方法论的建构等。这方面的著作可参照瞿葆奎的《教育学的探索》(人民教育出版社2004年版)、陈桂生的《中国教育学问题》(福建教育出版社2006年版)及叶澜主编的《"生命·实践"教育学论丛》之《回望》、《立场》、《基因》、《命脉》论文集(广西师范大学2006年、2007年、2008年、2009年版)等。在本书中,我们主要关注前者。特此说明。

② 叶澜:《我与"新基础教育"——思想笔记式的十年研究回望》,载丁钢《中国教育:研究与评论》(第7辑),教育科学出版社2004年版,第12页。

发展可能性的不断开拓与实现等方面也具有内在关联性。因此，寻求教育理论与实践相互沟通与转化的新路径成为当前理论者与实践者的共同任务和内在需要。对于理论者而言，这需要打破固有旁观式的教育研究，走进原生态教育实践（而非经理论过滤的抽象实践）与实践者密切合作，这样的研究路径是"回到教育本身研究教育；回到教育本身把握整体的教育；回到教育本身把握教育内在的逻辑和内在的结构；回到教育本身把握教育的发展、变化和转换"[①]，这样的教育研究，就具有了研究实践、通过实践、为了实践、创造实践的标志性特征。对于实践者而言，他需要在与理论者的合作中正确定位自我，正确理解理论于实践变革及自身发展的意义，寻求具有理论含量的新的发展道路。

二　突破德国和美国教育研究局限性的需要

毫无疑问，德国与美国教育研究对世界教育理论的发展作出了巨大贡献，直到如今还支配着世界教育研究的基本取向。它们在长期发展过程中形成了自己的传统与特点：德国人最早将教育知识系统化、学科化，形成了"pedagogy"这门学科（单数），它注重以抽象思辨、远离实践的方式寻求一般性、普遍性的教育原理，带有强烈日尔曼式的"Wissenshaft"风格。有人将之称为"日尔曼式"教育学。[②] 与之相较，美国教育研究是将教育知识看做是"education-sciences"，强调在教育实践领域运用多门不同学科知识对教育开展研究，注重个案，以分析的方式从现象、事实归纳理论。"美国人是从研究问题开始的，是从教育知识生产过程中产生了教育科学。然

---

① 叶澜：《当代中国教育学研究"学科立场"的寻问与探究》，2008年7月10号学术报告（答学生提问）记录。

② 具体可参照黄志成《西方教育思想的轨迹》，华东师范大学出版社2008年版，第一章（《西方教育思想的轨迹：两大范式》）；黄志成：《教育研究中的两大范式比较："日尔曼式教育学"与"盎格鲁式教育科学"》，《教育学报》2007年第2期。

而，当教育科学真正发展起来并不断扩大后，可以看到，似乎缺少教育现象的整体观。美国的教育科学研究的重点是分析，是多元分析一个知识点———教育，主要是以人文科学的方式，从部分而不是从整体上来分析的。"[①] 这种研究方式产生的知识往往是应用性的，而且往往被人们用"science"的标准来衡量，不是德国"日耳曼式教育学"式的教育原理。这充分表明，美国形成了与德国日耳曼式教育学不同的美国盎格鲁式的"教育科学"。这种"教育科学"是"为了教育实践的理论"（theory for education practice），是可应用的知识，其目的是为了改变（革新、改进）教育实践。与德国日耳曼式教育学不同，美国的教育科学并不试图对教育作出全面的解说，它支持和采纳任何学科产生的有益于改进教育实践的知识（这些学科的知识无论主题、方法，只要有用就可以拿来），它选择理论研究只是有兴趣于解决教育实践问题，而不是致力于综合所有有关教育的知识，其实质是实用主义的。因此，美国"教育科学"的研究奠基于其他学科的知识和方法，形成的是复数的"教育科学"的学科群体，而不像德国教育学者那样强调作为一独立学科的教育学的学科立场。美国人缺乏谋求一门叫做教育学的学科独立或自主的自觉性。就像美国著名教育研究史史家拉格曼所指出的那样："（美国）教育研究产生于哲学、心理学、社会科学以及统计学等学科的不同组合，它既没有单一的研究重点，也没有统一的研究方法。这种多样性从一开始就成为教育学术的特点，再加上该领域没有能形成一个十分有力、自我调节的专业群体，这就意味着这个领域始终没有形成高度的内部协调。"[②] 即使杜威也持这样的观点，他在确认教育实践是教育科学的问题的资料来源的同时认为，"真正的（教育）

---

① 黄志成：《教育研究中的两大范式比较："日尔曼式教育学"与"盎格鲁式教育科学"》，《教育学报》2007年第2期。

② [美] 埃伦·康德利夫·拉格曼：《一门捉摸不定的科学：困扰不断的教育研究的历史》，张斌贤等译，教育科学出版社2006年版，英文版序（第6页）。

科学内容的资料来源存在于其他科学中"①,把教育科学与其他科学的关系比作桥梁工程学与物理学的关系,将教育科学定位于应用科学,其自身并无独立的理论,因而把教育科学发展的期望,寄托在与人有关的其他科学的成熟和在解决教育问题中的正确运用。在这种视野中,教育被看成"是一门受到其他许多学科和跨学科影响的一个研究领域与一门专门领域"②。

这些分析既让我们看到了德国教育学和美国教育科学的特点、传统,也反映出了它们的问题所在:德国教育学注重对抽象原理的寻求,不注意教育原理的实践品性,因而往往对教育实践和教育实践者缺乏吸引力。当然这并不否认赫尔巴特教育学理论被后人程式化以后内化至世界各国的教育实践之中,恰恰相反这在一定意义上表明了德国教育学的命运——如果不能被程式化就难以被实践者认同,如文化教育学等基本上是在理论者之中传播而没有多少实践者对之感兴趣。与德国不同,美国教育科学产生于教育实践,但缺乏独立的教育学的学科立场,使教育研究成为其他学科的"练兵场",作为一门学科的教育学并不存在。③它们都没能在教育理论与实践的沟通与转化上寻找到合适的有效路径。这一缺陷成为教育研究长久以来的痼疾,但有可能成为中国教育研究发展的可能空间。这也是交互生成式合作教育研究的可能贡献之一。

---

① [美]杜威:《教育科学的资料来源》,张永译,载叶澜《立场》("生命·实践"教育学论丛·第二辑),广西师范大学出版社2008年版,第285页。
② [美]埃伦·康德利夫·拉格曼:《一门捉摸不定的科学:困扰不断的教育研究的历史》,张斌贤等译,教育科学出版社2006年版,英文版序(第10页)。
③ 在《一门捉摸不定的科学:困扰不断的教育研究的历史》一书中,详细地阐述了美国教育研究一个半世纪的发展历史,其贯穿始终的特点是教育研究在美国都起始于其他学科的研究者,并非为教育学建设的目的介入教育实践领域而成,这些理论者大多对教育学没有兴趣,更谈不上什么尊重与信仰。

第二节 交互生成式合作教育研究发展的条件

一 介入主义的兴起

长期以来，合作教育研究中理论者与实践者两类主体间的关系之所以难以有突破性进展，一个非常重要的原因是理论者固守传统的"旁观者"认识论传统。这一传统认为，对知识的追求优越于行动。因而，理论者不能真正介入到实践者的实践及其变革中去，始终是站在教育之外"看"教育。而交互生成式合作教育研究得以发展的重要基础是理论者对这种旁观者认识论传统的突破。这种突破与近年来日益兴起的介入主义密不可分。所谓"介入主义"主要是20世纪以来兴起并日益引起重视的针对"旁观"式研究路向的反叛浪潮。表现在哲学领域，皮尔士和杜威的实用主义，海德格尔和伽达默尔的实践解释学，后期维特根斯坦的语用学等此起彼伏，逻各斯中心主义随之逐渐发生动摇，理论之于实践的认识论和价值论的优越性被一步步地解构。当代哲学摆脱了近代的纯粹思辨传统，超越性、理想性、永恒性和确定性的理念或多或少被弱化或者被抛弃了。如此一来，人类的现实生活便成为哲学的合法问题，实践领域逐步成为哲学的中心。放弃旁观者式的理论态度，把主体置身于这个世界，从理论态度转向实践态度，是当代学术发展的重要走向。如杜威就认为，知识不是旁观者的静观结果，而是参与者的实践产物，是"有机体与环境相互作用的产物"[①]，因而主张由旁观者向行动者的转向，提出了行动认识论。他说："思想的任务不是去符合或再现对象已有的特征，而是去判定这些对象通过有指导的操作以后可能达到的后果。""除非把观念变成行动，以某种方式或多或少整理和改造我们所生活的这个世界，否则，从理智上讲来，观念是没

[①] [美]杜威：《确定性的追求——关于知行关系的研究》，傅统先译，上海人民出版社2004年版，第298页。

有什么价值的。……追求观念并坚持观念是指导操作的手段，是实践艺术中的因素，这就是共同创造一个思想源流清澈而川流不息的世界。"① 在他看来，"从外边旁观式的认知到前进不息的世界话剧中的积极参加者是一个历史的转变"②。美国当代实用主义哲学家理查德·舒斯特曼认为："在哲学思考中显现的事物都不是事物本身，在哲学思考中显现的生活，也不是生活本身。哲学要达到它的目标，就必须放弃它具有特征标志的手段和方法。从纯粹对生活思考进入对生活的经验，因为经验中的生活比思考中的生活更接近生活本身。由此，我们说，从理论思想走向生活实践、从学院走向社会，是现代学院哲学追求自身目标的结果。"③ 发动现代哲学转型的现象学尽管有多种流派，但"面向事实本身"却是所有流派的共识。它主张一种脚踏实地的"工作精神"。"现象学要求现象学家们自己放弃建立一个哲学体系的理想，作为一个谦逊的研究者与其他人一起共同地为一门永恒的哲学而生活。"④ 它的方法论意义在于要求研究者走出书房，回到实践当中去，站在当事人的视角，对现象进行"深描"。以梅洛·庞蒂的知觉现象学为例，在他这里人被规定为"身体—主体"；作为在世存在，人的认识离不开身体的参与。他认为，最终说来，关键在于领会，而不在于认识，我们不是世界的客观观察者，而是扎根于世界中的人，生活在某种处境中的人。"我们作为自然人置身于自身和事物之中，置身于自身和他人之中，以至于通过某种交织，我们变成了他人，我们变成了世界"⑤。他极力反对科

---

① [美] 杜威：《确定性的追求——关于知行关系的研究》，傅统先译，上海人民出版社 2004 年版，第 137—138 页。

② 同上书，第 293 页。

③ [美] 理查德·舒斯特曼：《哲学实践》，彭锋等译，北京大学出版社 2002 年版，第 4 页。

④ Edmund Husserl, *Phaenomenologische Psychologie*, Husserliana Bd. IX, Den Haag, 1968, p.301.

⑤ [法] 梅洛—庞蒂：《眼与心》，杨大春译，商务印书馆 2007 年版，第 11 页（中译者序言）。

学思维的旁观态度，而主张以艺术思维把握认识世界。在他看来，前者是超然的姿态，而后者是一种"介入"的姿态，"科学操纵万物而拒绝寓居于其中"①，这样世界要么是我们之外的超越之物，与我们没有任何关系，要么就是出于我们的理智构造。为此，他主张通过身体对于现场的"介入"，用"心"去看，"纯粹"地看，眼睛就能实现向心灵开启非心灵的东西，就能在融入世界时理解世界。海德格尔也曾说，对锤子的认识离不开身体对锤子的现实使用，即捶打活动。②

即使在科学领域，研究者的"介入"也在引起重视。玻尔认为：在量子力学中，研究者的观察活动与对象之间的相互作用不可忽略不计，"真正量子现象的无歧异的说明，必须包括对实验装置之一切有关特色的描述"③。我们不仅仅是观众，亦是演员。因此，在科学研究中，"把科学家作为世界的旁观者，把视觉隐喻作为优先的认知方式，越来越丧失说服力。科学是在世存在的事业，只有当我们能够实质性的参与这个世界时，才能认识世界。以往的思路恰恰颠倒了这层关系，认为只有首先获取知识，才能有效地介入"。④ 大量科学实践表明，科学是在介入中获得知识的，是在改造世界中完成认识世界的任务的。没有科学家是通过跟世界保持距离、离开世界来认识世界的。如果我们总是在自己与事物间修建一堵客观主义的墙，那么我们除了那堵墙以外将一无所知。科学要求与世界的接触，要求我们与事物真实的相遇。没有介入，就不可能有表象，为了表象，必须首先介入。就像有评论家评论因发现基因而获诺贝尔生物学奖

---

① ［法］梅洛—庞蒂：《眼与心》，杨大春译，商务印书馆2007年版，第30页。

② ［德］海德格尔：《存在与时间》，陈嘉映、王庆节译，生活·读书·新知三联书店2006年版，第81页。

③ ［美］玻尔：《尼耳斯·玻尔哲学文选》，戈革译，商务印书馆1999年版，第232页。

④ 孟强：《科学哲学的介入主义方案》，《哲学研究》2008年第3期。

的生物学家麦克林托克（McClintock）所说的，她"把自己的感情移入她的玉米中，使自己沉浸于它们的世界，消解了客体和观察者之间的界限，这样，她获得了有价值的知识"①。在这里，认识论与本体论发生了融合，一种基于实践的参与立场的"内在认识论"成为科学实践哲学的合理选择。自然科学研究尚且如此，何况作为一门特殊人学的教育学研究呢？

二　中国的文化基础②

合作教育研究最早起源于西方，也是在西方国家获得了巨大发展。同时我们也要认识到，西方文化（如上述的旁观者认识论传统、主客二元对立的主体主义、个人主义传统等）也束缚了合作教育研究进一步发展的空间。然而，这些束缚如果站在中国文化的角度看，就可能不成其为问题。在一定意义上，中国文化有可能为合作教育研究的进一步发展提供文化基础。下面我们就从中国文化的角度出发分析理论者对实践的介入的合理性（关于中国文化对理论者与实践者在合作中关系的影响我们将在下文另作专门阐述）。

我们知道中国知识分子一直有自己的学术传统，虽然时至今日，这一学术传统可能不如前人那般明显，但作为文化基因仍然深深蕴于中国学者的心中。这种传统与西方学者的传统大相径庭。在西方学术史上，有两个世界的划分，即"世间"（this world）和"超世间"（other world）（例如，希腊古典哲学中有"真实世界"和"现象世界"的划分），并且一般认为超世间是世间一切价值之源，它不但高于世间，并且也外在于世间。学者的追求就是触摸超世间、感受超世间，将之当做一种纯粹的理论活动。这种活动"是理想的和永恒的，独立于变迁之外，因而也独立于人们生活的世界，独立于

---

① Sue V. Rosser, "The Gender Equation", *Science*, Sept.-Oct, 1992, p.46.
② 此处"世间"与"超世间"的观点参照了余英时的《中国知识人之史的考察》（载余英时《现代危机与思想人物》，生活·读书·新知三联书店2005年版）中的观点。特此说明。

我们感知经验和实际经验的世界之外的"①。而且,"纯粹的活动是理性的;它是属于理论性质的,意即脱离实践动作的理论"②;"实在的对象固定不变,高高在上,好象是任何观光的心灵都可以瞻仰的帝王一样。结果就不可避免地产生了一种旁观者式的认识论"③。这种传统一直至今都影响着西方学者的学术研究,形成了一种"静观的人生",使其很难真正走进实践之中,与实践者们真正达成内在的沟通与转化。

而在中国文化中,世间和超世间是"不即不离"的关系。从儒学来看,如果以"道"代表超世间,以日常人生代表世间,那么便可看到,这两个世界既不是完全合一的,也不是截然分离的。《中庸》首章说:"道也者,不可须臾离也,可离非道也。"对此,朱熹集注云:"道者,日用事物当行之理,皆性之德而具于心,无物不有,无时不然,所以不可须臾离也。若其可离,则为外物而非道矣。"④《中庸》又引孔子的话:"道不远人,人之为道而远人,不可以为道。"⑤可见,"道"一方面超越日用事物,一方面又遍在于日用事物之中。总体来看,儒家的立场是"即世间而超越世间"。从道家来看,它虽然比较偏重于超世间,然而仍不舍弃世间。《老子》说"道"是"周行而不殆"⑥,《庄子》也说"道"是"无所不在"(《知北游》)⑦。因此道家的超世间和世间也不是截然分开的,其立场是"超世间而不离世间"。不但儒道如此,后来中国的佛教——禅宗也是如此。《坛经》说:"法元在世间,于世出世间,勿离世间上,外求出世间。"(敦煌本第三六节)世间和超世间仍是不即不离

---

① [美]杜威:《确定性的追求:关于知行关系的研究》,傅统先译,上海人民出版社2004年版,第15页。

② 同上书,第18页。

③ 同上书,第21页。

④ [宋]朱熹:《四书章句集注·中庸章句》,中华书局2008年版,第17页。

⑤ 同上书,第24页。

⑥ 陈鼓应:《老子今注今译》,商务印书馆2007年版,第169页。

⑦ 张默生:《庄子新释》,齐鲁书社1996年版,第480页。

的。这些思想凝聚成的传统决定了中国知识分子的基本性格:"中国知识人自始便以超世间的精神过问世间的事。换句话说,他们要用'道'来'改变世界'。"① 这表明,中国知识分子发展的学术态度不同于西方的"静观的人生",而是"行动的人生",不仅仅是解释世界,而是改变世界。对此,清初的顾炎武说:"君子之为学,以明道也,以救世也。"② "'救世'与'经世'都是'改变世界'的事。这一精神上起先秦而下及清代,始终都贯穿于中国知识人的传统之中。"③ 如今,这种精神体现在当代中国教育学者身上就是在社会转型时期对于民族复兴、国家强大、学校变革、学科发展、人的生命成长的强烈使命感和历史责任感,表现在交互生成式合作教育研究上就是强烈的价值驱动和研究团队、研究精神、研究文化的形成。

所以,我们认为在交互生成式合作教育研究中理论者深度介入教育实践,是对中国知识分子这一传统的继承,是在中国文化中从事教育研究的理论者的应有之义与应有之行。在这一方面,陶行知、晏阳初、梁漱溟等前辈已作出表率,今天我们需要做的是沿着前贤的道路走得更深、更远。

三 思维方式的更新

长期以来,合作教育研究中两类主体间的关系难以取得突破在一定意义上也与人们思维方式的局限性有关。如果回顾支配这些合作教育研究的思维方式,可以发现近代科学发展以后兴起的科学主义分析性思维所产生的根深蒂固的影响。这种思维的特点是:(1)连续性或无断裂性,否认意外的跳跃;(2)确定性,由此产生的多

---

① 余英时:《现代危机与思想人物》,生活·读书·新知三联书店2005年版,第15页。
② 《亭林文集》卷四《与人书》二十五。
③ 余英时:《现代危机与思想人物》,生活·读书·新知三联书店2005年版,第15页。

种形式的决定论；(3) 可分性，还原论和构成论，由此导致否定事物间的关联性；(4) 可严格预见性，否定随机性和偶然性，否定事物的生成性。这种原子论假设的、线性因果决定论的、还原主义的思维方式长期以来已成为教育理论者与实践者从事研究和实践变革的思维惯习。当以这种思维处理合作教育研究时，就会展现出各种刚性的线性关系，如教育理论与实践的割裂与单向作用、立竿见影的简单期望、"照单抓药"的"处方"需求、主客体及事实与价值的二元对立，等等。事实上教育实践情境千变万化，教育活动本身蕴含着丰富的可能性和多重转化，教育实践变革更是盘根错节纠缠着多领域、多层次、多类型、多方面的关系。当我们直面真实的当代学校变革时，就能够感受、发现学校变革的复杂性：学校变革内蕴着多维多层关系的综合互动（学校与外部——如与教育行政部门、地方教育科研部门、周围社区、家庭及当今这个时代的关系；学校内部——各年级、各班级、各学科、各层次行政与非行政组织等的关系）和多元多层主体的多维互动，这些互动还呈现出动态生成的过程。对这些复杂互动的处理是传统机械思维所难以胜任的，否则就会造成教育活动和实践变革的僵化。所以，合作教育研究是一场旅程而不是一张有待实施的、规划好的蓝图，经常"期待之事不能完成，通向意外之事的道路却被开通"[①]。在这一过程中对于合作者来说最关键的能力不是执行力，"而是在教育发展过程中发生预期的或非预期的千变万化中能够生存下去的能力"[②]。这时，"在朝向我们生活和行为方式的根本变革而前进的过程中……我们要接受的一个最困难的挑战将是改变我们的思维方式，使之能够面对形成我们世界的特点的日益增长的复杂性、变化的迅速性和不可预

---

① [法] 埃德加·莫兰：《复杂性理论与教育问题》，陈一壮译，北京大学出版社 2004 年版，第 4 页。
② [加拿大] 迈克尔·Fullan M.：《变革的力量——透视教育改革》，曾子达等译，教育科学出版社 2004 年版，第 11 页。

见性"①。因此，新兴的复杂思维为我们深化合作教育研究提供了新的可能。

具体而言，新兴的复杂思维实现了对传统思维的革命性超越，甚至超越了系统论的构成论观念，是比系统思维更高水平的思维方式。它具有不连续性、不确定性、不可分离性、不可预测性四大基本特征。这里，尤其要指出的是贯彻复杂性思维所突出的四大基本原则：（1）自组织原则。它一方面赋予事物以复杂性，同时又突出主体的能动性，强调在复杂过程中主体自主性的意义和事物不断自我修复、自我重组的动态生成过程。（2）多中心原则，还可以叫做多样性、多维度、多因性、多基源或多元决定论。换言之，对一个复杂事物或过程不能用一个"主导概念"来概括，而必须是多样性和多重道路的统一，事物往往是一果多因、一因多果、多因多果。（3）全息性原则。每一个局部的点都包含着所表现的整体的全部信息，"如果我不特别地认识各个部分我就不能理解整体，如果我不认识整体也不能理解部分"②。"这意味着我们应该放弃一种直线性的解释方式，而应该采取一种动态的、循环的解释方式，在其中我们既从部分到整体又从整体到部分以力图理解一个现象。"③（4）反思性原则。传统思维方式事实上排除认识的主体和不具备任何反思的原则，不涉及作为认识主体的"我"。而复杂性思维要求我们在形势中自我定位、在理解中自我理解、作为认识者自我认识。"观察者—认识者应该被整合在他的观察中和他的认识中。""人们永远不可能在排除认识者的条件下走向复杂性的认识。"④

当我们学会以复杂思维策划、开展合作教育研究，可能会展现

---

① ［法］埃德加·莫兰：《复杂性理论与教育问题》，陈一壮译，北京大学出版社2004年版，第141页。

② ［法］帕斯卡：《思想录》，何兆武译，商务印书馆1985年版，第34页。

③ ［法］埃德加·莫兰：《复杂思想：自觉的科学》，陈一壮译，北京大学出版社2001年版，第142页。

④ 同上书，第149页。

出与简单思维不一样的图景：各种关系（过去现在未来、理论与实践、理论者与实践者、校内与校外、各学科间等）之间动态的沟通与转化，整体与局部间全息性关联与渗透，各个环节在开展过程中螺旋上升的持续循环，多种可能性的挖掘与实现，既"多"又"一"的追求与形态表达，主体自身在主动投入中吸收与奉献的成长，等等。可以说，思维方式的更新水平直接决定了合作教育研究开展的深度、广度和有效度，也直接决定了合作教育研究中理论（者）与实践（者）的交互生成性。

四 对合作教育研究认识的突破

长期以来，人们对于合作教育研究这一研究形式存在一定的争议，大致有以下几种消极态度：

（一）无法合作

这主要是因为大学与中小学、理论者与实践者相互间存在太多差异，如两者间的文化、价值取向、激励机制等。如，哈伯曼（Martin Haberman）曾提到大学不可能与中小学形成合作关系，大学人员与中小学教师不可能一起共事，因为"中小学教师视大学人员为理论的怪物，关注于方案的理论分析而不考虑其现实可行性……而大学人员则视中小学教师为保守分子，不愿接受研究成果，对社会重大问题反应迟钝，害怕上级，并且是低智商、低地位和低教育水平。……总之，两类人员都满足于各自现状而拒绝急剧变革"[①]。

（二）无须合作

这是因为教育理论研究与教育实践活动有各自的逻辑，即理论逻辑与实践逻辑，它们各有不同的运行方式，都是"自带轨道的火车"，不断地按照自己的方向驶向下一个站点，两者也不可交叉。因而，理论（者）与实践（者）的脱离是双向的，也是必然的。理论

[①] Haberman, M., "Twenty-three reasons why universities can't educate teachers", *Journal of Teacher Education*, vol. 22, 1971, p. 134.

者不要指望通过合作，通过向实践者传播理论来改变实践者及其实践；理论者自身因为没有亲身参与实践者的实践，因而也难以捕捉实践者的实践逻辑，如果他试图用语言表达实践，这时的实践就不再是实践者的实践，而成为"话语的实践"、"抽象的实践"。因此，理论者与实践者在各自逻辑的支配下，自己做自己的事，对话是可以的，但试图通过合作来研究、把握对方则是不现实的。[①]

（三）不应合作

持这种观点的人主要有两种取向：第一种是认为合作教育研究其实质是理论者对实践者和实践领域的"入侵"，具有非道德性（如侵犯教师和学生的隐私、谋取私利，影响学校、教师、学生的正常生活，甚至会对学生身心发展造成消极影响等）；第二种是认为，合作教育研究并不能带给实践者、学校、学生具有实质意义的帮助，特别是在社会大生态及整体教育生态不改变的情况下，还会对学校、实践者、学生产生消极影响（如考试成绩下降、学校评估落后等）。

综观以上三种态度，尽管它们各有自己的理由，也表现出差异性。但在深层实质上具有同一性，即将合作教育研究的价值定位于寻求对教育实践的确切解释，却又由于无法找寻到获得这种确切解释的路径，因而对合作教育研究持消极甚至反对态度。对于这三种态度，交互生成式合作教育研究都不赞成，而形成了自己的主张。表现在：

其一，合作教育研究价值的定位不仅仅是寻求对教育实践的解释（不是确切解释），更是寻求发展的必然选择。所谓发展，是指承认教育理论与教育实践自身的不完善及其多种可能性，因而通过合作教育研究不断寻求教育理论发展与教育实践变革的深化，并在这一过程中实现主体（理论者和实践者）自身的持续发展，而且这些

---

① 这种观点主要受法国社会学家皮埃尔·布迪厄有关"实践逻辑"、"实践感"、"惯习"思想的影响（参见［法］皮埃尔·布迪厄、［美］华康德：《实践与反思———反思社会学导引》，李康、李猛译，中央编译出版社1998年版）。

发展是通过理论（者）与实践（者）的相互沟通、吸收、渗透、转化实现的。这样，当我们以"发展"、"过程"、"关系"的眼光来看合作教育研究时，理论者与实践者的合作就是必需的，他们的合作不仅是为了说明、解释、理解对象，而是直接创造对象，正是在"创造"的意义上理论者与实践者结成了研究的"同盟军"。

其二，将合作教育研究作为实现教育理论与实践内在沟通与转化的新途径。我们认识到，从事教育理论研究与教育实践活动的主体及主体间的关系状态直接决定着教育理论与实践关系的发展水平。对主体个体而言，不存在脱离个人内在理论的实践，反之，也不存在与个人实践无关的内在理论。[①] 因此，所谓理论与实践的脱离其实质是理论者的理论与实践者的个人理论及其实践活动之间的不一致。解决这一问题的关键是建立起理论者的理论与实践者个人内在理论的对话、沟通和转化机制。这种对话、沟通和转化最为有效的形式是理论者与实践者直接面对面地直面教育问题，并以对这种问题的研究为核心的接触，这是一种新型的双向沟通性、创生性的合作教育研究实践。通过这种新型合作教育研究，一方面可以促进实践者内在理论的更新及其外在教育实践行为的更新来实现有效的教育实践变革，同时也为理论者开拓了研究的视域和理论的新的发展可能性。因为在与实践者共同研究的过程中，理论者不断丰富、更新着自己的教育"常识"。在这个意义上，实践从来是单纯地被指导、被改造，它也具有滋养理论和理论者的重要价值。这样创生的新型理论就是从实践土壤中"生长"出来的带着"地气"的，实践者感到亲切和乐于阅读、接受、践行的理论。这样来看，教育理论与实践之间的关系并不仅仅是预先给定、静候研究者去认识的观念上的"静物"，而常常是理论者与实践者在面向未来发展、创造的交往互动中不断生成着的互构过程，而且在这一过程中，理论（者）与实

---

① 叶澜：《思维在断裂处穿行——教育理论与教育实践关系的再寻找》，《中国教育学刊》2001 年第 6 期。

践（者）在持续的相互渗透、转化中获得发展的动力和新境界。

第三节　交互生成式合作教育研究发展的意义

一　促进教育理论与实践的双向建构

如果说，德国教育学研究从其理论发展的需要生发出理论者走向实践开展合作教育研究的内在冲动；美国的合作教育研究则是教育实践变革和外部市场竞争、社会压力中获得发展的原动力。前者在德国强大的"wissenschaft"（"纯科学"）传统影响之下未能进一步成形，形成了重理论轻实践的日耳曼式教育学研究范式；后者则在"服务"意识和"science"追求下发展出重实践轻理论的盎格鲁式教育科学研究范式。应该说，两者在教育学术发展史上影响都十分深远，但也都留下了教育理论与实践间隔阂难除的遗憾。这种缺憾在一定意义上为当代中国教育学发展提供了空间。因为在当代中国社会转型的特殊时空背景下，教育理论转型与中小学教育实践转型正前所未有地呈现出同时态、纠缠式发展态势。这为教育理论与实践的双向沟通与转化提供了最好的双向的内在关联性。这时，最大的难题是寻找到促进两者沟通与转化的路径。对此，我们认为要打破固有的认识框架。长期以来"理论被看作是结果性的产品，是反映事物本质的抽象式的客观存在，它外在于进行着的实践。同样，实践也是一种客观存在的领域。当我们在讨论两者关系时，把它们作为两种不同存在方式的客观领域，虽然我们也谈到两个不同领域中从事活动的人——理论工作者和实践工作者，但只是从两者结合的意义上，强调各自要补充，关注缺失的一面：理论工作者对实践要了解、联系；实践工作者对理论要学习和应用"[①]。其实，理论在发展，实践也在发展，它们都处于生生不息的发展过程之中。理论

[①] 叶澜：《我与"新基础教育"——思想笔记式的十年研究回望》，载丁钢《中国教育研究与评论》（第7辑），教育科学出版社2004年版，第34页。

（者）与实践（者）之间的对话不是既有产品式的相互补充，而是在共同发展过程之中相互纠缠、滋养和互融共生，它们之间的关系不仅可以是单向线性关系，也可能呈现出"双螺旋"式的双向咬合关系并且在这种纠缠中实现共同发展。在这一过程中，两者间充满着相互的转化：教育实践变革是将教育理论转化为学校设施、结构、管理原则与组织结构、教学计划与课程、教学及其他一切学校教育实践中去的行为过程；教育理论更新则是吸收实践者的教育经验与智慧、拓展问题领域、深化思考深度与广度、重建教育理论体系的过程。"对实践工作者来说，这是一个学习的过程，也是对自己的原有实践方式和与此相关的理论进行改造的过程。这种改造有时涉及的不只是认识和观点，还包括教育信念与思想方法，实在不是容易的事情。对理论工作者来说，这是一个宣传自己的观点，使之普及到相关人员头脑中去的过程"。[①]

体现这种转化过程的合作教育研究，理论者就不能在网络空间里"遥控"或"偶尔"到达教育现场，或通过"中间人"（broker）方式进行，而需要时间、频度、制度等因素来规约与保障进行面对面的交流。在这种面对面的关系中，理论者与实践者不仅共同分享着具体教育情境，同时也各自从自身角度确立了坐标系。尽管两个坐标系的原点可能不同，但却存在着视角的交互性。这种交互性为理论创生及实践变革提供了可能。因此，我们认为合作教育研究中理论者与实践者通过密切的直接交流，理论者能学会感受教育实践现场的丰富与复杂、现状与潜势，了解和解读实践中的问题并提出有针对性和提升性的建议，及对当代中国学校实践生态、教师与学生的生存环境和生存状态、变革中的困难等获得切身体会，逐渐真正走入实践者的内心并成为"自己人"；实践者也能真正体会理论对于实践的引领意义，为自己的成长与进步确立起新的参照系。因此，

[①] 叶澜：《我与"新基础教育"——思想笔记式的十年研究回望》，载丁钢《中国教育研究与评论》（第7辑），教育科学出版社2004年版，第42页。

这种直接接触对两类主体都具有强烈的生命成长价值和学术发展价值：可以感受到时代气息，拓展问题域，改进思维方式，提高对理论与实践的敏感度和透析力，更新研究与工作方式等。

通过这种面对面的直接介入，以理论者与实践者本身作为中介，就可以实现教育理论与实践之间的内在沟通与转化：理论者个体的内在理论是以实践为基础的，而且逐渐善于从实践中形成理论，做到个人理论与实践的内在统一，他所建构的理论就不是随便说说，让别人去信、去做，而是以自身的践行为基础的综合抽象，具有原生态实践的底蕴；校长、教师等实践者也逐步实现个体内在的教育观念、教育理论、教育实践行为、教育习惯等的转化与统一，转化后的新实践与新习惯具有理论的含量。总之，"在这里，研究与实践依然是两类不同的活动，但是，它们却以一种'双螺旋'的结构紧紧缠绕在一起，共生共长。在这里，两种不同的活动——研究与实践在各自保持自身特质的同时，融入了一个特殊的'研究—实践共同体'。理论从中创生，创生中的理论不断地汇入生成着的实践；实践在理论的渗入中又不断调整。在理论的参与中，实践的动力性因素处在不间断的累积与调适中，这些动力因素有的作为促动力量汇入到了实践之'流'中，并转化进实践的作品中，有的则反作用于实践主体，引起主体力量的增强和意识的敏感化，还有的则返归于研究者，对理论的创生产生新的挑战或需求，于是又促进了理论的不断丰富与更新，而后再返回实践……由此，展现出教育理论与实践之间持续不断地循环互动、相互建构、互动生成的关系图景"。①

二 促进中国教育学的自立

学术发展史表明，时空范畴是人类认知的基本范畴，所有社会行动包括学科的研究实践也都是在具体的时空场景中发生的。因此，

---

① 孙元涛：《教育理论与实践关系新论》，载叶澜《"生命·实践"教育学论丛：立场》，广西师范大学出版社2008年版，第115—116页。

时空框架必然是一门学科学术研究的基本维度，其发展历程和结构是以社会文化因素为基础并受其制约。而且，作为时空框架的深化，学科研究实践也是在具体的文化脉络中进行的社会行动，它必然负荷特定的社会文化脉络和意识形态。实际上，"欧美各国的教育学和教育研究，如美国的教育研究，无非是美国人的本土教育研究；德国的教育研究，无非是德国人的本土教育研究；不能把这些国家的本土教育研究当作'世界教育研究'或'全人类教育研究'，甚至将之视为可以照样适用于中国人的教育研究"。[①] 因此，在流行移植和改造国外合作教育研究模式的情形下，交互生成式合作教育研究注重总结提炼中国的经验与智慧，关注当代中国教育理论发展与实践变革的创造和独特。

（一）直面当代中国时空境遇下的教育现实问题

当代中国社会正处于经济、政治、文化等领域整体转型的关键时期，这种转型对教育产生了根本性的影响：首先，政治、经济体制改革在宏观上对于学校教育体制、教育管理改革产生剧烈影响。其次，社会转型对人的生存方式及发展提出了全新要求，如何在新的时代精神背景下培育新人成为当代学校教育实践者必须思考和回答的问题。再次，教育改革正逐渐深入到学校内部，而且这种深入不是"修补或改善"，而是在整体形态、内在基质、日常教育实践等方面从"近代型"向"现代型"的根本转型。[②] 其间旧的尚未完全打破、新的尚未完全树立，或旧的打破了新的未出现，或新的出现了与旧的又产生激烈冲突等矛盾层出不穷。尤其是变革中的"人"如何突破自我实现自我更新以适应变革发展的需要成为关键中的关键。而且，中国的教育改革又是在世界格局大变动的宏观背景之下进行的，全球视野与本土视野如何融通也成为一大问题。这些变革

---

① 李政涛：《论教育研究的中国经验与中国知识》，《高等教育研究》2006年第9期。

② 叶澜：《实现转型：世纪初中国学校变革的走向》，《探索与争鸣》2002年第7期。

中充满复杂性、不确定性、不稳定性的现实问题。在一定意义上，它们既是对当代中国教育理论者与实践者的挑战，也是中国教育理论与实践创新的前所未有的机遇。对此，交互生成式合作教育研究可谓迎难而上，直面这些问题并逐渐学会在与实践者的深入合作中对当代中国社会、时代精神及其教育实践变革进行深入解读，使积累起来的中国教育经验与智慧成为当代中国教育理论创生的重要资源。

（二）注重传统的当代继承与转化

西方文化孕育了合作教育研究，但在一定意义上也成为新时期合作教育研究进一步发展的桎梏。当其在中国"土地"上成长时，由于中国文化的滋养正呈现出新的图景。因为众所周知，中国丰厚的文化传统和悠长深沉的教育实践史，包含着深厚的教育思想和人文精神理念，蕴藏着推动当代中国教育理论发展和教育实践变革的巨大潜力，是一个尚未认真发掘的文化宝藏。深入发掘中国社会自身的历史文化传统，在实践中探索教育学的基本概念和基础理论，是中国教育学术的一个非常有潜力的发展方向，也是中国学者对国际教育学可能作出贡献的重要途径之一。更何况，任何一种外国思想、实践方式如果不跟中国传统文化资源、不跟当下活生生的教育实践相结合，就很难在中国扎根。[①] 就连美国历史学家费正清都说，"中国是不能仅仅用西方术语的转移来理解的，它是一种与众不同的生灵"[②]。对于教育研究，拉丁美洲一位教育学家曾说，"我们应注意，不要仅仅因为是与世界上最强大的国家的文化传统不相一致，就要抛弃我们自己的文化传统。我们有依附性算不了什么，但不应依附太深"[③]。长期以来，中国的教育研究毛病之一就是"依附太深"。

---

① 这可以从佛学在中国的发展上得到印证，真正在中国发展并有影响的并非"纯正"的"唯识论"（以玄奘为代表），而是具有中国特色的禅宗。

② 费正清：《剑桥中华人民共和国史》（上），中国社会科学出版社1989年版，第15页。

③ 黄志成：《教育学与教育科学之争》，《外国教育资料》1998年第5期。

为此，交互生成式合作教育研究越来越注意中国传统的滋养作用。这种对传统的重视，不是退回到过去而是面向当下与未来，不是往后走而是往前走。"所谓回到传统，不是回到那个文本，那个规范，而是重建自身历史的连续性，同时重建讨论自身历史的知识和价值框架的连续性。"[①] 伽达默尔也曾指出："传统并不只是继承得来的一宗现成之物，而是我们自己把它生产出来。"[②] 这意味着，当代中国教育理论者与实践者在交互生成式合作教育研究中注重对中国学术传统、文化传统、教育传统在当代中国时空境遇下的学校教育中实现创生性的转化，赋予传统在新时代的新意义与新生命。这种转化对于传统既破坏又建设，既吸纳保留又扬弃批判，将成为当代中国教育理论与实践得以重建的深层"命脉"[③]。例如，在"新基础教育"研究中，无论是对学生思维方式的"悟性"的强调，还是对教师教育智慧的寻求，抑或"新基础教育"自始至终所体现出来的整体性、综合性的思维品质，或者学校文化中中国元素的渗透等，都体现出独特的民族特征，都可以发现它是在全球化的浪潮中，在

---

① 张旭东：《全球化时代的文化认同》，北京大学出版社2006年版，第4页（代序）。

② 甘阳：《中西古今之争》，生活·读书·新知三联书店2006年版，第55页。

③ 对于传统文化本身来说，在当代中国社会转型时期也面临一个"重生"式的问题。就以在中国传统文化中占据主流的儒学而言，有学者根据现时需要针对"新儒学"而提出了"后新儒学"的概念，指出，"新儒学是在传统社会过渡到现代社会的一个发展过程里面，强调如何从传统开出现代，如何从传统开出民主，开出科学；而后新儒学其实是强调一个是在已经现代化了的社会里……儒学该做如何的一个转向。……新儒学的问题是一直在问：'如何从传统过渡到现代'；而后新儒学的问题是问：'如何在现代化的社会中，重新让儒家的经典的智慧释放出来，参与到整个现代人的生活之中，开启相互交谈，让它有一个新的生长可能。这大概是个关键点，这个关键点一打开，它的变化会是新的。……所以，后新儒学必须花很多功夫去厘清传统社会下的儒学是一个什么意义下的儒学，而在（现代）公民社会下的儒学是一个什么样的儒学"（参照林安梧《儒学革命：从新儒学到后新儒学》，《社会科学报》2008年5月29日，第6版）。在这一过程中，教育可能承担着重要使命。

世纪之交的此时此地此刻对本民族的精神传统的承接，让文化的血脉在教育者和受教育者、学校管理者和被管理者的身体和灵魂里延续、流淌。这样的民族性所散发出来的特质既有别于过去本土传统既有的，也不同于外来原有的面貌，但却又同时与二者有着某种历史延续性的脐带关系。

（三）在追求特殊性中实现普遍性

有学者曾指出："任何社会科学理论如果不能充分地将中国数千年的经验纳入考量，并能解释中国经验之所以然，则这种理论就欠缺普遍必然性，而终不免成为一偏之见。"[①] 已故人类学家张光直在1994年曾呐喊："为什么在20世纪的学术研究上，中国对人文社会科学作一般性贡献的潜力完全不能得到发挥？"[②] 这些认识对于我们具有警醒意义。近代陶行知、晏阳初等人的努力曾引起世界的关注，就是因为他们的研究既有中国的特色又能为其他国家借鉴。新中国成立后，中国的教育研究在推倒重来式的重建中并没有延续他们的道路，而是又重新踏上"搬运"的老路（尤其是20世纪80年代后），只是"搬运"的对象与内容发生变化而已。在这一过程中，顺着全球化的潮流，西方教育学术知识及其价值以"普适性"的面貌莅临中国，傲视中国大地，以"普遍"的名义几乎把中国"特殊"的东西"克服"殆尽。引人关注的是，一些中国教育学者还主动迎上前去而并不认为这是一种不平等的对话或是一种西方"特殊"对中国"特殊"所施行的"学术暴力"。当然，也有一些学者对此始终保持警惕，主张中国教育学术与世界教育学的接轨，在接轨过程中彰显中国教育研究的独特性与贡献。这种主张，当然是一种进步，因为中国教育学术研究已不可能拒绝世界，而只能在融入中凸显自己的存在与价值。但需要进一步澄清这种"学术接轨"的真正

---

① 黄俊杰：《应特别强调东亚经验的重要性》，载石之瑜《社会科学知识新论》，北京大学出版社2005年版，序言。
② 张光直：《中国人文社会科学该跻身世界主流》，《亚洲周刊》（香港）1994年7月10日。

意蕴：是中国教育学术的生产方式按照一种国际化的标准来生产呢？还是中外教育学者讨论和思考的问题处于同一层面上呢？是我们去说别人的话（甚至按别人说的话去做），还是要像别人那样带着明确的自我意识去思考自己的问题呢？

我们认为，中国教育学术走向世界，不在于请了多少世界其他国家的学者来中国或中国学者出去参加了多少次学术交流，其根本在于中国教育学者研究的教育问题在多大程度上和多大范围内变成西方学者讨论时不得不考虑的参照，在于中国人在教育实践及其研究领域的创造、独特是否为人关注、认可、借鉴。以目前水平来看，走到这一步尚任重道远，但当代中国教育学者正日益表现出这样的抱负，并在交互生成式合作教育研究中逐渐实现这些追求，注重"以本国教育发展需要和问题为研究的本源，通过各种不同手段获取原始性素材，或作原始性的研究，进而得出在国内或国际范围内富有独特性和创新性的理论"。[1]

三 促进教育实践变革品质的提升

我们知道，只要有一定工作经验的实践者一般对当下教育实践都会有自己的看法。他们或想去证明自己的某种想法，或想去改变某种现状（解决某种问题），还有人想概括提炼自己的教育思想。然而，"我有愿望，但不知道怎么办"或者"我开始了，却不知道接下来干什么"是他们面临的最大困境。即使面临这样的困境，还是有一批实践者在做着艰辛的探索，这对于改变现状具有一定意义。但在发展中也存在以下这些问题：其一，变革处于自发状态，主要是个别学校、个别人的个别行为，力量分散；其二，变革主题较为单一，主要集中于教育实践中的某个领域或某个点上，以问题解决为主，视野较为狭窄；其三，变革以实践者自己的实践经验为基础，

---

[1] 叶澜：《世纪初中国教育理论发展的断想》，《华东师范大学学报》（教科版）2001年第1期。

缺乏方向感，常常在摸索当中前进，难以做深、做强，等等。随着近年来理论者对中小学教育实践变革的介入越来越多、越来越深，上述现象有了一定的改变。

就交互生成式合作教育来说，由于理论者的持续深度介入，中小学教育实践变革发生了可喜的变化，品质明显提升，主要表现在：其一，理论者的"入场"，激活了校内的积极力量，并由此而对传统力量产生较大冲击，有效打破了校内面对变革时相对平静的局面，活跃了学校变革氛围，形成了新的研究文化，使个别变革行为成为群体行为，使"运动"式变革行为成为"日常行为"。经常组织的各种研究、研讨活动促进了资源共享，有利于不同学校、不同个体相互参照、学习，共同发展。其二，理论者的介入为实践者的变革提供了新的理论参照系，在新的"透镜"透视下有利于打开实践变革的思路、视野，不断提升实践变革的深度和境界。其三，在与理论者的合作中，实践者逐渐形成的研究意识与研究能力及不断提升的理论素养，使日常实践成为研究性的变革实践[①]，有利于实践变革的持续发展。其四，交互生成式合作教育研究中理论者与实践者对于中小学教育实践变革事先有周密的策划设计，以"学校"为变革的基本单位，注重学校各层次、各领域的整体变革，突破了"点"状现象，有利于学校的整体转型。

第四节　交互生成式合作教育研究中两类主体间的"交互生成"

交互生成式合作教育研究是当代中国教育学学者与中小学教育实践者共同努力形成的合作研究的新形态，在许多方面显示了自己的创造与独特，尤其是通过两类主体间的沟通与转化形成了教育学

[①] 叶澜：《"新基础教育"发展性研究报告集》，中国轻工业出版社2004年版，第30—32页。

意义上的独特教育研究方式，也使教育理论与实践的发展有可能开创新的境界。

一 理论者在教育之中研究教育

在教育之中研究教育是相对于在教育之外研究教育而言的。后者根源于西方源远流长的"旁观者"认识论传统，长期在教育研究中占据绝对主导地位。生活中，每个人都有接受教育的经历，成人还有作为教育者的体验。因此，"教育"在人们眼里并不陌生，人人皆可言之。于是，"教育研究"相较于其他"××研究"显得更为"容易"。是故，可以看到教育研究正趋"大众化"样态。这一方面固然表现大众对教育的关心，也体现了教育的重要性，但另一方面对真正意义上的教育研究而言却造成很大的消极影响：其一，混淆了教育研究主体，使专业教育学研究队伍日益边缘化；其二，忽视了教育本身蕴含的复杂性，目光停留于教育表层而未对教育之深层做深入探究，淡化了教育研究的专业品性，同时亦淡化了教育学的专业品性；其三，将教育研究的"依据"寄托于外，注重利用其他学科之视界和资源，使教育学的自主性与独立性受到损害。这造成一些误解：教育学作为次等学科没有自己独特的研究方式，开展教育学研究不需要这一学科的特殊学术训练，关键是要熟悉、借鉴其他学科的理论与方法。对此，一些教育学学者深以为然，并认为这就是自己的专业研究。相对于这些"常识"，交互生成式合作教育研究形成了不一样的见解。

其一，对教育学发展过程进行了反思。当代教育学的命运是维持现状、终结还是转型性重建？这种追问有利于确立当代教育学的发展方向。我们已逐渐认识到，"学术之'家'不是靠'寻'，而是需要基于自己的研究立场，经由对象的确认和深入对象的研究才能建成。一个学科的立足之本，是对本领域研究特殊性的整体把握，它不能靠哲学的演绎，也不能靠其他科学观念与方法的移植，更不是把所有相关的结果相加即可，而是要走进对象本身，发现真问题，寻找独特关系，把握演化过程的内在逻辑方可。在教育学研究中，就是要回到作为学科思想源头的人类独特'实践'的教育之中。到教育中认识教育，发现与非教育的不同，从教育丰富的具体发展中，去把握教育内在的'共有'和不同于其他领域的'独有'。……那就是'创建自己的家园'"。[①]这说明，当代教育学的发展命运在一定意义上取决于研究路径的转向，即教育理论者要进入到教育之中把握教育深层的内在逻辑、结构，以此确立教育学的独特与不可替代性。这是与站在教育之外"看（研究）"教育、等待其他学科的"援助"截然不同的新选择，是教育学自立、教育学学者学术尊严自立的必然选择。这种认识与近年来教育研究中兴起的"回归生活世界"、"教育实践转向"等在方向上具有相似性，但在发源上存在差异：后者基本上受启发于当代哲学的转型（现象学），而不是源于教育学自身转型的内在需求。而且，它们在"回归"的程度上也存在差异："回归生活世界"、"教育实践转向"等更多是"说"、是"走近"教育，"在教育之中研究教育"则是"做"、是"走进"教育。

其二，强调进入教育实践之中研究教育作为重建当代教育学的可能路径，并不是说不要其他学科资源，而是主张理论者在深度介入教育实践的过程中吸收、转化其他学科资源。这时，理论者不只是坐在书房里进行阅读与写作（这样的"转化"大多是移植、套用、搬运，而不太可能有真正的生成），而是带着其他学科资源在与实践者共同开展的研究性变革实践中确认其他学科资源对于教育实践（尤其是对于人的生命成长）和教育理论发展的意义，并在研究性变革实践中进行吸收、转化，进而生成新的认识与观点。以"新基础教育"研究中"学生发展"问题的认识突破为例，人们一般对于"学生发展"的认识往往是对发展心理学相关理论的套用，但

[①] 叶澜：《"生命·实践"教育学引论（下）——关于"以生命·实践"作为教育学当代重建基因式内核及其命脉的论述》，载叶澜《"生命·实践"教育学论丛：命脉》（第四辑），广西师范大学出版社2009年版，第13页。

"新基础教育"对此并不止步于发展心理学的研究，而是在深度介入实践过程中进行了基于教育学立场的转化，从而对"学生发展"形成了不同于发展心理学的新认识。"首先，就研究对象言，发展心理学研究的研究对象是个体，教育学的研究对象是学生发展过程中的交互作用，是教育的作用者与被教育者之间如何有效地交互作用来促进学生的发展。教育一定是过程的，研究作用的过程如何转换，把转换揭示出来，这才是教育学。教育学的研究重心是关注教育中的关系、转化，研究你所期望的价值如何才能实现，变成一种真实的发展。发展心理学止步于揭示个体的发展，而教育学更进一步。在教育教学改革中，发展心理学为改革提供很重要的支撑，它能够提供如何认识学生的成长需要，但是教育学必须要把它怎么转化的、作用是怎么产生的、什么条件下的作用问题、作用力是怎么产生的、对象的变化和作用因素之间的关系问题、转化和作用因素之间的关系等问题讲清楚。此外，教育学视野中的学生发展除了心理发展之外，还有更多其他方面的发展，比如社会发展，教育学视野中的学生发展是社会性与个性发展的有机统一；再比如通过教育教学传承和创造人类的新文化。其次，就研究目的而言，发展心理学更强调'是什么'的客观科学性，而教育学是研究各种因素'怎么'去促进学生的发展，不是研究发展心理本身，而是研究用什么力量作用于学生才能促进学生包括心理发展在内的多方面发展。最后是研究的价值取向，教育学有一个发展心理学不会去研究的方面，即'应然性'的研究，这是一种价值。"[①] 这是在教育之中进行的基于教育学立场的新型转化。

其三，强调理论者在教育实践之中研究教育并不反对其他学科学者基于各自学科立场对教育实践开展研究，而是强调教育学学者基于教育学学科立场研究教育实践的一种新的可能选择，试图形成

[①] 据叶澜与李晓文就教育学与发展心理学之间区别的对话记录（叶澜的发言）。

具有教育学特性的教育实践研究方式；它也不反对教育学学者开展各种形式的具有"旁观"性的教育实践研究，而是强调通过交互生成式合作教育研究形成的除了"旁观"之外的另一种可能选择。

具体而言，教育理论者在教育之中研究教育，不仅是表层意义上的"人"的进入，而且在方法论意义上形成了自己的独特性，是属于教育学的教育研究方式。

（一）"理论者价值"的介入

在人文社科研究中，价值介入是个老话题。在实证主义看来，从事研究时研究者要把事实陈述和价值判断划分开来，尽量保持价值中立。否则，其研究成果便不能客观地验证。不过这种取向一直遭到一部分人的反对。德国19世纪经济学上的两大派别——历史学派和自然学派对经济学本质所作的争论可以说开启了这方面的争论。其时争辩的主题，集中于是否可以用自然科学的模式研究经济现象等问题上。但后来在历史学派或新康德学派的阵容内，参与的社会学家和哲学家把讨论的重心转向能否建立具有价值或主观意义介入的客观社会科学的研究。他们认为在社会研究里，价值涉入是无可避免的，当研究者概念化其研究对象时，必然会加入自身的价值观念。对此，即使主张价值中立的马克斯·韦伯也认为事实是经由价值参照拣选出来的，"社会学研究惟有在参照研究者个人在做研究时所选择的价值时，方具有妥当性"，但"学者必须清楚指出，决定他的选择的是什么价值，以免他的读者被蒙蔽"。[①] 二战后这一问题的探讨进一步深化。维特根斯坦以语言哲学的观点来解释社会科学的本质，认为自然科学与社会科学绝不同类。温奇更大胆地指出社会研究不属于经济科学范畴。此后，由于批判理论和哲学诠释学的兴起，社会研究的价值涉入问题更引起重视，其主要论点是强调社会研究或任何对人的现象的理解，必然介入理解者的价值观。还有学

---

① ［德］弗洛因德：《韦伯的学术》，钱永祥等译，载《韦伯作品集·学术与政治》，广西师范大学出版社2004年版，第85页。

者以此为据，主张"强烈价值介入论"，即是说研究者要主动、有意识地介入自己的价值判断，才可以清晰地理解他所要研究的社会现象。[①]

至此，我们对主张人文社会研究"价值介入"的学术脉络进行了简单的梳理。从中可以发现，这些"价值介入"的出发点是以"我（理论者）的价值"来"理解"[②]和"研究"对象，具有单向性，"我的价值"是确定研究问题、筛选事实、作出判断的前提或基础。在我们讲的"深度介入"中的"我的价值介入"除了上述意思以外，更重要也根本不同的是作为理论者的"我"的价值通过与实践者的合作在教育实践中得以转化成为实践者的内在观念并外化为具体的教育实践行为，还要凝结成教育的具体形态（如孩子和教师的发展、学校文化、学校组织管理等）。因为有了这层转化的追求，而使过往"价值介入"从一种心理上的"移情"转变成理论者与实践者在价值上的双向相互影响和现实实践转化。

不过，也必须注意，理论者在教育之中研究教育的价值介入，并不等于说在任何情况下，理论者都不用留意和克制本身的价值判断对实践者的影响，更不是说理论者可以任意介入其价值。我们主张的是理论者如果不介入自己的价值就难以真正发挥理论之于实践的引领作用，也难以创造出新型教育实践形态，而且这种"价值"不是理论者的"个人喜好"，而是基于对受教育者、实践者及研究者自身的发展需要、时代精神及不同学校个性化变革的特征的深入解读。"介入"过程也不是推行理论者的"价值霸权"，而是基于实践者对这一价值的认同、体悟及主动践行，过程中实践者还会有自身价值的介入并对理论者的价值选择和判断产生影响，两类主体的价值往往在实践变革中融通并创造、转化为新型实践。

[①] 参见阮新邦《批判诠释论与社会研究》，上海人民出版社1998年版。另，还可参见阮新邦《迈向崭新的社会知识观》，北京大学出版社2005年版。

[②] 当然，在伽达默尔的哲学诠释学中还主张理解要参照被理解者的价值。

(二) 理论者对教育实践的"深度介入"①

"深度介入"是相对于"不介入"或各种蜻蜓点水式的"浅介入"、"似介入"、"假介入"而言的,突出介入的力度、频度和有效度。在"深度介入"中,教育理论者的定位不是"打捞者"、"纳凉者","打捞完"或"纳完凉"转身就走,与人类学、社会学式的田野研究有根本区别。

人类学研究要求研究者经历"离我远去"②的痛苦历程到遥远的"异乡",与"土著"生活一年或一年以上的时间在与其亲密接触中"找事",然后回到家乡"写事"。这一过程中,人类学家要努力成为暂时内在于其中的"外来人"。但是"人类学家与他们的被研究者之间,'无所谓远近',他们即使暂时会像他们的被研究者那样,对被研究的当地社会有切身的关怀,这个'关怀'也是暂时的、虚假的,人类学家关怀的还是他们自己的社会。完成调查任务后,人类学家要离开他所研究的那个地方,将自己在当地的生活体会提升为知识"。③"暂时"、"虚假"的关怀注定人类学家的投入不可能是发自内心的,有时还会在内心深处排斥和抱怨。这一点,即使像马林诺夫斯基这样的人类学大师亦不例外,他在自己的日记里"用很多粗野的事情来描绘他终日生活于斯的原始部落,而且用很多粗

---

① 有学者提出"非介入性"教育研究(unobtrusive research),这是一种在不影响研究对象的情况下对教育资料进行分析的方法,它可以是定性的,也可以是定量的。主要有三种:内容分析、话语分析和符号分析。具体而言,内容分析是对各种媒介所承担的文本信息进行系统分析,发现和预测社会变化趋势的一种研究方法;话语分析是对使用中的语言进行的分析,旨在揭示人类如何理解彼此的话语;符号分析则是针对符号性资料进行分析,并从中发现意义的研究方法。这三种分析方法都可以使研究者无需身处实地来研究教育生活,并且不会在研究过程中影响到研究对象(参见王攀峰《教育中的非介入性研究:理论与方法》,《教育科学》2008年第4期)。"深度介入"式教育研究主要针对教育活动研究而言,"非介入式教育研究"则针对教育观念研究与教育研究之研究,两者并不矛盾。

② 这里的"我"不仅指自己熟悉的生活环境,还包括内化于己的文化、价值、理论取向等。

③ 王铭铭:《经验与心态》,广西师范大学出版社2007年版,第144页。

野鄙视的文字去刻画他们。他花费了很多时间抱怨、由衷地希望他会生活在别的地方"。① 因此，"人类学虽然以人、社会和文化为研究对象，以剖析文化的发展为己任，但人类学者长期以来一直满足于对各种社会文化现象进行超脱性的客观描写，而避免主观是非判断和介入实际问题，提出变革建议。更有甚者，他们千方百计地企图使他们所研究的传统社会维持现状，成为标本和'活化石'，使一门与社会文化现实息息相关的科学成为空谈"。② 这种研究对于田野族群是没有回馈的，它的形象表达是，"我"来了，然后"我"又走了，挥一挥手不"留下"一丝"云彩"。

在受实证主义影响很深的社会学中近年来也兴起"过程—事件分析"。这种研究"力图将所要研究的对象由静态的结构转向由若干事件所构成的动态过程"③，希望通过这种分析方法更好地凸显社会事实的动态性、流动性，从而构建"实践社会学"。这里的"实践社会学""强调的不是社会学这门学科本身的实践性，不是社会学知识在实际社会生活中的可应用性。面对实践的社会学所强调的是，要面对实践形态的社会现象，要将一种实践状态的社会现象作为社会学的研究对象"④。"实践社会学在面对实践状态的社会现象的时候，要找到的，就是实践中的逻辑。然后通过对这种实践逻辑的解读，来对我们感兴趣的问题进行解释。"⑤ 为了开展这种研究，实践社会学主张理论者要置身实践现场，探究在实践场域中发生作用的"隐秘机制"⑥。由此我们看到了另一种对于实践的"深入"，它与人

---

① [美]克利福德·吉尔兹：《地方性知识：阐释人类学论文集Ⅰ》，王海龙、张家瑄译，中央编译出版社2004年版，第71页。

② 同上书，第30页。

③ 孙立平：《"过程—事件分析"与对当代中国农村社会生活的洞察》，载王汉生、杨善华《农村基层政权运行与村民自治》，中国社会科学出版社2001年版，第9页。

④ 孙立平：《现代化与社会转型》，北京大学出版社2005年版，第422页。

⑤ 同上书，第426—427页。

⑥ 同上书，第427页。

类学介入的不同之处在于它不是对"异乡"的深度观察和描述，而是对"己"文化和社会的研究，寻求的也不是社会整体状态的表达，而是探究社会实践某一方面的运行逻辑，是对动态的实践状态的探究。而其相同之处则是，研究者都置身于研究对象之外，"观看"实践，本身并不干预社会实践的运行，深入其中只是为了更好地把握和认识，只"置身"却不"介入"。

当然，还有许多社会实务工作者会以自己的专业知识介入社会工作，但需要注意的是这种介入是坚持"价值抽离"、"案主自决"和"隐私保密"的基本原则的，有如心理咨询师与心理患者间的关系。有时候，这些社会实务工作者甚至会标榜"以人为本"、"尊重他人"，但这主要还是为了让工作对象加深对自己的信任，说出其内心感受，以便找到问题症结加以解决。在根本上，它还是从技术理性的技巧层次出发，仍然是强调专家式的单向理解模式。

我们讲的"深度介入"要求教育理论者不仅仅是"人"在教育实践现场，而且是"心"在；也不仅仅是"观看"，而且是真实的介入。在此过程中，理论者用心观察、感受、体验、解读实践领域中的人与事——现状、问题、亮点、发展可能性，以把握教育实践内在的逻辑、结构和运行过程，并将这些与实践者进行直接的、充分的、面对面的交流与沟通，在此基础上双方共同确定发展和研究方案，还共同实施、评估、重建方案。这样的过程是两类主体在教育之中共同研究教育实际问题、创造出新型教育实践的过程，是理论者的理论向实践者的实践的转化过程，也是理论者寻找理论新的发展点的过程。理论者所提倡的也是理论者所力行的，也是基于实践变革和实践者发展需要的，最终这些所提倡的、所力行的成为"我们"（理论者与实践者）所共同追求的。这样，教育学理论者置身教育实践现场时，就不是作为旁观者而存在，而是将自己置入实践之中，如同植物一样深深扎根于实践的泥土，熟悉学校教育实践的"泥土"生活，与学校里的人与事一起成长。这打破了人们习以为常的"参与（进入）而不介入"的研究传统，也突破了马克斯·韦伯所强调的理论者仅限于对实践者"提醒"和"警告"的研究界限①，还突破了客观主义的认知方式。"在客观主义者看来，在知者和已知事物之间任何要求主观介入的求知方式都是简单的、不可信的，甚至是危险的"②，宣称只有保持距离才能真正地、很好地认识世界中的事物，人的生命投入则是需要坚决杜绝的。

当然，"深度介入"不是理论者对实践者的替代。在此过程中，理论者至少要注意三个方面：

首先，理论者关注实践的态度。教育实践是以促进人的生命成长为直接目标的特殊实践活动，教育学是研究教育如何促进人的生命成长的特殊的学问。对生命成长的关注是教育理论者与实践者共同的价值追求。因此，在交互生成式合作教育研究中，理论者在深度介入实践时需要打破对学校中的人的生命的隔离，主动将自己的生命与学校中的人（教师、学生）的生命、将自己的成长与学校中的人的成长建立起内在关联。在一定意义上，这是在教育之中研究教育的理论者的一种基本态度。就像有人所说的："教育学的研究者不仅是关注和研究生命成长的人，更是迷恋和热爱生命成长的人。这样的热爱不是旁观式的爱，不是纸面上的喧哗和躁动，而是一种置身式的爱。如果教育学有智慧，那么，它的智慧是一种'介入的方式爱生命的智慧'，这是教育学的'人文关怀'的最高境界。"③

其次，坚持与体现实践者的立场。教育理论与理论者真正在实践中发挥作用，就必须进入实践者的内心世界，进入他们的日常生活。这要求理论者非得从实践者的立场出发，将理论转化为实践者

---

① 在马克斯·韦伯看来，在行动的领域里，学术并不是完全无用，事实上学者可以提醒一个将要行动的人，他的计划是否周全，以他所拥有的资源是否可以使该计划成功，或警告他可能会有的种种后果。不过，如果学者不想糟蹋学术，他就只能止于此。作为学者应拒绝过问他的学科力所不逮的问题，即只应停留于"提醒"和"警告"。

② [美] 帕克·帕尔默：《教学勇气：漫步教师心灵》，华东师范大学出版社2007年版，第53页。

③ 李政涛：《教育学的智慧》，安徽教育出版社2008年版，第16页。

精神世界的有机组成并决然化为行动。因此，在教育之中研究教育的"深度介入"要基于对具体实践者及其实践生活的前在状态、潜在状态的深入了解与理解，不是"乱介入"或不切实际的介入，而是要对实践者和实践变革的发展具有实际意义。这需要理论者有良好的实践和教师解读能力，他要读出影响和制约其发展的各种问题、困难和障碍，并以此作为帮助其制定自我策划的依据。这也可以说是艺术方法在教育研究中的运用，即"在研究微观层次的教育活动时，研究者把对象的具体行为与态度、具体的情景状态当作艺术作品那样去感受、体验，运用自己的成长经验和在生活中形成的直觉智慧，作出即时的判断和理解"[①]。事实上，教师对理论或理论者的拒斥并不必然针对理论本身，而是在一定程度上源自对理论者的行为与态度。"学校工作者只有在感受到学生、班级、成绩、学校，包括自己在内都有发展和进步时，感受到研究人员与他们是'一条心'时，才会出现真诚和有效的合作。"[②] 在这一过程中，理论者基于实践者不同时期发展的发展需要，而形成不同的角色。就像李家成所指出的那样："在中小学教师遇到暂时难以改变的困难时，我们是倾听着的朋友、相互诉苦与相互安慰的朋友；在中小学教师跃跃欲试、努力变革的时候，我们是精神的支持者与具体的智力支持者；在中小学教师在实践中有所体悟、有所发展时，我们是欣赏者、鼓励者、理论力量的介入者；在中小学教师实践改革进入高原期时，我们是共同的研究者、研讨者、参谋者；当我们共同实现工作的发展与自我的发展时，我们与中小学教师一起，是欢庆者、享受者。"[③]

最后，在"深"的同时，又是有度的。介入过程中，理论者需

[①] 叶澜：《教育研究方法论初探》，上海教育出版社1999年版，第330页。

[②] 叶澜：《我与"新基础教育"——思想笔记式的十年研究回望》，载丁钢《中国教育研究与评论》（第7辑），教育科学出版社2003年版，第13页。

[③] 李家成：《存在生命成长的研究共同体之中——与"新基础教育"实验学校校长与教师的交往体悟》，载叶澜《"生命·实践"教育学论丛：立场》（第二辑），广西师范大学出版社2008年版，第182页。

要自识与自持，坚守介入的边界，不能包办代替。事实上，"深度介入"不是"永久介入"，总有一天要靠实践者自己去研究、创造，真正有生命力的"介入"是要培育实践者研究实践的自主性和自觉性，实现从"有形介入"向"无形介入"的转化。否则，就会人走茶凉，难以产生真正的变革效果（这在下文将会进一步论述）。

二 实践者的转化与创造

在交互生成式合作教育研究中，理论者"深度介入"实践时，需要与实践者开展合作。在这一过程中，实践者不仅要打破对理论及理论者的偏见，而且要学会在与理论者的合作中进行主动的转化与创造。

（一）转化与创造的内涵

其一，实践者的转化有两个不同的层次——个体层面的转化和教育实践整体层面的转化。对于实践者个体来说，他在与理论者的合作、沟通与交流中，不断地从理论及理论者中吸取促进自身发展的营养，并使自我不断更新。这种更新主要表现在两个方面：第一，逐步促进自身生存方式、行为方式的变化。我们知道，传统学校教育生活中机械的一面足以让普通教育实践者对职业感到倦怠，这种消极情绪的持续漫延不仅会影响教师的生活质量，还可能对学生发展产生负面影响。在一定意义上，交互生成式合作教育研究中理论者对教育实践的深度介入，一方面可以打破学校教育生活相对保守、惰性的平静，使实践者有新的尝试与发展机会（当然也有动力式的压力），更主要的是理论者在实践研究中体现出来的研究方式、生存方式会对实践者产生辐射性的影响。例如，实践者慢慢会以理论者在研究中的言、行作为参照，从其身上学习到持续性的自我反思、自我认知，会尝试像理论者那样逐渐形成对自身实践的研究意识与自觉，在自我反思、自我认知、研究的基础上还会去不断地开展学习、策划、实施、评估、重建。这样，实践者渐渐就转化成为一个自主、自觉的反思者、研究者、学习者、创造者。马克思曾说过：

"能给人尊严的只有这样的职业。在从事这种职业时，我们不是作为奴隶般的工具，而是在自己的领域内独立地进行创造。"①人怎样生活，就会成为怎样的人。当教师能不断地感受到自身的成长、工作中的创造时，尤其是在付出及经历一定的痛苦抉择、践行后，他就能在心底里体验到自己职业的尊严和内在的幸福。这样的生活就不是传统的按部就班式的"操作"过程或行为的简单模仿，而是形成了持续发展的新的生存与行为方式。第二，外在理论在实践者个体层面实现向内在理论（观念）、外在行为的持续转化。"个体层面内在理论与实践的关系，是作为外部存在的理论与实践两大领域之间沟通、转化的必不可少的中介。教育改革的理论不进入到教师个体层面的内在理论重建与实践行为的更新，就不可能产生真实、持久的效应。"②教师转型式的发展，只有在触及他自身内在隐性的观念体系，只有在新的观念体系能转化成他新的行为方式时，才可能真实发生。这一转化一方面与实践者生存方式转化密切联系在一起，二者相互促进；更主要的是，通过这一层面的转化可以使与个体实践者相遇的学生的发展受到与传统教育不一样的影响，从而使学生的学校生活发生改变。

教育实践整体层面的转化是指教育理论在理论者的深度介入下，逐渐在学校教育实践整体层面产生效益，化入到学校物质环境、学校日常管理、学校各项制度、学校日常生活、具体的教育教学实践活动等当中去，使教育实践整体形态、内在基质、日常生活等呈现出新形态。这种转化一方面以实践者个体层面的转化为基础，同时亦对其产生反作用，更形成学校自己的特色并化入到学生的成长当中去。

其二，实践者的创造本身是实践者的转化的一部分，因为转化

---

① 《马克思恩格斯全集》第40卷，人民出版社1982年版，第6页。
② 叶澜：《我与"新基础教育"——思想笔记式的十年研究回望》，载丁钢《中国教育：研究与评论》（第7辑），教育科学出版社2005年版，第44页。

意味着形成与过去不一样的新质。但与此同时，创造又不囿于转化，而是在转化基础上形成新的亮点、尝试。实践者从来不仅仅是对理论和理论者的索取者，与此同时他也是理论和理论者的回馈者。他们的许多经验与理论者所难以预料的新的创造是理论和理论者发展的重要资源。以我参加"新基础教育"研究的亲身经历，我知道每一所基地学校在数年的发展过程中都有自己许多的实践层面的创造，而且这些创造的持续积累一方面丰富成为自己学校的特色（校际之间也会相互借鉴及在借鉴基础上进一步创新）；另一方面为"新基础教育"理论形成新的教育变革理论，为触发理论者研究的新灵感提供了实践层面的有力支持，如"新基础教育"的教师发展理论、学科教学理论、学校管理理论、学生发展理论等正是在这些学校持续的创造性变革实践中不断更新。①

（二）转化与创造的实现

实践者的上述转化与创造，既是理论持续渗透、理论者深度介入的结果，也是其自身努力的结果，而且两者又是相互影响的。

其一，理论适度先行。在常见的合作教育研究中，有些虽然强调了理论学习的重要性，但并没有将其与实践（者）的生活密切联系起来，使得理论学习浮于表层难以真正渗透转化至行动中。如在教育实验研究中往往由理论者直接向实践者提供操作模式，实践者拿来就用，只需执行无须深入思考。教育行动研究强调的是实践者通过反思自己的行为及其行为过程中的感受与结果，来逐渐改变教学行为。至于研究什么和如何研究，以教师自行决定为好，理论者

---

① 这种更新我们可以通过阅读叶澜的《我与"新基础教育"——思想笔记式的十年研究回望》（载丁钢《中国教育：研究与评论》（第 7 辑），教育科学出版社 2004 年版）感受到。还可参见李晓文老师所作《潜能发展观——形成于"新基础教育"改革实践的渐悟渐构》一文（载叶澜《"生命·实践"教育学：基因》（第三辑），广西师范大学出版社 2009 年版，第 163—183 页），文章详细阐述了作为发展心理学专业博士生导师的她在长达 15 年的"新基础教育"研究中如何通过与实践者互动，通过发现与体悟实践者在学生发展方面的创造，来形成自己全新学生发展观的全过程。

是在不触及教师自主性的前提下提供咨询建议式的帮助。而教育叙事研究则要求理论者"悬置"自身的理论前设，以保持对教育事实的客观描述，坚持理论的不介入立场。很明显，这些理论态度难以应对充满复杂性、不确定性、不稳定性的当代教育改革。事实上，"变革越深入到教育的根本问题，越不拘泥于方法层面，就越需要理论"①。当年赫尔巴特强调教育理论可以改进"教育者的头脑"，②他说，"我曾要求教育者懂得科学，具有思考。我不把科学视为一副眼镜，而把它看作一双眼睛，而且是一双人们可以用来观察各种事情的最好的眼睛"③。确实，教育作为以促进人的身心发展为直接目标的社会实践活动，内蕴着一系列转化，每次转化都是复杂的整合和具体化的过程。对这些具有动态生成、不确定性的过程的把握和理解非具有一定理论根基才能胜任，才能更好地完成教育教学工作。当然，不懂教育理论凭教育经验④也可以从事教育活动，但除极少数极具天分的教师外，大部分人会将教育活动变成一种机械的操作，结果使学生主动的、健康的发展受到伤害，而教师自身也感觉不到教育职业特有的"韵味"。更何况，当代教育变革五光十色、纷至沓来，如果没有一种理论的眼光去对改革本身进行透视、解剖，难免就会惊慌失措，沦为变革和新模式的盲目追随者。因此，教育研究中观念形态的变化，对推动教育实践的发展将越来越具有重要的价值，理论先行对于实践构建将越来越具有重要意义。

确切地说，教育理论对教育实践者具有确定方向、产生内动力的功能，帮助形成认识教育活动的参照系和行动原则，有助于认识

---

① 叶澜：《我与"新基础教育"——思想笔记式的十年研究回望》，载丁钢《中国教育：研究与评论》（第7辑），教育科学出版社2004年版，第12页。

② ［德］赫尔巴特：《赫尔巴特文集·教育学卷二》，李其龙等译，浙江教育出版社2002年版，第198页。

③ ［德］赫尔巴特：《赫尔巴特文集·教育学卷一》，李其龙译，浙江教育出版社2002年版，第11页。

④ 其实教育经验也是一种内在理论。

教育实践的思想方法与研究方法的丰富、改变和提升，有助于教育和研究活动的设计与策划，提供了对科研和教育活动反思与重建的支撑，等等。[①] 对此，或者可以借用美国学者帕克·帕尔默（Parker J. Palmer）的比喻："我们观察世界的每一件事物都依赖于我们观察世界所通过的透镜。如果选用了新的透镜，我们就会看到先前看不到的东西。"[②] "看到先前看不到的东西"是创造出"先前不可能的东西"的基础，在实践变革中理论就是这一"透镜"，它为实践者认识自我及其实践提供了参照系，标示了未来发展的方向。当实践者在理论指引下创造出"先前未有的东西"的时候，对于理论者也会提供新的"透镜"，促使理论也去"看到先前看不到的东西"，这也会促使新理论的产生。"理论—实践变革—新实践—新理论……"，如此循环不已。更何况，在合作教育研究中需要理论者与实践者进行平等的对话。要实现这种平等的对话，一方面需要理论者深入实践熟悉实践者的生活、问题与需要，懂得实践者的表达特征；另一方面，实践者也需要懂得相应的理论话语体系，形成与理论者对话的可能空间。在对话中，每一个参与者在成为言说者的同时，也需要能够成为接受者。如果实践者不理解、领悟理论者的理论主张，双方就难以达成目标与观念上的一致性，就会使对话沦为理论者的空洞"宣讲"。如是，理论者将始终是实践变革的立法者、解释者，而实践者始终难以摆脱接受者、执行者的地位，进而不可能真正建立平等的合作关系。

在这里，我们可以看到所谓"理论适度先行"，其实是指在交互生成式合作教育研究中，教育理论对教育实践变革发挥引领作用，理论者与实践者在一定理论指引下不断寻求、实现实践的"最近发展空间"，并在二者持续互动中实现理论自身的创生。但我们也应注

[①] 叶澜：《谈谈校本研究中教育理论与实践的关系》，据 2007 年 12 月 20 日在上海市静安区教育学院上海市教育科研骨干培训班上的讲话记录。

[②] ［美］帕克·帕尔默：《教学勇气——漫步教师心灵》，吴国珍、余巍等译，华东师范大学出版社 2005 年版，第 27 页。

意到，不是随便什么样的理论都能对实践及其变革发挥引领作用。我们认为，"理论适度先行"中的"理论"不是观念构造出的乌托邦，也不是其他学科理论（如哲学、心理学等）在教育中的直接演绎推理，而是基于教育学立场在真实教育变革实践中发展起来的理论，具有坚定的实践根基，是对真实实践生活解读以后的"具体综合"式的系统表达；它不是虚无缥缈的，而是基于社会与学校教育实践及其实践者现状的提升，虽高于教育实践现有水平，但并不脱离实践发展的可能性，是完全可以实现的。具体来说，这种理论努力追求对传统教育理论进行深入透视与反思，对中国教育传统、中国文化进行深入沟通，对当代中国教育实践现状、实践者生存状态、学生生存状态进行深入了解，对世界教育变革潮流进行深入把握，对当代教育变革进行整体、综合式的考量，对当代时代精神获得深刻体验，对教育本质进行深入理解，等等。这与一些学校日常学习之"理论"缺乏专门性、系统性（有可能根据一时兴趣，有可能根据一时之热点）存在差异性。

之所以强调"适度"，是因为理论自身始终处于发展的路途之中，它本身的不完美性需要在与实践（者）的沟通中有待进一步完善；也因为理论者与实践者、理论逻辑与实践逻辑毕竟存在一定的差异性，实践者接受、认可、理解理论（者）有一个复杂的过程，在这一过程中，理论（者）不能不顾及实践及实践者的具体现状及需求而以"霸权"姿态凌驾其上。

我们注意到，许多学校平时其实并不缺乏各种各样的"理论学习"，但往往并没有真正使实践者理解理论的意义。他们虽然有时会顺从理论或政策化的理论，但在执行时却常常做出不同于理论者或政策制定者预定的行为。破解这一困境的关键是要关注实践者"思"与"行"的内在相关性。为此，在交互生成式合作教育研究中，理论者经常深入学校教育实践一线，一方面与实践者一起学习、交流、强化理论，以自己的真诚与投入打动实践者；更主要是要在与实践者的交流沟通中、和实践者一起看到各自暴露出的问题中，相互敞开彼此内在观念的缺陷，一起在一定理论指导下生成新的可能性，从而产生一种新与旧的冲突与触动。如果实践者在实践中体会到新的发展可能性的实现带来的效果时（如学生的成长变化、课堂教学的变化等），体会到有理论指导的实践与无理论指导的实践不一样的特质时，感受到理论对自己成长产生的影响时，就会服膺理论，进而内化理论，自觉以理论为参照来改进自己的外在行为。

以"新基础教育"研究为例，起初是因为理论者们的投入打动了实践者，"在刚开始的时候，其实我对实验的态度，还是你叫我怎么做，我就怎么做，思想上还没有这个观念。这样大约过了两年时间，我就从这些年老的教师（指大学教育理论者）的人格力量中受到了影响，我觉得我这样很惭愧。他们年纪那么大，还执着于自己的教育事业，对我们年轻人来说，更应该对自己的教育事业有所发展。不能把这当做一个工作来做，要当做一个事业来做。有了这个观念之后，以后从思想上、行为上，都有所改变了。包括自己的投入度，也提高了。这是一方面。还有一方面，从他们身上还体现出我们平时说的'活到老，学到老'。一个教授已经有深厚的理论，他还在学习，我们就更要学习"。[①] 但后来，"新基础教育"理论的力量却是在每一次的"捉虫"中体现的：理论者的评课不只满足于实践者教育教学行为问题的呈现，而且要指向问题背后的思想观念的剖析（捉虫），并提出改进、重建教育教学行为的具体建议，使实践者结合自己的实践对新理论指导下具体教育教学行为的形态有所启发，对理论与实践在教育教学行为中的内在关系有所体悟（"喔"效应）。

此外，"新基础教育"的研究实践表明，"理论适度先行"在学校层面也是完全可以做到的。以一所实验学校为例，该校在从事"新基础教育"研究的初始阶段，理论学习难以推动。这时校长就以

[①]《新基础教育实验学校教师访谈》（记录人：王建军），转引自叶澜《"新基础教育"发展性研究报告集》，中国轻工业出版社2004年版，第251页。

身作则紧紧抓住理论学习,"我校长带头了,我才有发言权","校长在搞这个科研,懂这个事情,校长可以上课,校长会谈,有自己的思想,老师们就会信你服你,他们也知道你看一堂课能看出什么东西来,所以他也要说好课、上好课。假如校长关起门来只会叫人家做的话,老师不睬你的,首先校长应该是教育改革的带头羊。我和老师们一起做,一起研究,这一点使他们信服我",并且要"努力营造一种团结互助、自强不息、坚韧不拔、赶超一流、勇于竞争的学习氛围,使老师们感到不学就要落后,学习是走向成功的关键,从而将学习变成每一位教师的内需与自觉行动,而不再是一种外在压力。我们采取了'宣传导学、专家辅学、群体互学、个人悟学'的学习方式,特别是以'个体悟学'为基础,广泛开展多种有效的学习活动,使教师结合实践去品悟、反思、发现,寻找新的发展,在实践的不断深入中提升悟性,通过悟性的提升又促进实践的不断深入。此外,我们还开展台上台下互动的各种交流研讨会……在这种充满学习气息的环境里,教师们不知不觉地变化着、成长着……显示出令教师本人体验到无穷快乐的效果","通过这样的学习,一年下来,我们老师的功底增强了。我记得每年都有一次总结汇报,每一个人谈自己这个学期的小结。以前的小结,老师会写我做了哪些事情啊,事务的一些罗列。现在老师们开始谈得有深度,要结合着理论谈。这样,我觉得教师成长很快,理论素养明显不一样"。[①]在从事"新基础教育"研究这些基地学校中,几乎每所学校都有自己与众不同的促进教师理论学习的针对性措施,但共同点则都是有以校长为首的领导层的积极、持续介入及相应的制度支持。

其二,在研究性变革实践中实现理论的全程、持续、深入渗透。表面看来,交互生成型合作教育研究在强调实践者对日常教育教学活动的反思,要求教师研究教育实践等方面与教育行动研究有相似

---

① 朱乃楣:《转型——洵阳路小学自主变革的实践研究》,中国时代出版社2005年版,第29页。

之处，但在理论与实践内在关系的深层意义上却并不相同，"它更强调行动前的探究指向和行动设计中的理论渗透，强调实践者的实践本身须内含着自觉的变革，以及教师反思参照系因新理念的介入而更新，因参照系的更新而带来反思的新质量和重建的可能"①。交互生成型合作教育研究在进入教育实践现场与实践者开展沟通方面与教育叙事研究似乎有相同之处，但它不是为了"讲述故事"而搜集材料，而是为了在理论参照下解读实践及实践者的现状、问题、亮点及寻求可能的发展空间，更重要的是通过理论者与实践者的互动改变学校教育实践的现有状态，形成新的实践形态和理论形态，并将这种改变过程指向"人"的根本转变。

交互生成型合作教育研究对于实践者的意义，在于通过这种合作使实践者能自觉地开展一种全新的"研究性变革实践"，并努力在这种新型实践中实现不同层次、不同方面的转化与创造。具体地说，"研究性变革实践"具有以下特质：

第一，它是内含变革理论的实践。每一个实践者都要努力学习相关理论，理解与领悟这些理论与传统的、已经成为自己头脑中的个人理论的差异与冲突，从而产生改变自己头脑中的观念与行为的需求、愿望与行动，逐渐使自己成为自觉的、有理念作为指导的、自主的变革实践者。

第二，它是在理论指导下的超越经验的、具有更新指向的实践。强调行动之前与行动之后理论作为参照系在实践者身上（内在观念、外在行为）的渗透与转化，强调实践本身内含着自觉的变革。

第三，它是创生式实践，指向实践中变革成败的原因及要求在此基础上进行重建。在反复的"践行—反思—重建"循环中促成实践者在实践中达成新的观念与行为的内在统一，全面养成新的实践能力、素养和习惯。

---

① 叶澜：《"新基础教育"论——关于当代中国学校变革的探究与认识》，教育科学出版社2006年版，第368页。

第四，它是将研究的态度、意向和内容贯穿到实践全过程和多方面的实践。①

第五，它指向实践者日常的教育教学生活，而不是仅仅指向某一类点缀式的、耀眼的活动，追求的是潜移默化之"化"式效应，而不是轰轰烈烈的"闹"式效应。

在这样的创生型实践中，理论是内含于实践过程之中的，是新型实践形态的理论根基；同时，理论又从这种创生型实践中获得进一步发展的资源和动力。二者相辅相成，在螺旋式的纠缠中前进。在研究性变革实践中，理论不是总结、报告、论文中说的新名词，而是帮助实践者更新"头脑"的参照系，并在此参照系下有意识地去研究、反思自己的教育行为、明确价值取向和正确理解教师职业和教育事业，"悟"出过去的问题在哪、现在追求什么、未来发展空间在哪及如何实现这一切。

过程中，实践者不仅要对理论"动心"，更要"动脑"和"动手"。因为，"任何年龄阶段的人在他们过去未曾遇到过的困难情况下如何行事，在很大程度上取决于他们有没有解决类似情况的经验。新的问题这样那样地和人的过去经验相吻合，这一经验越是个人亲身经历过的，它的影响就越大。个人亲自参与过的情境在心理上要比他从旁观察过的、特别是仅仅听说过或读到过的情境更为重要"②。可见，只有通过"践行"，外在理论才有可能真正转化为影响实践者外在教育行为的内在理论（经验），由名词变为动词"活"在人的心中和日常教育实践当中。

其间，实践者对理论的"体悟"与"践行"十分重要，只有这样才可能将理论内化为内在观念，成为新的认识教育活动的参照系和行动原则，实现理论知识向实践智慧的转化与提升。当实践者真

---

① 叶澜：《"新基础教育"发展性研究报告集》，中国轻工业出版社 2004 年版，第 29—31 页。

② ［俄罗斯］伊·谢·科恩：《自我论》，佟景韩等译，生活·读书·新知三联书店 1986 年版，第 455 页。

正学习、转化理论到实践中去时，对实践的变革就会有方向感而不至于茫然，尤其是对日常实践的眼光和态度会发生质的变化：打破过去习以为常的状态，而以一种研究的眼光审视、研究自身的教育教学实践活动，然后能尝试有所改变，认识到自己工作的创造性、对学生发展的积极性及自身实践和学生发展的多种可能性。

通过理论在实践领域的持续渗透，就会达到两者相互转化的境界：理论成为整个实践变革的"魂"，日常学校教育存在的各个方面及其整体是"体"，"体"全息性地体现"魂"，即"魂·体"统一、转化。实践者可在"魂"的统摄下，创造性地形成个性化的特色，"体"虽不同，"魂"却一致。同时"体"的创新又可以为理论生成作出贡献。这样理论与实践的重建就是"魂"与"体"相互全息性的表达。

三 在合作中培育双方开展研究的自主性与自觉性

中国人做事一向强调主体自身的力量，正如孔子所说，"为仁由己，而由乎人乎？""我欲仁，斯仁至矣！"这种传统既突出人在事中的自主性，也突出人在事中的觉悟性，两者不可偏废。从事教育和教育研究何尝不是如此。然而，在合作教育研究的长期发展过程中，实践者难以摆脱被动的处境，似乎相对于理论者实践者是"低级"的。这固然有理论及理论者居高临下的"霸权"有关，但更深层的原因是实践者缺乏对变革进行思考和研究的自主性与自觉性。这主要表现在无心变革，留恋、习惯于现状，或认为改革与己无关，事不关己高高挂起。当迫于压力（可能是上级要求或他人的影响等）而不得不变时，就要么得过且过，要么声称条件不具备等。说到底，就是不愿面对、思考、解决自身实践中的问题，延续旧路甚至封闭自我。这是变革过程中经常见到的"舒适地带"问题：即每个人都会有自己的"舒适地带"，轻易不会打破。变革往往直指这些"舒适地带"，面临"威胁"时一些实践者就会直接或间接地抗拒变革。对他们而言，当变革是由外人提出的，针对自己的，有了这样的抵抗情绪之后不太容易感受到变革的快乐。对此，富兰曾以玩笑口吻说：“在教育改革中，你大可不必担心自己的好思想会被别人掠取，因为即使你诚恳地鼓励人们向你学习，他们也会讨厌花时间去这样做。”① 因此，我们总是看到，"改革者总是少数。最初只有一、两个或很少的几个人将新思想付诸实践，而不管这些新思想是技术上的新观念，组织上的新形式，新的商品，或其他什么新东西。这些新思想可能迅速被其他人接受，但更可能的是，人们带着怀疑和不信任接纳它们，所以新思想开始时传播甚慢。一段时间之后，新思想看来还管用，这时才有愈来愈多的人接受它们"②。然而，在实际变革过程中，新思想并不会自然性的"管用"，更多是变革主体自主性和自觉性不断得到激发并不断影响他人的过程。任何变革除非深入到"人"的变化而且是"人"主动变化这一层次，否则很难取得实效，也很难打开局面真正产生规模效应。事实上，"教育实践者不像生产线上的工人，只要能读懂图纸、掌握操作工序和技能就能完成生产任务，再具体的教育理论也不能代替实践者自己对进行中的教育活动的主动判断和策略选择"③。从根本上说，"教育变革要改变的是教育实践及其实践者，这需要实践者用研究的方式去改变自己的实践和自我，这是任何其他人不能替代的过程。实践者要同时成为研究自身实践变革的研究者，变革才能完成"④。因此，交互生成型合作教育研究注重激发、形成实践者变革的自主性与自觉性就是应有之义。否则，不可能"深度介入"并实现"交互生成"。

在这一过程中，理论者自己首先要自主和自觉，认真、诚心投

---

① ［加］迈克尔·富兰：《变革的力量》（续集），教育科学出版社2004年版，第78页。

② W. A. Lewis, The Theory of Economic Growth (London, 1955), 转引自［英］弗里德里希·A. 哈耶克《自由宪章》，杨玉生等译，中国社会科学出版社1998年版，第52页。

③ 叶澜：《教育研究方法论初探》，上海教育出版社1999年版，第335页。

④ 叶澜：《"新基础教育"论——关于当代中国学校变革的探究与认识》，教育科学出版社2006年版，第369页。

入，在"深度介入"的过程中注意培育实践者从事研究、践行变革的自主性和自觉性。当然，理论者不能"时时处处以理论人的逻辑来看待和要求实践人，在潜意识里要求所有的实践人都能够象理论人一样读书、思考、写作、做学问，都能带着理论人头脑里的'理论'去备课、上课、说课，按照理论人人的要求亦步亦趋"①。这时，更需要实践者正确认识理论和理论者。如果将理论看成法则、理论者当做"立法者"或"阐释者"，他就难以摆脱面对理论和理论者时的"自卑"地位，因为"把法则看作与命令同义，即使个人意志的因素除掉了，而所谓法则或普遍等观念仍包含着优者对本质的劣者所行使的领导和支配的权力等意思"②。突破这一心结，实践者需要认识到自身成功的实践经验及其包含的对教育的理解与创造是教育理论发展的重要资源，认识到自己实践及其研究的独特和对整个研究的价值。这意味着，实践者正确定位自我，作为平等的一员形成对话的自信心，认识到自己与理论者一样都是理论更新与实践变革的研究者、创造者，双方是发展指向上的战友，彼此是基于内在发展需要的相互依存关系，是"我们"，而不存在谁高谁低的等级性。

就理论者而言，在过程中也需要讲究策略，要有计划、有系统地定期介入学校的专题研究，"倾听"和解读实践者及其实践，大力推动实践者形成自我反思、研究的意识、能力与习惯，直面问题的勇气和开放的心态等。就实践者而言，他们自身，尤其是以校长为代表的学校领导层和骨干教师要发挥积极作用。其间，尤其需要促进实践者的自主组织行为。"我觉得培养教师，虽然要依靠专家，但很多工作又不能靠专家每个星期来一次那样完成，而更要依靠我们自己。所以我现在除了每周与专家一起研究课外，其余几天我们每

---

① 李政涛：《论教育实践的研究路径》，《教育科学研究》2008年第4期。
② [美] 杜威：《哲学的改造》，许崇清译，商务印书馆2004年版，第37—38页。

个年级教研组都自己开展活动。以前专家是一带一，现在不是的，我们现在是全方位的开展，请专家来把握学校情况，不再一带一而是实施自培工作，由我们自己干，靠教研组长、靠教师骨干、靠以老带新，就这样像滚雪球一样滚动起来。"[①]

具体来说，学校培育实践者自主性的具体措施可以有：（1）管理重心下移，打破传统的科层式管理模式和自上而下的学校运作模式，赋予中层和基层组织更大的自主权，确立中层组织、基层组织负责人"第一责任人"意识，以此激发打造激发全体实践者活动的学校领导集体，建构学校教师自主、自觉发展的"神经中枢"。（2）研究重心下移，突出教研组、备课组在研究中的核心地位，确立组长的研究决策权与评价权，在"前移后续"中强化日常化的研究实践。（3）加强制度建设，以制度和机制支持教师自主、自觉发展，如建立常规理论学习制度、研讨制度、交流（同校、同学科、同教研组、同年级组及跨学科、跨教研组、跨年级、跨校交流等）制度、常规性检查评价制度等。这样，坚持在长期的日常学校研究性变革实践中打破旧有常状态，慢慢才能形成新的自主、自觉状态，实现常规性教育实践与创新性教育实践间的相互转化，使创造成为实践者的一种生存方式。

以一所"新基础教育"研究基地学校中数学教研组教师为例，在经历近 10 年的合作后，教师的自主性、自觉性发生了很大变化，表现在：（1）对于理论的态度发生了变化，都能主动去学习、揣摩理论。（2）思想发生了变化，"在 1999 年前，外出听课，总认为是件为难的事情，因为工作量不轻，调课很麻烦，而且意味着工作量的增加。那么现在，这种现象完全改观，只要有'新基础教育'学校开设的研讨课，我们老师都会争先恐后的去，有时，不用安排，我们会主动的调课，校车坐不下，站着去"。（3）课堂教学行为发

[①] 据对上海普陀区洵阳路小学教研组长访谈的记录（记录人：伍红林，访谈人：伍红林），2008 年 5 月 13 日。

生了变化。"以前,我们忠实教材的多,知识讲授的多。现在大家拿到教材或材料,都是想方设法设计,尽可能符合学生的特点和认知规律。……譬如,我们有一位老师,外面有什么新的课型,总是首先在他自己的备课组中实践,然后实践的时候,和老师探讨,看我们这样的方法,是不是和专家指导的方法有什么出入,以期改进和提高;并且我们要求写出一些理性方面的感悟,他们也做到了。"(4) 教研活动也发生了变化。"以前教研组活动,总要组长去催,但现在都很自觉,上什么研讨课,大家自己定。"(5) 老师们在备课、听课和评课的方式也发生了变化。"以前听课时,总是看教师知识点完成了吗,前后顺序如何,环节是否清楚。但是现在我们提高了一个层次,现在到课上,都是看老师教的这个知识点是不是让学生自己主动探索出来的;还有一个,学生的各种资源,是否能有代表性地突出来,以及如何呈现和如何利用资源。从这个角度去思考、研究课,质量就会提高。……从我自己的实践当中,我有自己的体会,上课时注重资源的捕捉,可以相应地减少批阅作业中的任务。学生的错误提前暴露出来,可以提前发现学生的问题。"(6) 对教学中师生互动的理解发生了变化。"我们开始懂得'人'与'物'的区别,我们教的是活生生的人。一定要让学生把自己的激情、上课的感悟和体会谈出来。以前总是在预设方面做得很完美,其实压抑了学生创造的激情,对学生的成长很不利。现在我们老师能在互动上花不少时间。现在学生小组讨论很有深度,不是为讨论而讨论,都是围绕一个主题和研究的问题展开。老师对学生的某个知识方面的闪光点、有疑问的地方、不理解的地方,尽量当堂解决。"[1]

---

[1] 以上归纳与教师发言为上海闵行区强恕学校学科教师座谈会新做的记录(参与人:叶澜、卜玉华、徐冬青等,记录:黄文琴),2008 年 3 月 13 日。

第五章

交互生成式合作教育研究中两类主体间的关系

通过上面的阐述,我们可以知道,当代中国正日益成形的交互生成式合作教育研究相较于西式教育实验研究、教育行动研究、教育叙事研究等有自己特殊的发展背景、条件、追求及运作机制,体现了当代中国教育理论者与实践者在合作教育研究上的创造和智慧。在两类主体间的关系问题上,它也形成了自己的独特之处。

第一节 两类主体间关系的表征

与常见合作教育研究中理论者与实践者间的关系相比,交互生成式合作教育研究中两类主体间的关系体现出了新的特征。主要表现在:

一 双方主动的选择与发展

这是从两类主体合作意愿来看的。在此过程中,实践者的主动一般从校长开始,因为在中国校长在一定意义上是决定一所中小学未来发展及合作教育研究是否顺利开展的关键人物。校长与理论者的主动投入,会极大带动一批学校的骨干教师或有变革愿望的教师,由点及面逐步带动学校全体教师的主动投入。双方的主动选择不是基于利益上的"互惠",而是基于当代中国教育理论发展与中小学教育实践变革同时态纠缠的内在、双向需要,是基于"发展"的共同渴望。而且这种选择也基于双方对当代中国社会转型期中小学教育发展的共同价值追求:为培育理想新人而促进学校整体转型。

二 双方都是指向未来发展的研究者、学习者和创造者

从合作中双方的地位来看,理论者并不将自己定位为"立法者"、"阐释者",实践者也不将自己定位为"执行者"或"资料提供者"。他们都是指向未来发展的研究者、学习者和创造者。这两类主体在共同的合作中,用自己的行动共同改变旧的教育教学实践及创生出新的教育理论,又在这一过程中相互滋养、影响,相互成就自我。其中,理论者对实践、实践者及实践研究的态度发生了根本变化。有学者指出,在这一过程中理论者从"打捞者心态"、"纳凉者心态"转化为"视人为目的"和"有耐心地守望",其核心在于:理论者对实践者置身式的理解,而且这种理解不是偶尔的灵光一闪,而是在长期的深深的持续性的置身中不断加深加强。[①] 与此同时,实践者在与理论者的合作中也逐渐觉醒,越来越自信、自主、自觉,作为平等的一员站在理论者面前。

三 突出理论(者)与实践(者)的相互沟通与转化

在合作研究的作用指向上,这种沟通与转化表现在两个层面:第一是在理论者或实践者个体身上,实现教育理论与实践的沟通与转化,即通过合作教育研究,个体对理论有新的体悟、对实践有新的解读,将这些体悟与解读内化成自我的内在教育观念与理论,并在进一步的实践变革中转化为实际的变革行为,从而实现理论与实践在个体自我身上的更新。第二是在不断发展的理论者与实践者之

[①] 杨小微:《教育理论工作者的实践立场及其表现》,《教育研究与实验》2006 年第 4 期。

间的沟通与转化,即通过双方的交流与研究使新理论与新实践在不同个体间传播、扩散,并不断转化为新的教育实践形态;在此过程中理论者与实践者的日常生存方式也相互转化,成为作为实践者的理论者和作为理论者的实践者。在这里,合作教育研究的作用方式不再是"从理论到实践"或"从实践到理论"的单向转化逻辑,而是双向式的转化逻辑。而且这一双向转化过程不是程序或蓝图式的执行过程,而是表现为不断生成、变化的复杂过程逻辑,突破了西方理论优先实践的传统的消极影响。

四 体现了高品质的关系程度

从合作教育研究的范围看,以"学校"为基本单位,涉及中小学教育实践领域的整体方面,具有全方位的整体性;并在此整体视野下关注教育实践的相关领域,在促进每个领域研究逐步深化的同时,注意在纵向(每个领域内部)与横向(不同领域之间)形成不断深化的纵横交错的复杂联系。从合作教育研究的"广度"看,在研究设计——方案实施——结果评价这一合作教育研究的全过程中双方都展开紧密沟通。这样的关系既有"广度",又有"深度",体现了相互的融合性、不可分割性。这一切又以双方直接接触的频度与效度为基础。

五 合作关系深深地打上了中国文化的烙印

在实际过程中,交互合作式合作教育研究得以运行在一定程度上展现出了中国人和中国文化的特殊性。这主要表现在:(1)在当代中国社会转型的特殊背景下,学校教育改革面临向现代教育整体转型的特殊难题。这样一种双重转型给身处"当代—中国"这一特殊时空中的中国教师以特殊的体验,因而对参与教育改革具有强烈的使命感和责任感,在开展合作教育研究促进学校变革和自身发展上容易形成共同的价值愿景。当然,这也与中国知识分子所特有的心忧天下、勇于担当的为人、为学传统有关。这意味着,参与合作研究的教师能够相对自觉地将自己的实践变革置于当代中国社会转型、当代中国教育变革、当代中国未成年人的成长这样的背景中思考,从而能够体会到"我这样做到底为什么?"的意义。这种意义的明晰能够激发研究、发展和前进的动力,不致倦怠和疲惫。(2)能以中国的方式处理合作中的矛盾。只要是合作,只要有多类主体参与,就会不可避免地在合作中产生矛盾。这时的关键在于,有了矛盾怎么办?如何化解?在这方面,中国人在人际交往中的特有智慧常能发挥意想不到的作用。如,以情动人,理论者通过自己真情投入、真诚沟通,会很大程度上获得实践者的理解和认同,而且会形成双方非常亲密的关系,这样就使得实践者有时即使有些"想法"可能"不好意思"提出来;再如,合作中如何与地方教育行政力量沟通与合作,这是一场学术力量与行政力量的博弈,如何实现双赢而非"零和",也是一种中国特有的交际艺术;再例如,在交往过程两类主体的妥协、忍让甚至有时还会有些"委曲求全",这样换来的是双方合作的持续顺利开展;等等。(3)中国人生成性、整体性的思维方式对于合作研究的策划、推进具有强烈影响。很多的研究都已经揭示出,中国人的思维与西方人的思维存在非常多的不同,尤其表现在中国人对事物整体性的认识与理解、对事物发展过程(一生二、二生三、三生万物)生成性的展望以及推进过程中灵活调整和权变的思想等方面。这些特征在我们设计和推进合作研究过程中其实有非常多的体现。总之,在中国文化背景下和中国智慧的滋润下我们才有可能使合作双方的关系发展达到一种新的高度。

第二节 两类主体间关系的实质

一 基于两类主体内在发展需要的关系

内在需要是相对外在需要而言的。如果理论者与实践者在研究中的合作仅以外在需要的刺激与满足为维持的动力,它更多是短期、单向、浅层、工具性的合作。当外在需要得到或得不到满足,合作自然走向末途。确实，我们看到，在教育实验研究中，理论者将实践者当作理论或模式推广与验证的工具、资料榨取的对象；教育行动研究是实践者对理论者的处方式咨询和建议的需求；教育叙事研究是理论者对实践者如实呈现自己，提供故事"原型"、叙事资源（日记、教案等）的需求。即使在美国十分盛行的教师专业发展学校（PDS）的合作模式中理论者与实践者的"双向"需求其实也是两种不同单向需求的叠加：理论者需要实践者提供师范生实习的场所和研究的田野，实践者需要理论者提供免费的专业培训，两种需要有相当的差异性，缺乏沟通与转化的基本方式，有时还相互冲突。像马克斯·韦伯所说的："在一个既定的社会关系中，相互指向的所有参与者并不必然赋予此关系相同的主观意义内涵，这种关系也不必然要有'互惠'的性质。友谊、爱情、忠诚、信守契约、民族情感等，在一方是如此，但在另一方可能会遇到迥异的反应。因为参与者和其行动间有着种种不同意义的联系，就此而言，社会关系在任何一方看来都是客观上的'单向式'。"但是，他又进一步指出："社会关系在下述情况中可能是相互指向的，即参与者一方预设对方有着（也许是全然或部分误解的）特定的态度，而将其行动导向这种期望。这通常对行动及其关系形式有一定的后果。当然，一种客观上的'双向式'的社会关系，唯有在双方的意义内涵——依据每位参与者平均的期望——完全相互'符合'时，才能成立。"[①] 交互生成式合作教育研究中理论者与实践者关系的继续深化，没有停留于以外在需要为基础的单向关系，而是朝着"相互指向"的"双向式"关系发展。这种双向关系是以两类主体渴求发展的内在需要为基础的。这种内在需要一方面是由当代中国社会转型的特定时期，教育理论与实践同时态的相互纠缠的双重转型任务所决定，集中表现为理论（者）与实践（者）在发展与创造上的内源性关联——一

[①] [德] 马克斯·韦伯：《韦伯作品集·社会学的基本概念》，顾忠华译，广西师范大学出版社2005年版，第36页。

方不能脱离另一方单独达成自己的目标。另一方面，是参与合作的人的发展需要，是两类主体发展的内在关联性，即投身合作能使主体明显地感受与众不同的、前所未有的发展感。这种成功体验本身具有促进合作、凝聚力量的重要作用。

就我本人而言，虽然本科、硕士念的都是教育学专业，但实在谈不上对这门学科的理解和热爱。在学习、生活、工作上我也一直是从一所大学转到另一所大学，对中小学及其实践者的实际情况并不了解，但却常常写着与中小学及其实践有关的"学术论文"，现在想想都觉得惭愧。近两年读博期间，开始有机会较为系统地参与到与中小学实践者合作开展的实践研究中去，这些经历使我对教育学、中小学教育教学、教育事业及一线教师的生活生存情况等有了全新的认识和理解，也能较为清晰地感受到自己的学术信仰与路向。最为关键的是每周一天在中小学与教师们一起研讨、交流丰富了我的实践感，开始能感受触摸一线教师的心迹与行为、困扰与热爱、追求与迷茫，逐渐能体会到解读实践与教师的门径、视角、参照系及自己的角色定位。作为一名博士研究生在介入实践过程中，我能十分明显地感受到自己几乎每周都会有新的收获与变化。这种感受让我对参与合作教育研究变得情有独钟。在与一线教师们交流时，他们也一再谈到参与合作教育研究带给自己的成长与变化。更难得的是，我能清晰地感受到合作中理论者与实践者在成长上相互促进和相互感通。在一次"新基础教育"数学精品研讨课结束后，数学组的负责人（理论者）十分兴奋地跟我说："今天最让我高兴的不仅仅是老师们的课上得漂亮，更主要的是她们一上完课马上就能意识到自己课堂教学中的不足，还能进行进一步的重建，并且十分善于从其他上课老师那里吸取新的东西。她们的反思、学习、重建能力与初期相比发生了根本性的变化。"[①] 看到她兴奋的表情，我能深刻地体会到理论者与实践者间关系的亲密。至此，我能够理解，在交

---

① 据 2008 年 12 月 13 日上海市明强小学"新基础教育"精品课研讨日记。

互生成式合作教育研究中两类主体的交往打破了传统的理论者与实践者间的等级假设,形成了一种新的反映时代精神和教育实践变革与理论发展需要的新的交往假设,即"理论人与实践人是平等的主体,互为前提,其各自的生命发展只有在双向构建、交互生成和双向转化中才能实现"①。这里两类主体的平等不仅仅是西方合作教育研究中权利、人格意义上的平等,而是在追求发展过程中研究意义的平等,在追求发展、开拓未来可能性过程中不存在谁高于谁的问题,而是双方彼此都有发展需要,都能够为对方的发展提供转化性资源。

当然,除了上述两种内在需要外,理论者与实践者还有作为"教育人"共同的价值指向——对学生发展的关注,有效地促进学生发展往往成为合作的价值基础。在我跟学校老师的日常交流中,一位老师曾经说到:"从我的观点来说,不是说光为了做好我的工作,而是我的学生确实是'很'有发展的。在我的观念当中,'名'呀'利'呀这些东西都可以放弃,但我一定要让我的学生有所发展,一定要把对学生成长有好处的东西教给他们。"② 当然,内在需要的真正激发要经历一个由外在到内在的转化过程,是一个"悟"的过程。

在现实上,上述内在需要是在实践场域中两类主体长期开展合作时激发的。当理论者长时间置身于原生态教育实践,就会体味到师生的真实生活与生存状态,教育本身的丰富性、复杂性与发展的可能性,教育活动本身蕴含的转化与生成、困惑与希望。而且,这种介入让理论者感受到因实践者及实践变革发展而产生的压力和挑战,迫使自己不断发展、不断研究,"亲历现实的变革过程,逐渐学会换位思考,提高与实践工作者对话的能力和效益,提高作出综合

---

① 李政涛:《论教育理论主体与教育实践主体的交往与转化》,《高等教育研究》2006 年第 4 期。

② 据 2008 年 3 月 18 日上海洵阳路小学五年级"新基础教育"普查日记。

判断和提出解决实践问题的建议、方法和方案策划的能力"①。这时，教育实践的丰富与魅力、对于自身及学术成长的意义会让理论者真正产生对于教育实践、实践场域中的人与事的热爱。对于实践者来说，在与理论者的互动中，他需要的不只是理论者提供各种资料和信息，而是帮助他们既发现问题又解决问题，能及时获得富有针对性、启发性和直接指导价值的点拨和建议，对其观念和行为的转化产生积极作用，最关键的是通过合作中的互动改变自己的思维方式，形成理论的眼光和研究意识，并以之关照自身的实践，体味到发展的快乐和作为实践者的尊严与幸福。

至此，我们可以发现，理论者与实践者的彼此需求就不再是"叠加"的，而是可以沟通与转化、相互纠缠的，体现了共同的价值追求：回应时代精神，改变学校和研究现状，实现近代型学校向现代型学校转型，培育新人。这样，理论者就不再是学校场域的匆匆过客，来了又走；实践者就不再是资料打捞的对象，而是共同创造的合作伙伴，他们彼此间有着内在的关联和一致性。

二 指向持续创造的关系

一直以来，许多人从事或理解教育研究与教育实践时缺乏明晰的时间维度。如，在"抽象叙事"的传统教育理论研究中，教育事件、教育活动就寓于它们自身之中和用它们自己来表现，被看作"存在"具有永恒意义；教育行动研究与教育叙事研究虽然增加了时间维度，但一般指向过去与当下（现在）。这些缺乏时间维度的认识使人们对于教育的理解缺乏未来的构想，而突出在教育实践场域中从历史累积下来的传统、惯习、模式、经验的作用。在一个相对静态的社会，这种对于教育的理解当然可以接受，并且也不会受到多大挑战。但如今，我们生活在一个旧的时代正在消亡而新的时代尚

---

① 叶澜：《我与"新基础教育"——思想笔记式的十年研究回望》，载丁钢《中国教育：研究与评论》（第7辑），教育科学出版社2004年版。

未完全成形的社会急剧转型时期，教育变革已成为一种常态，学校的整体形态、内在机制、日常教育行为等正经历从近代向现代整体转型。这是一种崭新的整体转型性变革，"它不满足对系统的修补，也不是只需消除和改变原来系统中不合适的，或需要改变的方面，而是必须包含着重建的任务。重建形成的新形态在整体上不同于原先的形态，并且是一种整体发展性的变化，它是以发展为价值取向，整体转型为目标的变革"。[①] 在这场变革中新与旧的矛盾冲突前所未有的激烈，远远超出了教育实践者固有经验所能驾驭的范畴。教师们突然发现自己不会教了、不理解学生了、生活与工作失去了确定性。这时，未来的维度显得格外迷惘但又不可回避。教育实践是如此，教育理论研究何尝不是如此。在当代，"从积极发展的角度看，作为一门学科的教育学面临的命运不是消亡或终结，而是发展、更新与转型"[②]。这里的"发展、更新与转型"本身意味着教育学在当代的重建，同样是指向未来。这样，当代教育理论与实践指向未来的双重转型以前所未有的姿态呈现出同时态的纠缠。其实，不管怎样，理论者与实践者都共同指向"教育"，虽然他们对于教育的理解不同、各自的生存方式不同，但这种差异却可能形成两者相互吸引、相互需要的内在动力和可能。对于两类主体而言，教育活动、教育实践世界不是一个"预先给定"的客体世界，而是由主体积极行为所不断创造生成的世界。这个世界充满不确定性、多种可能性，又同时有多元主体的积极参与（教师、学生的个体与群体等），其间又有多重转化关系，使得每一次的教育实践活动都具有不可重复性。又由于这一世界里的活动与人的生命成长联系在一起，因此而具有明晰的"向善性"伦理特征：实践者总是希望自己下一次的教育教学会更好，对学生的成长更有利。

---

① 叶澜：《实现转型：世纪初中国学校变革的走向》，《探索与争鸣》2002年第7期。

② 叶澜：《当代中国教育学研究"学科立场"的寻问与探究》，载叶澜《"生命·实践"教育学论丛：立场》，广西师范大学出版社2008年版，第23页。

这种"创造"指向的根本特性，对实践者来说是挑战，对理论者来说是吸引。它给理论者与实践者开展合作赋以不断求新、求变的源源动力，致力于寻找理论与实践进一步发展的空间与可能。因此，创造对于教育理论研究及实践变革来说是永无止境的。例如，在"新基础教育"研究中，人们对创造始终是"充满期待"，关注的问题是"今天你充满期待了没有？对学生、对老师、对学校、对自己的智慧生产和精神成长充满期待了没有？有所发现和惊喜了没有？"等。这种对于创造的期待，意味着理论者与实践者基于创造的共同指向而结成了以教育实践研究为核心的"同盟"。之所以是以教育实践研究为核心，是因为它不仅是形成、创造新型教育实践形态的基础，也是形成新型教育理论形态的基础。这种由理论者与实践者合作开展的新型教育实践研究在时间维度上突出过去、现在、未来的一体性，并将未来的发展奠基于对于过去、现在的清晰了解与盘点——前在状态、现有状态的分析，发现其中的问题、亮点并以此为基础寻求"最近发展空间"。"问题"与"亮点"是教育实践过去与现在的"实然"状态，而"最近发展空间"则是具有价值指向的未来的"应然"状态（即是"应该怎样"的愿景的勾画，理论与理论者在这种勾画中发挥了核心引领作用）。这样，理论者与实践者的合作其实质是在"应然"指引下对"实然"的改造，朝"应然"不断迈进。实现了的"应然"则又转化成新的"实然"，又指向新的"应然"，如此循环不已。这正是教育实践研究的特殊之处，即它研究复合主客体之间如何进行有效地交互作用来促进学生的发展，其重心是"关系"及其"转化"，关注研究所"期望"的价值"如何"才能实现，变成人的真实发展。

但是，我们注意到，长期积淀下来的惯习与传统在很大程度上已成为当前进一步变革、实现上述"转化"的羁绊。当前学校变革最难突破但又必须要突破的是使创新性实践成为实践者的日常生活方式，形成创新的自觉和习惯，学会在创新性实践与旧有或传统常规性实践之间相互转换。这也是为什么需要理论者的深度介入的原因之一。理论者的进入可以成为实践者实施变革的引领者和促进者，唤醒实践者的创造天性并积极实践之，不断生成新的教育智慧。当然，实践层面的创新、经验的积累和智慧的生成又是教育理论创新的根源。所以，在创造这个层面上，理论者与实践者之间再不是谁是谁的研究对象、谁比谁高贵的关系，而是彼此不可或缺的肩并肩的战友式"同盟"。

三 以成事成人为核心内容的关系

一般的合作教育研究往往停留于"事"的完成。以教育实验研究、教育行动研究和教育叙事研究为例。教育实验研究往往是将实践者当作实验的对象、研究工具，并不在乎他的发展需求；教育行动研究则始终强调着实践者为"事"服务的专业能力的发展及"事"本身完成的情况，但教师作为"人"毕竟不只是专业工具，他还有其他方面的发展需求，这些需求与专业发展密不可分；教育叙事研究虽然以发出实践者的声音为己任，但在"人文关怀"的外套下仍难以摆脱类似实证研究的冷漠，研究结束之时，也是理论者"抛弃"实践者之时，本身蕴含着"虚伪"的研究伦理困境。从根本上说，这些都是西方学术传统主导下的必然结果。我们知道，西方学术最早起源于古希腊时期的自然哲学（如泰勒斯、德谟克利特等人），着力于寻求世界的终极本质，始终关注外延式真理，研究可以脱离主体主观的态度而寻求客观的判断（正是循此理路方有近代自然科学的兴起）。虽然后来苏格拉底将哲学的重心从自然拉回到人间，但是当他说"德性即知识"的时候，他还是以外延式知识的态度来界定德性。所谓知识的态度，就是从概念的思考来了解德性。比如说，什么是正义（justice）？苏格拉底认为正义是个概念，他说来说去，这个正义不是我们感觉世界里面的东西，而是属于理智世界，假如不能对正义下出个定义来，我们就对正义永远不了解。因为有了这种思想渊源，西方人研究人事时始终难以将自己置入其中，而着力于建构自足性的知识体系。此外，由于根深蒂固的理论优先于实践的传统及后世研究物理的自然科学的强大，注定西方教育理论者在教育研究中不可能真正走进教育实践和教育实践者之中。

但是，如果站在中国的学术传统来看，上述情形则又会是另一副情景。与西方不同，中国先贤关注的不是外部的自然，而始终是现世的社会与人生。几乎与苏格拉底同时代的孔子（实际上孔子还要年长苏格拉底几十岁），同样是与学生的对话，孔子关注的就不是对"仁"、"礼"等下确切的定义（在《论语》中不同处，"仁"、"礼"有不同的含义），而一以贯之地结合具体的人、具体的生活、社会场景进行指点，仁与礼可以在人真实生命里得到具体呈现。这是与苏格拉底完全不同的方式，即始终将自己、谈话对象及谈论对象置入交流之中并在这种置入中体会具体的人事，探察的是事理。事理是中国特有的一个观念，而且来源甚古。刘劭最早在其《人物志》中言及事理及事理之家①。我们现在欲清楚地认识事理，须先将事理之事与物理之物作一分别。物理之物是科学研究的对象，可称为物理现象，虽有变化，但相对事理之事来说仍然是静态的，变化也是结构的变化，没有历史性，可以重复。中国人所谓事理之事不是物理现象的那个事，而是人之事（人事）。事理之事是动态的，是有历史性的，而且是独一无二不可重复的，对之不能用科学方法处理。确切地说，事理研究是"以人类自己所创造、从事的活动为研究对象……事理研究的目的指向如何使活动更富理性，如何通过活动更好地满足人们对从事这项活动的需求。因此，它是一种既要说明是什么，又要解释为什么，还要讲出如何做的研究"②。如果说，西方学术擅长于处理物理，而中国人则精于体会事理。西方人以物理之

---

① 牟宗三：《历史哲学》，广西师范大学出版社2007年版，旧序三。
② 叶澜：《教育研究方法论初探》，上海教育出版社1999年版，第323—324页。

法研究人事,结果造成人事之人文性的丧失,而中国以事理之法也不能发展出西方式的科学。但是,就教育研究来说,中国人探究事理之传统相较西方可能更有适切性。具体而言,切己体察、返求诸己、己所不欲勿施于人等一直是中国知识分子探究事理,并在这种探究中实现自身发展(修身、养性)的基本原则。可以说,中国学问的主流始终是强调主体自身的置入,既重视他人生命,也关心自己的生命,"它是以生命为它的对象,主要的用心在于如何来调节我们的生命,来运转我们的生命、安顿我们的生命"①,是一种生命的学问。这与教育学的追求有暗合之处:作为一门极具人文关怀的学科,其独特之处就在于对人(无论是受教育者,还是理论者和实践者)的生命成长的持续一贯的关注,且始终将人的生命成长置于主体自身及其与之相关的实践(事)之中考察。然而,现在的中国人专门学习西方那一套,而把古人重视的生命问题抛诸脑后。一些研究者习惯于把生命首先变成心理学,然后由心理学变成生理学,由生理学变成物理学,再转成其他种种科学。各人由这许多不同的科学观点来看人,这一看把人都看没了。而这些"看"又对专门研究人之成长的教育学产生重要影响,教育及教育学见物不见人也就不足为怪了。因此,当代教育学之重建非常关键的是要恢复对于教育中的人的生命成长及研究教育的人的生命成长的关注,即以人的方式研究人,以自身的成长来体验他人的成长,实现自我与他人的内在勾通。

然而现实中,"许多个人显然已经只是作为劳动者,而不是作为人活着。关于劳动的精神和道德意义,人们一般能够肯定的那些东西,已经不再适用于这些人了。所有范围的现代人,都习惯于过度忙碌,这导致了他们精神的退化"②。这其实也是当前许许多多教育

---

① 牟宗三:《中国哲学十九讲》,上海世纪出版集团2006年版,第12页。
② [法]阿尔贝特·施韦泽:《文化哲学》,陈泽环译,上海世纪出版集团2005年版,第53页。

理论者与实践者生活的真实写照,成天埋没于一大堆做不完、没有尽头的"事"中,硬生生将"事"与"人"割裂、对立起来,"成为一个不自由的人,一个浮躁的人,一个不完整的人,一个迷失于非人道之中的人,一个把自己的精神及道德判断出卖给组织化的社会的人,一个在任何方面都遭遇到文化信念障碍的人"①。这些是按西式传统从事教育及其研究工作的最突出的弊端。但如果结合中国学术传统,从教育学关注人生命成长的立场来看,当代教育理论之发展与学校实践变革之"事"就不仅仅是"事",其本身就具有重要的育人价值,具有"类教学"性:关注的不能仅仅是"事"的完成,更要关注处于"事"中的"人"是否有更新性的自我发展。对此,叶澜曾讲过"教育的平方"问题,她说:"要以教育的思想、理念为指导去做教育研究,自己提出或主张的教育思想、理念不是说给别人听、用来指导别人的,而是自己也切实践行这些思想、理念,知行有机螺旋。不仅仅是做事,而且要变人,提升人的需求层次,人站起来、直起来,教育才有长效、合作教育研究才有长效。进而言之,教育所变的人,不仅是别人,还有自己,自己在做教育、做教育研究的过程中获得发展。"②而且,对于理论者与实践者而言,这种发展不仅仅只是专业层面,而应当包含人的整个生命的发展。因为"人"在"事"中投入的不只是专业的自己,而是整个的自己。这就是基于教育学立场交互生成式合作教育研究的与众不同之处之一。

更何况,从学理上讲,寻求教育之"事理"的过程也是"人—事"间纠缠与转化的过程。"与实体不同,事理之'理'属于'虚体'。言其'虚',是说它并无具体可见的外形,且不受空间因素的阻滞。但它又并非虚无和空幻,而是一种可把握的'体'。它蕴含在

---

① [法]阿尔贝特·施韦泽:《文化哲学》,陈泽环译,上海世纪出版集团2005年版,第60页。
② 据叶澜在2007年10月20日两岸四地"学校改进与伙伴协作"第二届学术研讨会——基础教育改革与发展新视野论坛第七次会议的发言记录。

事中，蕴含在做事的人对'成事'的谋划、审度和价值考量中。因此，它无法像实体那样被直接看到、触摸到，而只能凭借行动者的反思、主体间的'理解'，凭借人类自身的理性能力从交织着各种主客观因素的'事情'中清理出头绪来。"[1] 主体从"事"中寻求"事理"其实也是在"事"中和通过"事"认识自我的过程。主体做什么（事）与成为什么（人）并非彼此分离。"作为具体的存在，人既化本然对象为人化实在，从而创造现实形态的意义世界并存在于其中，也一再追问自身的存在意义并指向内在的意义世界。"[2] 这表明，"人"与"事"本身就具有内在关联性。说到底，这还是一个"悟"字。"悟"在中国文化及中国知识分子的学问与践行中占有重要地位："人性中皆有悟，必工夫不断悟头始出，如石中皆有火，必敲击不已火光始现。然得火不难，得火之后须继之以艾，继之以油，然后火可不灭。故悟必继之以躬行力学"（刘壎，《隐居通议》卷一《论悟二》）[3]。简言之，凡体验有得处，皆是"悟"，是之谓"言有尽意无穷"。它在儒学叫"物格知至"，道家中称"得意忘言"，禅宗有"因修而悟"之"解悟"和"因悟而修"之"证悟"。这种"悟"其实得到的不仅仅是知识，更重要的是境界与智慧，是对意义的深层理解，对其自身生命成长具有"质"的突破意义。

为此，交互生成式合作教育研究始终主张建立"人"与"事"的内在关联与相互转化，将之作为研究的基本价值追求：理论更新和实践变革之"成事"与理论者和实践者之"成人"，其实是一个过程的不同方面，理论与实践被理论者和实践者所创生、改变，而理论与实践的创生、改变同时又改变着理论者与实践者。这就是在

---

[1] 徐长福：《理论思维与工程思维：两种思维方式的僭越与划界》，上海人民出版社2002年版，第42页。

[2] 杨国荣：《成己与成物——意义世界的生成》，《学术界》2008年第5期。

[3] 转引自钱锺书《谈艺录》，生活·读书·新知三联书店2008年版，第235页。

"成事中成人"的基本要义——不满足于做成了变革的"事",更关注成事过程中人是否发生了更新性变化,成实践者与理论者之人本身应该成为变革和研究的价值追求,而不只是手段;此外,还要"用成人促成事",使参与的主体认识到,自己不只是为"事"而付出,它更是自己生命价值的体现和自身发展的重要构成,由此而激起自觉去做好每一环节的研究与实践工作,并在每一环节中感受发展的成长感、自豪感和尊严感。这样的合作教育研究对于理论者与实践者而言都具有生命成长的"内在利益"价值。

在"新基础教育"成型性阶段(2004—2009)的几所基地学校中,教师访谈时出现频率较高的几个主题词是"充实"、"幸福"、"自觉"。有的实验教师坦言:"有时候确实感觉到累,特别是外出参加完集体教研活动,回来很累,还要接着补课。刚开始的时候也曾想放弃。但是,它有一种特殊的力量吸引着你,而且,周围的人都在进步,你一松懈,就落后了。等咬牙挺过最艰苦的磨合期,回过头看看自己的进步,觉得特别充实,感觉到累一点值得,精神境界提上去了,并且有了生命自觉的意识,感受到了教师职业的尊严与欢乐,这时候反而不觉得累了。"[1] 一位实验学校校长的发言也颇有代表性:"讲实话,真正地深入一线做教育的研究实践,不管是专家还是校长教师都是极其艰辛的,但正是在这样一种艰辛的真正意义上的教育改革和探索中,我感受到了教育改革特有的魅力,对教育发展真正充满了一种使命感。"[2] 其实不仅仅是参与做"新基础教育"研究的实践者有这样的感受,理论者同样如此:"'新基础教育'的10年历程,让我策划和亲历了一个以前研究生涯中从未有过的复杂式研究的全过程,锻炼了自己的意志、智慧和情感,体验了它的全部丰富性:机遇与挑战、推出与进入;

---

[1] 选自"新基础教育"教师访谈记录(记录人:庞庆举、孙元涛、李伟等)。
[2] 何学锋:《价值取向与教师发展》,两岸四地"学校改进与伙伴协作"第二届学术研讨会,2007年10月20日。

发现与捕捉、批判与重建；挫折与成功、继往与开来……这些亲历和体验有时是无法言表的，它凝聚在我的生命深处，成为我精神世界的独具的富有与力量。"① 当然，从"做事"到"成人"，"体悟"（即自我反思）是关键的转化环节。如果"事"做完了，不反思"做的事情本身怎样？效果如何？做事过程中自己有什么感受？为什么做得好或不好？还有什么问题、如何改正？"等相关问题，不与自己对话开展"我向学习"，就难以真正实现自己作为一个"人"的成长。

总的来说，这种"人·事"关系可以用简洁的、中国的方式表达为——"成事·成人"。其中，"成事"既指成研究者教育研究、发展教育理论之事，也指成实践者变革教育实践之事，最终是成重建教育理论形态与实践形态之"大事"；"成人"既指成理论研究者之人，也指成实践者之人，最终是成社会转型期符合时代精神之"新人"；不仅要成己之事也要成他人之事，自己之事在成他人之事中而成；不仅要成己之人也要成他人之人，自己作为人之成在成他人之中而成；而且是为成人而成事，在成事中成人，以成人促成事。

四 "我们"式的共同体关系

"共同体"概念源自于西方学术界，但由于具体用意不明确，这一概念一直未能进入学术界的主流，产生广泛影响。直至1887年，滕尼斯在《共同体与社会》一书中对"共同体"进行了系统、详尽的阐述，"共同体"的理论意义才终被学者们所承认。在该书中，滕尼斯将"共同体"与"社会"视为历史地形成和存在的两种社会生活形态。他认为，共同体依赖于默认一致的自然而然的理解，它是建立在成员间唇齿相依的感情关系基础之上的联系密切的有机体，

---

① 叶澜：《我与"新基础教育"——思想笔记式的十年研究回望》，载丁钢《中国教育：研究与评论》（第7辑），教育科学出版社2004年版，第34页。

可以分为血缘共同体、地缘共同体①和宗教共同体。"一切亲密的、秘密的、单纯的共同生活,被理解为在共同体里的生活"②。在共同体中,人们面对面互动,彼此之间较为熟悉,休戚与共,同甘共苦。滕尼斯指出,人类社会的发展是一个从古老共同体向崭新"社会"演变的历史过程。受滕尼斯的影响,另一位德国社会学家马克斯·韦伯利用"共同体"与"社会"区分了两种不同类型的社会关系。他写道:"所谓共同体关系,是指社会行动的指向建立在参与者主观感受到的互相隶属性上,不论是情感性的或是传统性的。"③

韦伯之后,学者们关于"共同体"的认识逐渐发生转向,更多地强调其与个人相对应作为社会群体类型的一面。但其中,英国社会学家齐格蒙特·鲍曼是个例外。他对共同体的论述更多地继承、丰富了滕尼斯的见解。在《共同体》一书中,鲍曼将"共同体"理解为社会中存在的、基于主观上或客观上的共同特征(包括种族、观念、地位、遭遇、任务、身份等或相似性)而组成的各种层次的团体、组织。④ 共同特征或相似性促成了人们之间先于所有一致和分歧的共同理解,即一种相互的、联结在一起的情感,这是共同体得以形成的基础。共同体既包括小规模的社区自发组织,也可指更高层次上的政治组织,而且还可指国家和民族这一最高层次的总体,

---

① 地缘共同体以共同的物质空间或地理区域为条件,即通常意义上的社区。依据滕尼斯的分类,他在提出"共同体"概念时,并不强调其地域性。但后来,许多社会学家在研究共同体的过程中发现,要具体研究各类共同体,必须从地缘共同体着手。因而在社会学研究中,对共同体的研究通常取社区的意义。这部分研究成果相当丰富,著名的如美国的芝加哥学派,国内学者关于共同体的研究也大多选取这一含义,但由于篇幅所限以及与本书关联不大,因此,笔者对此不再作专门的介绍。

② [德]费迪南德·滕尼斯:《共同体与社会——纯粹社会学的基本概念》,林荣远译,商务印书馆1999年版,第52—53页。

③ [德]马克斯·韦伯:《韦伯作品集·社会学的基本概念》,顾忠华译,广西师范大学出版社2005年版,第54—55页。

④ [英]齐格蒙特·鲍曼:《共同体》,欧阳景根译,江苏人民出版社2003年版,序言。

即民族共同体或国家共同体,既可指有形的共同体,也可指无形的共同体。受滕尼斯的影响,鲍曼论述中带有明显的浪漫主义色彩,他认为,社会可能是坏的,而共同体则总是"好东西"。它为人们提供了确定性、可靠性和安全感,因此,"有一个共同体"、"置身于共同体中",这总是好事。但是,随着人类社会的发展,共同体终将被取代。在现代资本主义的历史中,人为设计的、外部强加的监控规则,取代了共同体时代自然而然的共同理解,取代了原本由自然来调整的农业节奏以及由传统来调整的手工业生活的规则。"共同体的纽带日益变得可有可无了……随着民族联系、地区联系、共同体联系、邻里联系、家庭联系以及最后与某人自我前后一致的理念的持续弱化,个人忠诚的范围缩小了。"[①] 共同体的解体使人们获得了自主性,但却失去了确定性、可靠性和安全感,人们陷入了隔离、孤立与焦虑的困境。因此鲍曼提出了重建共同体的主张。今天,"共同体"成了失去的天堂——但它又是一个我们热切希望重归于其中的天堂,因而我们在狂热地寻找着可以把我们带到天堂的道路。[②]

20世纪初,英国社会学家麦基弗在《共同体:一种社会学的研究》中对共同体展开了系统研究。他强调,共同体由一群分享共同利益的成员组成,这些成员生活在一起,具有强烈的"我们"感。为了实现广泛的公共利益,共同体需要一种组织作为载体,这种组织可以小到家庭,大到国家。由于麦基弗强调公共利益在共同体中的基础作用,因此,他认为,共同体可以被有意识地创造出来,但这必须是一种特殊类型的意识,即其目的是为了实现公共利益,或是一个团体所共有的一系列利益。[③] 在麦基弗这里,共同体已不再是基于意志自然而然的产物,它是可以构建的、与个人相对的、优先于个人的社会实体。

---

① [英]齐格蒙特·鲍曼:《共同体》,欧阳景根译,江苏人民出版社2003年版,第56页。
② 同上书,序言第5页。
③ 俞可平:《社群主义》,中国社会科学出版社2005年版,第73页。

在前人研究的基础上,当代共同体主义者迈克·桑德尔指出,共同体是由具有共同的自我认知的成员组成的,并且通过特定制度形式得以具体体现的某种安排。共同的认同决定了共同体的存在与否。丹尼尔·贝尔继承了桑德尔有关构成性共同体的看法,并依据认同纽带的不同进一步区分了构成性共同体的类型,提出地域性共同体、记忆性共同体和心理性共同体。地域性共同体即通常意义上的社区,共同的生活、居住区域促成了人们的认同。记忆性共同体的特征在于成员间基于同样的历史经验形成了共同的道德传统。心理性共同体指的则是因为参加共同的活动形成共同心理体验,并追求同一目标的一群人。[1]

上面关于"共同体"的阐述主要是基于社会学和政治学的立场,将其看作社会存在的基本单位,用以解释人们之间的关系。这种共同体的关系是自然地、历史地形成的(尤其是血缘共同体和地域共同体),不为其中的个体和群体本身所控制,相反它还要控制和约束人,对人的生活产生影响。这些研究基本呈现的是共同体的静态样态,还甚少有从共同体内不同主体间的主动合作、互动来阐述共同体的形成。恰恰相反,如果从西方大量社会学、政治学、经济学的阐述来看,主体间的合作几乎是不可能形成共同体的。这可能与西方社会根深蒂固的原子式个人主义传统有关。如霍布斯认为,没有一个利维坦(可大致理解为"作为国家政府的集权体制机构"),人类合作是不可能产生的。[2] 卢梭则批评了霍布斯君主专制主张,提出通过自由人的公意签立契约而实现合作。但实际上,与其说卢梭的社会契约是想达致在人人自愿基础上的某种合作,而毋宁说主张一些人以"集体理性"和"社会公意"的名义实行个人的专制独裁(即"共和"式的独裁)。20世纪美国著名经济学家曼瑟尔·奥尔森

---

[1] [美]丹尼尔·贝尔:《社群主义及其批评者》,李琨译,读书·生活·新知三联书店2002年版。

[2] [英]霍布斯:《利维坦》,黎思复等译,商务印书馆1985年版。

（Mancur Olason）也曾阐述过"集体行动的逻辑"问题，他认为，每一个个人都是理性的"经济人"，个人不仅在个体活动中，而且在集体行动中，其目的都只有一个，那就是不断追求个人利益的最大化。正是由于个人的自利倾向，使得集体行动在大的集团中成为一种不可能的事。因为，集团越大，就越难克服集体行动中的"搭便车"行为：人人都想分享集体行动的成果，但不愿分担集体行动中的成本。[①] 概言之，从霍布斯到卢梭再到奥尔森，其观点大致可以概括为：主体的自利行为，需要外部的强力组织介入或者独裁式的管理。由此，我们也就可以从另一个角度理解为什么西方国家合作教育研究中理论者与实践者的关系始终难以突破"我—他"或"我—你"式的"结合体"关系。按照马克斯·韦伯的观点，"所谓的结合体关系，是指社会行动本身的指向乃基于理性利益的动机以寻求利益平衡或利益结合"。其表现类型有"目的理性的自由市场交换，这构成了相互对立却互补的利益妥协；纯粹的，依自由协议而组成的'目的结社'，其意图与手段完全是在追求成员事务性的利益，并为此同意进行长期持续的行动"[②]。

那么，在中国，合作教育研究中理论者与实践者关系是否也只能是西方逻辑式的"结合体"关系呢？我们认为，这种关系在中国特有的文化背景中有可能出现新的特征。这主要基于两个方面的考量：

其一，中国人交往中的社会取向。"中国社会的主要基础是家族、宗族及各种不同的乡里社群。它都是与原来的宗法社会有关的。这样发展出来的社会，与通过法律、契约自由组合的社会有相当大的不同。"[③] 其核心表现是以家族主义为核心的运作方式，即一切尽

[①] ［美］奥尔森：《集体行动的逻辑》，陈郁等译，上海三联书店1995年版。
[②] ［德］马克斯·韦伯：《韦伯作品集·社会学的基本概念》，顾忠华译，广西师范大学出版社2005年版，第54—55页。
[③] 杜维明：《儒家传统的现代转化》，中国广播电视大学出版社1992年版，第381页。

量以家族为重，以个人为轻；以家族为主，以个人为从；以家族为先，以个人为后。更具体地说，是家族的生存重于个人的生存，家族的荣辱重于个人的荣辱，家族的团结重于个人的自主，家族的目标重于个人的目标。在家族取向下，家族成为中国人生活圈中的社会环境的主要部分。社会环境中的其他部分也会有一些团体，但其重要性远不如家族。这些家族以外的团体，可以称为非家族性团体（学校显然也是其中一种）。在传统中国社会里，非家族性团体为数甚少，而且大多数人一生之中都无机会参与这些团体的活动。但中国人一旦参加家族以外的团体，虽不表现为直接而单纯的集体主义，但却是由家族取向或家族主义延伸而来的准家族集体主义，也就是一种"泛家族主义"。这种延伸之所以可能，主要是透过一种家族化或家庭化或泛家族化的历程（从小就养成一套以家族式生活为核心的强烈经验与习惯）。在家族中的生活经验与习惯几乎是中国人唯一的一套团体或组织生活的经验与习惯，因而在参与家族以外的团体或组织活动时，他们自然而然地将家族中的结构形态、关系模式及处事方式推广、概化或带入这些非家族性的团体或组织中去。也就是说，在家族以外的团体或组织中，中国人会比照家族主义的取向而进行。[1] 根据我们的研究经验，在中国特有的社会互动文化背景下，教育理论者与实践者之间的沟通相对于西方更为容易，而且一旦突破，让实践者体会到理论者投入的真心与研究活动的意义、实效、对自身和学生发展的价值，他们会将理论者视为"自己人"，彼此关系达成一种亲密的情感性交往与依赖状态，在称呼上就会有明显的反映：起初是"他"、"你"、"专家"，而关系发展较为成熟后会称为"我们"。

其二，合作中逐渐同化形成的共同价值追求。这种价值追求可以成为双方共同的精神信仰，在研究中能形成自己的独特话语系统

---

[1] 参见杨国枢《中国人的社会取向：社会互动的观点》，载杨宜音《中国社会心理学评论》（第1辑），社会科学文献出版社2005年版，第21—49页。

与表达方式，从而使双方产生强烈的精神上的归属感、荣誉感和自豪感。以"新基础教育"研究为例，在长达十几年的合作中，"新基础教育"的理论者与实践者通过高密度的互动和深入沟通，发展生成了"新基础教育"的理论形态和实践形态。这些理论话语、实践方式、研究方式、表达方式在参与合作的不同学校间是可以理解和相互沟通与转化的，或者至少说更易于相互理解，并表现为一种常态。而对于初次接触的人会有明显的不适应感和震撼感。也正是这种差异，能紧紧将众多合作学校、理论者与实践者联系在一起，称为"新基础人"。而且，合作形成的"新基础教育"精神——"知难而上，执著追求；滴水穿石，持之以恒；团结奋斗，共同创造；实践反思，自我更新"①——更是激励团结着参与者。当然，这里最关键的问题是要产生和形成这种共同的价值追求和研究文化。这需要双方长时期的以开放真诚的心态、敢于直面问题和发展问题的勇气进行反复的磨合、理解、沟通，尤其是要善于将教育理论渗透于日常教育实践和教育实践研究中，构建共同的发展愿景，明确合作的奋斗方向。

还需要进一步指出的是，交互生成式合作教育研究中形成的"共同体"关系与社会学意义的共同体关系存在一定差异性，表现在：

其一，其根本目的不是为了利益交换或达成某种控制，而是指向为培育当代理想新人而促进当代中国社会转型期的中小学整体转型，终极目标是"人"的成长与改变。

其二，共同体主要是基于对教育理想、研究精神的信仰，在此信仰之下不同实体（中小学）和主体仍有自己的自主性、独特性和差异性，是一种"同魂异体"的特殊组织形态。这些"异体"间的关系不是西方逐利意义上的"争斗"，而是为了共同发展的互助、共

---

① 叶澜：《我与"新基础教育"——思想笔记式的十年研究回望》，载丁钢《中国教育：研究与评论》（第7辑），教育科学出版社2004年版，第33页。

享和相互"滋养"。

其三，共同体本身处于不断的发展过程中。这里的发展不是要形成特定的组织架构，而是指共同体成员（理论者与实践者）在研究意义上始终在不断追求新的突破，为了这种突破彼此还可以使共同体阵容不断扩展，品质不断提升，主体自身也获得持续发展。在这一意义上，共同体具有生命的特征。

第三节 两类主体间关系发展的前提

一 理论者树立并践行坚定的实践取向

中国教育学一百多年的成长经历，使我们认识到，"科学可以直接拿来，但教育学不能直接拿来。这是有根本区别的，也就是说，教育学的发展是有民族性的。在这个问题上，我们必须有自觉的意识……绝不可能'横空出世'般地产生中国教育学"[1]。建设中国教育学，根本途径只能是让教育学这棵"树"长在中国的文化与教育实践土壤上，发展适合中国土壤的根系，吸收中国大地的营养。这从根本上取决于理论者对教育实践及实践者的态度。长期以来，理论者习惯了阅读同行著作或论文了解实践，抽象地谈论实践并发表对实践具有"指导性"的看法，结果却造成了实践者对理论的抵制。他们认为教育学的"发现"要么没有告诉多少自己不知道的东西，要么是一些看不懂的知识体系。这是西方追求超越性的终极确定性的学术路线，教人远离"卑贱"的活生生实践的结果。然而对于教育学研究来说，远离原生态的教育实践和真实的教育生活等于自断根脉，丧失生机。因此，在交互生成式合作教育研究中，理论者需要逐步实现研究方式的转型：突破书斋式研究与生活方式及惯常的"牧师"角色，不仅坐而论道，更是起而行道，将"论道"奠基于

---

[1] 侯怀银：《接着讲——中国教育学建设的基本立场》，载叶澜《"生命·实践"教育学论丛：立场》，广西师范大学出版社2008年版，第94页。

"行道"之上。这是中国式"下行而上达"的重视践履的求知路线。在此过程中，理论者需要自觉"将当代中国教育变革之实践作为教育学研究的基础、资源、价值呈现体，自觉地将教育学研究建立在实践改革的基础之上，自觉地在丰富多彩的实践改革中形成、发展教育学，自觉地将教育学研究成果融会到实践改革之中，促成教育实践与教育学理论的双向建构"①。当然，并不是每个理论者在任何时候都可以或都愿意或都能与实践及实践者形成交互生成关系，但要实现交互生成理论者却必须树立和践行坚定的实践取向，把心放进实践中去，"用心去沉浸，用真心、苦心和爱心去关注实践、分享实践"②。这种真诚投入的自觉性是发展与实践者内在关系的重要前提，它也是理论者"正其心"、"诚其意"的关键。总而言之，"诚"与"行"是敲开实践者心扉的钥匙。

二 实践者打破对理论和理论者的偏见

与理论者长期抛弃实践和实践者一样，在现实中实践者对理论和理论者也并无多少"好感"。他们常表现出两种极端：一种是以自己多年工作经验为依靠，先验地认为理论无用或理论者不了解实践，进而形成"唯经验论"，完全依赖于经验，将自己的实践当作不需要理论的实践，对理论及理论者持不屑或忽视态度；另一种则对理论奉若神明，在潜意识里认同理论与理论者，将自己及自己的实践置于卑微的境地，从而任由理论者和理论发号施令，将自己及其实践消解在理论的名词与概念世界之中。然而在当代学校转型性变革实践中，其复杂性、综合性、长期性等远远超出了仅凭经验所能驾驭的范围。这时，以中小学校长为代表的实践者已成为学校变革的综合策划者、变革过程的动态组织者、学校变革的反思者与

---

① 李家成：《教育学理论重建中的实践立场》，载叶澜《"生命·实践"教育学论丛：立场》，广西师范大学出版社 2008 年版，第 120 页。

② 李政涛：《论教育实践的研究路径》，《教育科学研究》2008 年第 4 期。

重建者①，其价值取向、角色理想、思维品质、行为方式等直接影响着学校的发展，因而特别需要学习、研究新的教育理论。在交互生成式合作教育研究中实践者尤其要加强理论的学习、领悟及运用。这首先需要校长对教育理论及理论者有内在渴求与全新理解：不再简单拒绝理论或把理论当作撰写报告或论文时的装饰用完即扔，而将其看作促进自身发展、教师发展、学校发展赖以深化、产生质变的重要资源；不再仰望理论者，将其看作高高在上的专家，而是将其看作平等的合作伙伴。就像一位校长自己所说的那样："学校转型，从校长的自我更新开始。首先，校长要实现教育理念和管理理念的更新，并更新自己的领导方式，使自己成为服务者、支持者、激励者、促进者、协调者。"② 只有这样，校长才有可能与理论者开展长期的合作教育研究，才有可能发动广大教师学习理论并创生新型实践。事实上，校长对与理论者合作开展的教育实践变革确实具有关键作用。他对理论、理论者、变革的态度直接影响着教师的选择与行为。因为，在实行校长负责制的中小学中，校长具有不可替代的权威，他与教师的关系包含着经济待遇、晋升机会等与教师切身利益相关的成分。如若没有校长的接受、首肯、投入和推动，即使教师想要实施变革，也必定受到束缚而难以完全展开手脚。在这一意义上，当代学校转型性变革能否成功，以校长为代表的领导具有很强的决定性。如果以校长为首的领导没有根本变化，没有教育理念更新，很难带出一支具有革新精神的队伍。然而，校长为首的领导的这种转变也取决于价值取向上的选择——究竟为什么办学？为谁办学？一个注重短期利益、漂亮"羽毛"或将个人利益置于学校发展之上的校长，不太可能有学习理论及与理论工作者合作的内在渴求，不太可能注

---

① 李家成：《学校转型中的管理变革——21世纪中国新型学校管理理论的构建》，教育科学出版社2008年版，第113—116页。

② 朱乃楣：《转型——洵阳路小学自主变革的实践研究》，中国时代出版社2005年版，第15页。

重教师和学生的真正成长。而一个理解教育本质，将学校内涵发展、教师发展、学生发展等放在关键之处的校长就会在工作中学会恰当取舍。就像一位校长所说的那样："有时，我们学校常常为了某个领导的一句'指示'而不得不兴师动众，常常为了在学校本已挂满的墙上再多一块'铜牌'而'专心'于某一特色的创建。学校师生也常常因为这种'表面的繁荣'而欢欣鼓舞。这时，我想，我们应经常静下心来反思一下，我们工作的内容与我们的办学目标、价值追求是否一致？如果我们的工作只能粉饰表面的繁华而不能促进学校内涵的发展，那就应该坚持自己已经认定的办学目标与价值而放弃这些虚华。"[①]笔者曾访谈过"新基础教育"研究的一所基地学校校长，她讲道："我为什么一定要参加'新基础'？老实说，参加这一研究在经费上是有一定压力的。但我还是要参加，因为我觉得这对我们教师的成长是很有利的。从这几年的过程当中，我们学校的教师获得了巨大发展，他们观念的转变，包括从被动到主动，除了有管理措施的效果外，他们还有内在的真正的激发。这种激发来源于'新基础'的长期渗透。应该说，'新基础'给我们学校教师带来了很大变化。"

当然，除校长为首的领导层之外，在教师中还有具有示范和专业权威的骨干教师，他们对变革的认同、尝试对其他教师也具有辐射性的"以点带面"的功用。因此，他们与以校长为首的学校领导集体构成了与理论者开展合作、推动学校变革的"关键人"，直接决定了理论者与实践者合作关系的发展及合作取得的实际成效。

三 两类主体价值取向的一致性

"价值取向是人对客观事物及自己需求和利益的认识水平的反

---

① 何学锋（上海闵行区实验小学）：《自主与取舍》，据两岸四地第二届"大学与中小学合作伙伴关系"学术研讨会发言稿。另可参见何学锋《自主与取舍——学校如何应对"外来"工作？》，《中小学管理》2005年第3期。

映，也是人的主观意志的体现。在实现事物价值的过程中，这是人唯一可以由自己作出选择的方面，是事物的价值由可能转化为现实状态的一个重要的中间环节。"① 就合作教育研究而言，国外及国内的许多尝试在价值取向上往往注重功利因素：理论者常常考虑对方能给自己的研究提供什么样的方便、成功的案例或原始资料，当然经济酬报也包含其中；实践者则常考虑合作能给自己学校挂上什么牌子、提升什么课题级别、评上什么奖等。有的合作还具有"共谋"特性——通过合作可以获得第三方（政府有关机构、基金、企业等）的经费资助等。这是将"我能得到什么"放在首位，合作更多是达成其目的的手段，体现了较强的"目的理性"②，如果"筹码"不高或"不划算"或目的达成则没有动力继续从事合作。指出这一点，倒不是说讲究利益不好或不应该，研究过程中它还是十分必要或必须的。不过，"君子未尝不欲利，但专以利为心则有害"③。特别是对于教育和教育研究，一旦陷入"利"的泥坑之中则往往伤害了教育本身所固有的伦理取向。开展交互生成式合作教育研究，两类主体不能仅仅有利益上的考虑，更应从教育的本质出发，体现教育的伦理性。

具体来说，在中国就教育实践层面而言，当代中国处于转型的关键期（也是问题的高发期），处于民族伟大复兴的特殊时期。在这一时期，全中国有2亿多孩子接受中小学的基础教育，教育发展严重不均衡，国家投入非常紧缺，教育方式和手段等非常传统，对新

---

① 叶澜：《试论当代中国教育的价值取向之偏差》，《教育研究》1989年第7期。

② 马克斯·韦伯在界定"目的理性"式活动时曾指出："（这一活动）是通过对周围环境和他人客体行为的期待所决定的行动，这种期待被当作达到行动者本人所追求的和经过理性计算的目的的'条件'和'手段'。"参见［德］马克斯·韦伯《社会学的基本概念》，顾忠华译，广西师范大学出版社2005年版，第31—32页。

③ ［宋］朱熹：《四书章句集注·孟子集注》，中华书局2008年版，第202页。

人的需求又非常迫切。孩子在一天天长大，总不能等条件具备了或利益满足了再去做我们应该做或本来就能做的事。这时候，理论者与实践者的合作应以高度的责任感和使命感，投入到教育实践研究中去，做教育变革的探索者、先行者和创造者。

就教育理论层面而言，当代教育学的重建式发展归根结底取决于教育学理论研究者自身的作为。"每个研究者或研究群体都生存在学术研究的小生态中，并受其影响和制约。但是，每个研究者或研究群体又都是这一小生态的构成者、影响者，都有可能用自己的研究行为促使其变化……所以，重要的不是去埋怨现状，而是努力从自己做起，努力使自己的学术研究成为促进中国教育学发展的积极力量"，"如果许多人只是在这个领域里讨生活、求名利，怎么可能实现学科发展。"[①] 更何况，对于中国知识分子来说，以价值而不是利益作为学术研究的主要推动力是再自然不过的事，因为这是中国知识分子自古以来的优秀传统。这种传统就是追求在为他人、为社会的奉献中实现自身的生命价值。对此，徐复观先生在论及中国知识分子的责任时说："中国知识分子的责任，乃在求得各种正确知识，冒悲剧性的危险，不逃避，不诡随，把自己所认为正确、而为现实所需要的知识，影响到社会上去，在与社会的干涉中来考验自己，考验自己所求知识的性能，以进一步发展、建立我们国家、人类所需要的知识。"为此，他认为知识分子要"将自己解消于自己所追求的知识之中；敬重自己所追求的知识；也敬重他人所追求的知识；经常感到知识高于一切权势，贵于一切权势。自己的精神，与自己的国家民族，有自然而然地'同体之感'；有自然而然地在自己的本分内献出一份力量给自己的国家民族的要求"。[②]

[①] 叶澜：《当代中国教育学研究"学科立场"的寻问与探究》，叶澜：《"生命·实践"教育学论丛：立场》（第二辑），广西师范大学出版社2008年版，第7—8页。

[②] 徐复观：《中国人的生命精神》，华东师范大学出版社2004年版，第137—138页。

第五章 交互生成式合作教育研究中两类主体间的关系　195

　　事实上，新中国成立前已有陶行知等先辈在教育研究上为我们做出了榜样。陶行知曾这样说出自己的心声："我本为一个中国平民，无奈十几年的学校生活渐渐的把我向外国的贵族方向转移。学校生活对于我的修养固有不可磨灭的益处，但是这种外国的贵族风尚却是很大缺点。好在我的中国性、平民性是很丰富的……经过一番觉悟，我就像黄河决了堤，向那中国的平民的路上奔流回来了。"①他还说："生活教育是下层建筑……它与装饰品之传统教育根本不同。它不是摩登女郎的金钢钻，而是冰天雪地的穷人的窝窝头与破棉袄。"因此，从事乡村教育的人，"要把我们整个的献给三万万四千万的农民"，"常常念着农民的痛苦，常常念着他们所想得的幸福"，必须备一颗"'农民甘苦化的心'才配为农民服务"。②晏阳初的平民教育运动也是基于对于当时中国社会落后状况的强烈责任感："吾国民数号称四万万，但未受教育的竟多至三万万以上，其智识力如何自不待言。产业不兴，生活艰窘，穷民饿莩，遍地皆是。其生产力如何自不待言。举国之人勇于私斗，而怯于公战，轻视公义，而重视私情，其团结力公共心如何，更不待言。以如是的国民，来建设20世纪的共和国家无论采用何种主义，施行何种政策，一若植树林于波涛之上，如何可以安定根基。"③为此，"可怜12年间，并无一文基金，政府也未曾补助过一文。不过为了在无路之中，找出一条路，这堆穷书生竟像狂人一样、傻子一样地苦干至今"。④这种强烈的责任感与使命感可以说是当时从事类似研究的强大动力，也体现了中国知识分子践行的学术传统。

　　如今，我们亦生活在一个充满困惑、不确定性的时代。这时，

---

① 朱泽甫：《行知书信集Ⅰ》，安徽人民出版社1981年版，第28页。
② 华中师范学院教育科学研究室：《陶行知全集》（第1卷），湖南教育出版社1984年版，第651页。
③ 马秋帆、熊明安：《晏阳初教育论著选》，人民教育出版社1993年版，第29页。
④ 同上书，第57页。

作为一个教育学者和教育实践者我们能为社会奉献什么？我们该以怎样的历史责任感和使命感参与到这场伟大的社会改革和教育改革中去？我们又该从无数前辈先贤身上汲取什么样的力量？中国教育理论者与实践者如果不能形成这样的价值共识，恐怕也很难获得教育改革的真正成功。[①] 为此，我觉得我们要敢于担当时代赋予的责任。在这一过程中，大学教育理论者与中小学实践者不能以当代中国复杂变革时代的局外人、评论员身份自居，而是作为中国公民、中华民族一员、教育研究及其践行的知识分子、专业人员，在伟大民族复兴事业中以强烈的责任感与使命感承担自己的专业责任。其次，我们要有对于投身于当代中国教育理论发展与教育实践转型性变革的强烈自觉性与追求。这是出于对学科的热爱与事业的执著。当然，双方通力合作共同研究和开展实践变革都是为了促进当代中国孩子的生命成长，培育符合时代精神的理想新人，而且在这一过程中也成就了我们自身的生命成长。

这些方面的体认可以构成双方合作的价值基础，它回答了"为什么合作"的关键问题，在"诚其意"、"正其心"之后使合作具有

[①] 在一篇评论杨国枢教授本土化研究观的文章里，叶启政认为杨氏之所以主张"学术研究本土化并非单纯地只是基于学术上的所谓理性考量而已，而是有更深一层的历史意识感在推动着。这份历史意识感或许就是来自我们所说的亚非人的历史使命吧"。（参见叶启政《"本土契合性"的另类思考》，《本土心理学研究》（台北）1997 年第 8 期）杨氏在其回应文章中说："20 多年来，我之所以遭逢种种困难而仍能锲而不舍地继续推动心理学研究本土化的运动，就是受到这种使命感的驱使。也只有从这个观点，我们才能理解何以华人本土心理学的建立是一种'争千秋'而非'争一时'的长期性集体大志业。"（参见杨国枢《本土心理学研究》（台北）1997 年第 8 期）这里杨氏讲的基本还是出于对于华人心理学学科发展的使命感（杨国枢在一篇文章曾述及自己参加国际学术交流时，一位美国心理学家当面质问没有西方心理学分析框架的华人心理学的理论样态，当时杨国枢无言以对。这事对其以后的学术研究产生很大的促动作用），而教育研究除了有这种学科使命感外，还应有更深的社会使命感和责任感的驱动，因为它承担着国民培养的重任。

了"价值理性"[①]特征,"意不诚"、"心不正"则不可能有真正的、长期的合作。具有共同价值追求的合作教育研究,理论者与实践者会将其真正当作自己的事、有意义的事去做:理论者不再是教育实践变革的旁观者、批评者,而是介入其中的行动者、创造者;实践者也不再把合作当作外在于己的事或任务,而将研究当作自身生存方式和发展方式,自觉地体悟合作带给自己成长的意义。这样的合作就不会如同掉落在人身上的灰尘,拍一拍就又飞走了,于自己不留下丝毫痕迹,而是能从中体悟到对人的成长价值,体会到其中的快乐以及作为一名理论者或实践者的尊严与价值。

第四节 两类主体间关系发展的影响因素

对于影响因素,国外研究涉及成功与妨碍因素两大方面,关注焦点是组织(管理变革、激励机制、大学与中小学间的差异等)、经费、人际关系等方面。这些探讨对我们具有启发作用,但亦存在局限性。主要表现在两个方面:其一,研究主要基于管理学、组织学、政治学、社会学等学科立场,过分注重外部条件对院校协作的制约作用,具有较明显的条件论倾向,对于协作主体的内在力量缺乏关注。其二,对协作的核心,即两类主体共同开展的教育实践研究关注不够,注重研究之外的"工作"上的探讨。在我看来,在交互生成性合作教育研究中,除了上述因素外,还应注意以下几个方面。

一 主体的力量

在已有的影响合作教育研究中两类主体间关系发展的因素分析中,人们主要关注外部因素的作用,如关注外部激励评价机制的完

[①] 马克斯·韦伯将"价值理性"行动与"目的理性"行动相对应,"是通过有意识地坚信某些特定行为的——伦理的、审美的、宗教的或其他任何形式的——自身价值,无关于能否成功,纯由其信仰所决定的行动"。参见马克斯·韦伯《社会学的基本概念》,顾忠华译,广西师范大学出版社2005年版,第31—32页。

善、地方行政部门及校长的支持、组织结构的调整、充足的经费保障等。即使关注到"人"的因素，但也往往突出"人"中蕴含的阻碍合作的负面因素，如强调实践者的"保守性"、"惰性"、自利性、稳定生活的追求、负面情绪等，突出实践者对合作变革的抗拒。[①] 在这些阐述中，透露出强烈的"条件论"倾向，其表达的口吻是"要怎样怎样，才能怎样怎样"，往往忽视合作中两类主体（尤其是实践者）被激发出来的积极力量。殊不知，世界上本没有完美的事。合作教育研究的困难之处、复杂之处，是它始终"在路上"，当人们走在这条"路"上，这条路可能随时终结，也可能山重水复之后柳暗花明。最终决定能否走下去的往往不是外在条件是否具备，而是取决于走路的"人"自己。这种"人"的因素在交互生成式合作教育研究中对两类主体间关系的影响主要有两个方面。

（一）个体得以激发的力量

在人的发展中，每个人的生命流程不是按照无人称性的心理生理周期和社会性转变来划分的，而是根据发生在生命"外层"和"内层"交叉点上的实际骤变情况来划分的，这些交叉点打破生命发展中的"和谐"，在人的感受中形成压力、挫折、冲突和危机。人的成长就是在与这些压力、挫折、冲突和危机的搏斗中实现，也正是在这种搏斗中使人自我的力量日益强大。"人是由自己的生命实践铸成的。一个人怎样活，就会成为怎样的人。"[②] "人的'自我'的本质不仅是由制约它和'进入'它的东西（心理生理素质、社会条件和教育等等）规定，而且还由'出自'它的东西、它的创造积极性所创造的东西规定。"[③] 毕竟，人不是外部力量的奴隶，而是拥有不

[①] 操太圣、卢乃桂：《挑战、支持与发展：伙伴协作模式下的教师成长》，《教育研究》2006年第1期。

[②] 叶澜：《我与"新基础教育"——思想笔记式的十年研究回望》，载丁钢《中国教育：研究与评论》（第7辑），教育科学出版社2004年版，第28页。

[③] ［俄罗斯］伊·谢·科恩：《自我论》，佟景韩等译，生活·读书·新知三联书店1986年版，第8页（作者前言）。

可剥夺的内部力量的人,尽管我们可能把这种力量闲置一旁。此所谓,所变者我,能变者亦我,变而成者依然为我。

以"新基础教育"研究为例,它始终关注人在生命成长中不断激发出主体的自我的力量,使人勇于面对现实、直面自己的问题及改进中可能存在的困难,不惧于种种外部条件的限制。实际上,当今变革的时代,是一个机遇与挑战并存的时代,新旧冲突、拉锯的时代,矛盾集结纠缠的时代,多种可能性、复杂性并存的时代。在这样的时代里,人处于各种冲突、选择的中点,是被动等待、主动适应还是主动创造?这的确是个人的选择。"个人的行为不仅取决于他如何理解面临的问题,而且取决于他对这样那样行动的心理准备。"[①] 我们相信,一个寻求自主、尊严的人,是不会甘于等待和适应的,他会在不停的拼搏与创造中确立自我。交互生成式合作教育之所以能持续下去,在于研究主体始终相信人性中积极的力量,并始终努力去唤醒、激发这一力量,让人在创造中感受生命成长的幸福和职业的尊严与快乐。笔者在参与"新基础教育"的研究中,听过很多教师谈及他们在变革中"脱胎换骨"、卓然成长的故事。在他们的故事里交织着苦恼与豁然开朗、迷惘与清思后的顿悟、痛苦与欢乐,从他们讲述故事时时不时陷入深思的表情,我能体验到一个人的成长史、更新史。至于"新基础教育"研究中理论者们走过的十几年艰辛道路也很让人感动。[②]

因此,当我们从主体的视角来看变革时代中的人与事时,就会发现主体自身的力量作为一种内在力量是发展的基础。它不再是思想家哲学探讨中的抽象语汇,而是当今时代的现实要求,主体的选

---

① [俄罗斯]伊·谢·科恩:《自我论》,佟景韩等译,生活·读书·新知三联书店1986年版,第454页。

② 可参照叶澜《我与"新基础教育"——思想笔记式的十年研究回望》,载丁钢《中国教育:研究与评论》(第7辑),教育科学出版社2004年版;叶澜:《从"冬虫"到"夏草"——"生命·实践"教育学派生成过程的个人式回望》,载叶澜《"生命·实践"教育学论丛:回望》,广西师范大学出版社2007年版。

择、倾向、行为将直接决定研究与变革的成效。"戈多"永远等不到，不可能等到所有条件都齐备了才开始进行发展与变革，而是要我们从自己做起，努力改变自我和我们生活的小环境，壮大自我、改善小环境之后再寻求与大生态建立良性互动。知难而上、执著追求、滴水穿石、持之以恒可谓这一力量的真实写照。

（二）两类主体间形成的情感的力量

对于坚持价值中立或价值抽离的人来说，在合作教育研究中渗入情感因素是研究的"大忌"。因而，我们注意到在已有对合作教育研究影响因素的分析中，很少有人注意到理论者与实践者在合作中发展起来的情感的重要性。一些人虽然注意到了，但却是需要"剔除"的对象，以保证研究的"科学性"或客观性。在我们看来，在合作教育研究中两类主体间的情感不仅不能剔除，反而应当转化成合作的"黏合剂"，是合作持续开展的重要维系力量。当然，这并不意味着在合作中不需要保持应有的理性（如因情感而自我陶醉或成为双方直面问题的"妨碍"等）。

"个人的正常生命活动不仅要求与环境交流信息，而且要求同环境建立某种有情感意义的关系。"[①] 任何研究活动都不只是智力和理性的投入，其间情感的渗透具有不可避免性。在合作教育研究中，因人与人的互动，这种现象更为普遍，不能也没有必要刻意剥离。交互生成式合作教育研究在人际交往上，表现为理论者与实践者两类主体间的面对面的持续交流，他们相互间的了解、理解、信任、尊重是合作的基础。就像帕克·帕尔默所说的那样："对心灵沟通的内在渴求成为对外部联系的需求：我们自己的心灵舒适自在，跟人交往自然就会更加亲密无间。"[②] 在参与"新基础教育"研究的过程中，我亲身体验到合作中两类主体间的情感沟通：每次到学校，一

[①] [俄罗斯] 伊·谢·科恩：《自我论》，佟景韩等译，生活·读书·新知三联书店 1986 年版，第 367 页。

[②] [美] 帕克·帕尔默：《教学勇气：漫步教师心灵》，吴国珍等译，华东师范大学出版社 2007 年版，第 5 页。

进校门迎面而来的一张张笑脸,每一间打开的教室,进入教室时师生若无其事的平静;研究中,直面问题时的真诚、直白;生活中,双方的亲密;称呼中的"我们";在校际间的交流中,更会感受到大家庭般的温暖。在这里,没有谁主导谁、谁控制谁,每个人都是自主、有尊严的个体,大家都在共同探究问题。对此,我们还可以用以下几个关键词来表达:

"研究",让双方都站在同一水平线上。因为双方面对的都是指向未来的创造,谁也不是"先知"而自感优越,而只能在交流、研究中交互成长。

"真诚",以心换心、以诚换诚,让双方得到情感与付出的回报。其中,理论者的情感付出尤为重要,即"要用真心做事,以真心待人,一句话,要有真情投入。不要哗众取宠,虚与委蛇,而要用心的体悟去言说、思考,更要去行动"[①]。因为长期的"压迫"和"受骗",实践者对理论者似乎有天生的"戒心"和防备。只有真实地体会到理论者不是来"转转",而是要"扎根"时,实践者才会真正投入。

"尊严",化解双方交流的障碍。每个人都有自己的心灵世界,需要别人倾听自己内心的声音。如果对这些内心声音给予注意和尊重,它就会给以回应,使我们共同参与到富有生命活力的对话中。反之,就可能不再发出声音,甚至变得抗拒。在协作中,理论者尤其要学会倾听和解读实践者,在平等的交流中形成"我们都是创造者"、"我们都对创造做出了自己独特的贡献"的共识,从而打破实践者对理论和理论者的迷信与偏见,作为平等、自信、自觉的一员与理论者开展平等的合作。这种研究文化、研究态度的形成并非一朝一夕,但却是院校协作走向成熟的至关重要的方面。

"开放",在问题上无须隐瞒,让双方走进彼此。"发现问题就

[①] 叶澜、李政涛:《为"生命·实践"教育学派的创建而努力》,载叶澜《"生命·实践"教育学论丛:回望》,广西师范大学出版社2007年版,第158页。

是发现发展的空间",这让人感觉很温暖。也许,这正是基于教育学立场的协作的独特性所在,在理性与感性的交互渗透中实现研究方式、变革方式与生存方式的紧密结合。

"投入",相互都必须花时间用心去解读,有耐心去倾听,用真心去感受。这样共同经历的坎坷、痛苦、迷惘、兴奋、顿悟、快乐……都会在生命深处留下印迹,会用"'快乐着、感动着、美丽着、幸福着、成长着'来表达自己让研究成为一种情趣、让工作超越职业的幸福感"①。每当回首这一切时内心泛起的波澜就会激起对彼此的感谢。

二 研究的实效

任何协作不是一开始就成形或按照既定计划有序开展的"蓝图",它自身需要经历不同的发展阶段,过程中协作的广度与深度也呈递进式发展。这一切取决于作为院校协作核心的、两类主体共同开展的教育实践研究的实效,及其对实效的反思其在此基础上对协作本身的重建。当实践者感受到实效时,就会持续投入。具体而言,实效主要体现在以下几个方面。

(一) 参与者在协作中是否体会到明显的成长感或发展感

这是与过去的自己比较、与他人的比较,尤其是与不参与协作的人比较。具体而言,是理论者是否明显感到自己研究的视域、思维方式、实践感、解读实践及实践者的能力与水平等方面的持续变化,体会到自己研究的真实实践意义;实践者是否明显感到对自我及自己的实践、理论素养、研究意识与能力的更新等。

(二) 学校日常的教育、教学及生活实践是否发生变化

这表现在,经过一段时间以后,学校的整体生态(自然生态、文化生态、日常生活方式等)是否表现出新的特质。这些变化的实质是学校文化的更新,可能成为一种同化力量,不断对新加入的实践

---

① 王冬娟:《追梦:一段华美的旅程……》,《中小学校长》2009年第12期。

者(即使是校长)产生潜移默化的影响。这也许是避免一项协作不因学校人事变更(尤其是校长变更)而中断的最好方式。

(三) 学生是否朝着主动、健康的方向发展

许多老师之所以对协作倍感兴趣,愿意持续不断地投入,不仅因为自己在这一过程中得到了成长,更主要的是在协作中其学生的发展发生了与传统教育教学方式影响非常不同的变化。

总之,在研究中两类主体都能感受到"创造"的力量并看到自己的"创造成果",这是研究努力最好的回报。就像一位小学校长写的那样:"这次研讨活动让我突然醒悟,为什么二实小的教师这么执着地追随'新基础'。过去专家(指'新基础教育'之外的理论者)组织对教师的指导只能产生'平行'效应——教师在实践层面提问(一条直线)、专家在理论层面指导(另一条直线),这看似相互依存的'直线'却永远无法相交。而'新基础'研究对教师的指导却产生了'相交'效应——教师在实践层面提问(一条直线)、专家们的指导介入(另一条直线)与教师提出的问题'相交'而形成'交点'。这些交点使人'顿悟',使人'提升',成为二实小教师成长节点上'累并快乐着'的真实体悟。"[①]

那么,如何保障合作教育研究的实效呢?我认为,至少需要做到以下几点:其一,两类主体对研究要做周密、系统的策划,而且这种策划要基于对实践者及其实践的现有状态、未来发展可能清晰了解,而且要具有弹性。这种策划是两类主体长期磨合、交流、了解的结果,而不是抽象的方案。其二,要注意发挥团队的力量。团队是合作教育研究的一大特征,但并非所有合作教育研究都能发挥出团队的整体力量。团队的作用一方面需要周密策划,另一方面理论者与实践者要注意良好的分工协作。在"新基础教育"中,理论者内部根据研究不同的阶段及需要,形成了不同的小组(如学校管理组、不同学科的学科组及学生发展组),分别负责不同学校不同方

---

① 王冬娟:《追梦:一段华美的旅程……》,《中小学校长》2009年第12期。

面的研究与实地深度介入。这些小组内部及小组之间还要定期进行总结、交流、反思及策划下一阶段的研究工作。在实践者中，每一所中小学根据不同领域不同实践者的状态也有不同的小组，加强自己校内的实践研究（尤其是亮点研究与问题研究）及对其他实践者的辐射；不同学校的实践者代表在校际之间又组成研究的共同体（每个学校都有自己的亮点，校际之间的实践者经常交流自己的亮点，也不隐瞒自己的问题），大家相互学习，共同进步，做到了资源有效利用，在发展上起到了加速度的作用。此外，理论者与实践者间又按照事先做好的策划，及时交流、沟通，不断改进实践，促进变革。这样，理论者内部、实践者内部、理论者与实践者之间的交流就形成了一个共同的研究团体，形成了发展合力。尤其是在这样的团队中，大家不仅仅是为了完成事或任务，而是在每一次活动中都十分强调自我反思、自我认知及自我自建，突出团队成员在合作中的相互滋养作用。其三，注意研究的频度和深度。"频度"是指理论者要坚持定期深入实践现场，与实践者进行面对面的直接交流（在"新基础教育"中，是每星期至少有一天双方在学校开展不同方面的研究[①]）。"深度"，是指双方开展的研究要不断深入，体现人与事的发展性。"频度"与"深度"又是相互关联的，"深度"保证了"频度"的不可重复性（体现每次交流后的发展性），"频度"促进了"深度"的不断深化。

三 地方力量

当人们探讨影响合作教育研究发展的组织层面因素时，一般集中于大学与中小学。而在中国，还有第三种关键性组织因素——地方教育行政部门。这一组织又可以区分出这两种力量——地方行政

[①] 具体可参照：李政涛《追寻"生命实践"的教育智慧》，《中小学管理》2004年第4期。其中详细地记载了"新基础教育"团队每星期一天的研究日程安排。

力量和地方专业力量（以教研员为代表），它们凌驾于中小学及其实践者之上，对其具有重要影响。

在国外许多国家和中国的香港、台湾地区，政府部门对合作教育研究一般有较为明确的支持，除拨付巨额相关经费外，还有政策法规的保障。[①] 相对于他们，目前中国大陆地区合作教育研究的主流更多是民间行为。而且，中国大陆实行集权式的教育管理，有各种自上而下推行的教育改革。这些改革以行政权力为促动力，具有"合法性"，中小学没有选择余地。不管是在中央部门还是在地方部门主导的学校变革中，由于学校的变革目标、方案、路径等在某种程度上具有"统一性"（主要表现为多所学校在同一时间进行同一主题的同一种变革），即"这些改革措施大多站在去除不同学校特点的基础上，以一种普遍主义的视角对教育活动做出审视，既缺乏对学校复杂人际关系、利益关系的认识，也缺乏对学校与学校之间在校风、领导管理风格等隐形'软件'品质区别上的重视"[②]。其结果是使得学校变革方案、目标等难以与每所学校的实际情况切合，而这种不切合势必会造成学校实践者对变革方案的低认同度，同时也对相关学校变革信息采取主观上的抵制或拒绝。有调查显示，在政府主导型学校变革中，66.3%的学校实践者认为政府"不了解或较少考虑学校的实际情况"，并且多达72.1%的人认为，政府只是在"较小或很小"程度上了解或理解学校的实际想法和需要，进而造成53.2%的人对"政府主导的变革方案和决定

---

① 中国香港特区政府在1998年拨款50亿港元设立优质教育基金，旨在支援社会各界自发推广优质教育的计划。基金自成立以来已资助5801项计划，拨款总额超过30亿港元。近年来，这方面资助在进一步加强。中国台湾自20世纪90年代末以来则通过行政力量强力确保促进合作教育研究的经费，如《补助办理国民教育课程与教学事项要点》（"教育部"，1998）、《师资培育之大学申请办理地方教育辅导工作经费补助要点》（"教育部"，2007）等。

② 刘国艳：《制度分析视野中的学校变革》，博士学位论文，山东师范大学，2006年。

不能准确理解和认同"[1]。这表明，国内以政府行政权力推动学校变革虽然具有"合法性"，但广大学校实际上是处于"不得不做"的状态，"轰轰烈烈搞改革，扎扎实实走老路"，讲形式走过场。这种现状对于一些真心想变革的学校和实践者而言是不满意的，因此他们就会在"不得不做"的同时，倾向于搞一些真正的、有价值的学校变革。这为交互生成式合作教育研究的发展产生了内在需求。

相较于政府主导型的学校变革，交互生成式合作教育研究推动的学校变革基于自愿的基本原则，其实质是学术权力的介入，追求教育变革的"合理性"。但是，当一所中小学选择与理论者开展合作教育研究并在理论和理论者介入下实施相关教育变革时，往往又不得不推行地方教育行政部门推行的教育改革项目。这时，实践者不可避免地处于"合法性"与"合理性"间选择的尴尬处境之中。当然，"合法性"的教育变革与"合理性"的教育变革间并非有绝对的矛盾冲突，两者间也有一致之处，至少都是追求改变学校现状以达成一定的目标，但关键是在"变什么"和"怎么变"上两者存在较大差异性。"合法性"的教育改革一般以"运动"方式自上而下地开展，以教育的某一"点"（如课程或教育信息化或生命教育等）为抓手推进"以点带面"或"点＋点＋……"式的学校变革，有统一的评价标准和实施模式，期望有较为迅速的改观，还有相配套的评价、奖励与处罚措施等。其优势是可以迅速、大规模地推广某种教育理念和模式，但它的运行逻辑更多是政治逻辑、经济逻辑，忽视学校间的差异与个性，也忽视实践者真实的发展需求，更不注重发展学校内生的改革力量和日常变革，其功利性的引导机制（如各种评价）对实践者的价值取向容易产生误导。与之相较，"合理性"的教育改革则基于理论者与实践者对于教育事业、孩子成长与教师

---

[1] 李春玲：《理想的现实建构：政府主导型学校变革研究》，博士学位论文，华东师范大学，2007年。

发展的良心、责任感、使命感，追求在学校教育整体变革观照下的"事"与"人"日常式的真实变化，在"事"与"人"的相互转化中以"人"的变化为终极追求，注重培育学校内部变革力量，以自下而上、自内而外的方式推进变革，寻找和遵循符合学校变革的教育逻辑。

当学校实践者面临"合法性"与"合理性"双重教育变革的压力时，主要有三种选择：其一，选择"合法性"，放弃"合理性"；其二，做"双面人"，学校有两支队伍，一支队伍从事"合法性"教育改革，一支队伍从事"合理性"教育改革；或者当教育行政部门来检查与督导时，展示"合法性"的一面，当理论者介入时展示"合理性"的一面。这种双重选择对于教师来说是承担了更大的压力和负担，从长远来看对学生的发展也十分不利。其三，对两种变革进行整合，有的是将"合理性"整合进"合法性"之中，有的则相反。学校实践者一般还没有勇气只选择"合理性"而放弃"合法性"。

以上表明，在中国大陆交互生成式合作教育研究面临着生存和发展空间的根本问题。在这种背景下，交互生成式合作教育研究继续发展需要把自己做大、做强，以自身真实的发展力量来吸引实践者并引起"合法性"力量的关注与认可。"就教育变革而言，在与社会共变的过程中，期望社会变革提供充足条件后再来深入开展教育的内涵变革是不现实的。作为系统的内部变革，有外部不可能代替的可作为的方面。在一定意义上，需要通过系统内部的变革和有所作为、有所改变，来争取更多和更丰富、更有力度的外部支持，改变生态环境。"[①] 教育变革与社会变革的关系是这样，合作教育研究推进的"合理性"教育变革与行政力量推进的"合法性"教育变革关系何尝不是如此？在合作教育研究中，"每一个人只要不只是埋

[①] 叶澜：《"新基础教育论"——关于当代中国学校变革的探究与认识》，教育科学出版社2006年版，第161页。

怨或等待外部环境、条件的彻底改变,而是立足于自己的实践领域,积极地朝着进步的方向改变自己的观念和行为,就能发现实现事业和自身发展的空间,就能把自己的工作做好做强,并以做好做强的实力,去争取更大的社会发展空间,带来环境与主体的良性交互作用。每个人都可能有自己的用武之地,每个人只有用足自己的用武之地,才能获得更多的用武之地。改变世界要从改变自己的努力开始。改变世界与改变自己统一于积极地变革实践中"。[①] 因此,交互生成式合作教育研究推进的"合理性"教育变革要得到承认和拓展,归根结底在于合作主体——理论者与实践者自身的努力、发展及其带来引发的实践变革效果。

当然,交互生成式合作教育研究在推进过程中做强自身的同时,也要注意寻求地方教育行政力量和地方专业力量的支持。寻求地方教育行政力量的支持倒不是说将合作学校独立于其他学校之外采取不一样的评价或管理标准,而是允许这些学校有不同尝试的空间。客观地说,当代中国教育行政管理上确实需要一定的调整以保障"合理"的合作教育研究发展的空间。事实也表明,凡是地方教育行政部门(尤其是主要负责人)对教育有正确理解、有战略眼光和改革宏图的,该地区的变革氛围就显得浓厚,合作教育研究也能获得加速度的发展。反之,则有可能陷入困境或至少变得缓慢或难以推进。

第五节　两类主体间关系发展的基本过程

交互生成式合作教育研究中两类主体间关系的发展过程,也即是理论者逐渐深入至教育实践之中与实践者共同开展教育实践研究的过程,更是合作逐渐由浅层向深层发展的过程。这一过程是"策

[①] 叶澜:《"新基础教育论"——关于当代中国学校变革的探究与认识》,教育科学出版社2006年版,第335页。

划设计（理论、新认识转化为新方案）——实施（新方案转化为新行为和新行动，发现新问题）——调节（评估、反思、重建，形成新经验、产生新资源、促成新思考）"的持续循环，螺旋上升中并不是风平浪静，而是具有"进化"的特征，期间需要克服许多障碍。下面我们依据合作研究全程的几个方面分别说明两类主体间关系的发展。

一 策划中两类主体间关系的发展

这里的策划可以分两个层面来说。

（一）合作启动的策划

即理论者与实践者在双方自愿的基础上，形成教育研究的合作关系。这缘于双方都有与对方合作的内在需要：理论者感到深入中小学教育实践对于丰富、发展与验证自己理论的重要意义。他的心态应是平和的，主动摒弃传统的"霸权"倾向，以一种真诚投入之心展现自己的实践立场。实践者（往往是中小学校长）则出于改变学校发展现状（如打算由弱变强或促进教师发展或改变学校文化等），寄望引入外部专业力量打破现有常态实现突破。在此动机和需要支配下，两类主体通过调研、座谈，在了解中小学现有状态（问题、优势、发展趋势）基础上以确定研究课题、制定学校发展规划等方式进行初步合作。需要注意，初期的合作具有较强烈的"我向"性（"我"想怎样或"我"希望怎样），"我"的需要没能向对方明确表达，更多将对方当成达成"我"的需要的一种方式或手段，这会造成两种需要（理论发展需要、实践变革需要）的叠加，缺乏彼此有机的结合。因此，这种状态有可能朝走向终结或持续发展两种方向发展。这在一定意义上取决于在接下来的合作中两类主体间是否有持续有效的沟通。因此，合作启动的关键不仅仅是形成研究主题，更需要策划形成双方沟通的基本机制与意识。这主要有以下几个方面：

其一，就沟通的内容而言，主要涉及研究的目标（总目标及不同时期、不同阶段的分目标)、观念(主要是理论、研究精神等方面)和情感等方面。以目标为例,目标最简单的说法是"我们想要研究什么"和"我们想要创造什么"。如果个体只是在心中个别拥有相似的目标,却并不真诚地表达、分享这些目标,就难以形成合作中大家的共同目标。当人们真正有共同的目标时,这个共同的愿景会紧紧地将彼此结合起来。个人对研究的动力源自他对目标的深度关切,而共同目标的力量是源自共同的关切。事实上,人们寻求建立共同目标的理由之一就是他们内心渴望能够归属于一项重要的任务、事业或使命。这种目标不可能通过强加的方式"赋予"人,否则只能博得服从而已,不是真心的追求。共同目标是在研究共同体中经过充分交流沟通后为大家所共同认可、追求的愿景,它反映了个人的目标,对共同目标的追求是个体发自内心的意愿。

其二,就沟通的目的来说,主要是为了形成两类主体在研究上的认识合力和合作动力。通过沟通,可以加强主体间相互理解和了解及对研究的理解与了解,统一思想,群策群力,共同把研究工作不断深化。

其三,就沟通过程而言,保证不同学校、不同个体有机会表达自己的理解、见解,并与其他个体共享,同时在这种共享中增进彼此的联系。这首先需要有畅通的沟通渠道。如在学校内部,应设立专门的部门并安排专门的人员负责合作教育研究事宜,对有关信息做好上通下达工作;在学校之间也应有相应组织和人员负责有关信息的传递(如在"新基础教育"研究中,在上海市闵行区有专门的"新基础教育"研究所及其人员负责这些事)。这些部门及人员相互之间的交叉联系构成了合作教育研究的沟通网络,他们在沟通上的重要职责(当然还有其他职责)是确保研究活动的正常开展,及与研究有关信息的汇总、分析与传播。其次,还要有多元化的沟通方式。仍以"新基础教育"研究为例,在正式的沟通中,有根据制定好的研究方案每周一次的专题研讨活动,还有专门的研修班、日常调研、各种类型的座谈、学期初的交流会及学期末的小结会;为确保这些活动的正常开展还会有多种非正式的沟通，如专题研讨前的备课、听课，研讨结束后的重建，等等。在这些活动中，因为参与主体不同又使沟通表现出不同的特征，如有专门小组内部的沟通（如不同学科组理论者与实践者的沟通，确保研究的深度、频度和效度），有专门安排的交叉沟通（不同学科组相互"牵手"，使不同领域的理论者与实践者相互借鉴、吸收），还有校际之间的沟通（如组织跨校性的活动，让不同学校相互学习、借鉴），等等。一般来说，这些沟通又都有专门的主题，每次沟通的主题在横向、纵向维度上又具有相关性，形成一个整体。在这些多元化的沟通方式中，理论者与实践者面对面表达自己对实践变革的主张、理解和经验（尤其是确保实践者充分表达自己、反思自己），形成充满活力的学习团体，从而确保研究活动的有效性。此外，在沟通程序上还有专门的沟通制度和纪律，以确保每次活动的顺利进行。

（二）合作研究过程中的策划

合作研究是一个持续推进的过程，而不是一个事先设计好的操作程序。因此，过程中需要两类主体不断在沟通的基础上形成新的研究发展计划。这种策划的系统、周密性是交互生成式合作教育研究顺利进行、两类主体间关系良性发展的重要前提。以"新基础教育"研究为例，研究策划首先奠基于理论者与实践者对自我的了解。这种了解一般通过两种途径：自我认知与他人评价。就理论者而言，自我认知是为了使自己不断反思自己研究的定位、发展方向、对实践及实践者可能造成的影响、自己与实践者交往的效果、自己在研究中存在的问题、自己在研究中的发展与变化等。所谓正人先正己，只有弄清自我，将研究反诸自身，才有可能在与实践者的合作中更好地沟通，不断将研究推向新的高度。这种自我认知一方面是通过理论者内部定期的专门会议进行反思，还有就是每次与实践者活动结束后的自我反思与相互反馈。就实践者而言，自我认知是为了盘清家底，明晰学校、不同学科组、教研组及个体的前在状态、现在状态、潜在状态、亮点、优势、问题，以寻求进一步发展的空间。

为此，实践者内部有各种形式的专门的交流，理论者与实践者间也会有各种沟通等。同时，上述两类主体的自我认识又不仅仅限于"自我"，而是通过开放的多元化沟通达到相互了解与认知。在此基础上，两类主体充分交流后共同策划不同时期不同阶段的合作研究方案。在表现形态上，策划方案又有不同层次、不同类型，如整个研究项目的研究计划及不同子项目（如不同学科组等）的研究计划、在此研究计划之下不同学校的分计划（在共同研究精神及观念之下，突出学校及实践者的自主性、独特性、创造性，如不同学校、不同层次、不同领域都制订发展规划），等等。在策划过程中，始终注意将事与人紧密联系在一起，如学科教学变革与教师队伍建设、学生发展研究与班主任发展、学校管理变革与学校领导发展。如此一来，使理论者与实践者紧紧缠绕在整个研究工作之中，成为不可分离的有机整体。

二 实施中两类主体间关系的发展

具体地说，这是理论者在"深度介入"过程中和实践者一起持续逐步落实各层各类的发展规划，开展综合研究、专题研究和日常研究的过程。

综合研究是具体学校基于对本校情况细致分析而形成的事关学校整体发展的研究，具有综合性、整体性和分散研究所不能替代的意义，它是对一个学校教育整体状态的把握与推进。专题研究，主要是学校教育各相关领域（如不同学科的课堂教学、不同年级的学生工作、学校管理的具体领域、教师发展、学校文化建设等）在综合研究及学校现有基础上开展的有针对性、提升性或开拓性的专门研究，一般由理论者与实践者骨干合作开展，以不断深化实践研究水平及对其他实践者发挥示范和引领作用。它的每一项子研究都由第一责任人负责而且积极发挥其他实践者个体的参与与创造，注重积累，强调各个环节的前后连贯性；不同领域研究、不同个体之间强调相互沟通性和借鉴。日常研究则是要求具体实践者在日常工作中注重研究性，做好"家常饭"而不是"运动式"地推进改革，是综合研究和专门研究的日常表达，注重养成实践者研究、反思、创新、总结的习惯。

总的来看，专题研究与日常研究既有联系，又有区别：日常研究是所有人都要做的，专题研究则是骨干与理论者共同承担；日常研究是分散的，专题研究是集中的；日常研究是实践者自主开展的，专题研究是任务性的；日常研究是基层的，专题研究是多层的（各学科、各年级、各教研组及学校管理各层次）；日常研究是综合的，专题研究是专项的；日常研究是常态的（理论与变革因素的持续渗透），专题研究是典型的（以点带面，最终转化为常态）；日常研究是持续的，专题研究是间断的（一般由不同学校承担不同任务并实现互动式沟通与共享）。当专题研究做到一定程度，就可以形成"类"的结构与系列，又可以转化为日常研究，提升日常研究水平。这一切又都是在理论全息性渗透之下开展的。而且，这些研究的推进始终注意以下几点：其一，基于具体实践、具体个人的发展现状，具体问题的分析并提出重建性建议；其二，每种研究的推进始终强调理论的渗透及其在实践和实践研究中的转化，也注意提炼实践者的实践智慧，为形成新的理论奠定实践基础；其三，注重不同层次、不同学科、不同学校实践者的创新及其相互沟通和借鉴，注意优秀实践变革资源的最大化利用等。

对于上述各种研究活动还强调"前移后续"。对此，我们不妨以学校教研组或学科组的日常研究活动为例予以说明。在"新基础教育"研究中，一般在以教研组或学科组为单位的每一次教学研讨活动之前，就抓住所要研究的资源（如研讨课），让所有的教师先行参与研讨活动前的分组或合作设计以及研讨，从而让所有学科组教师提前介入整个研讨活动，这就是"前移"。"前移"的优势有两点：一是改变了管理层的管理理念。各学科主任不再把管理重心放在解决一个个教学任务上，而是把研讨课作为学校群体教师共同发展的切入口，真正地把"成事"与"成人"结合起来，努力为每一位处在不同梯队的教师提供成长的空间。二是激发了教师们的研究热情。每位教师明确了研究任务，改变了以往"一人上课一人忙"的点状化研究，也使研讨活动充满教师集体创造的智慧和精华。而所谓的"后续"，则是通过研究活动的真实案例，以学科组、教研组为单位就整个研讨活动结合每位教师自己的学习和日常工作，再次进行后续的研究、研讨与反思，力争充分用好整个研讨资源，让每一位教师都有所收获。"后续"大致有四个层次：第一层后续是参加完研究活动（如听课）后，鼓励各梯队教师即兴整理、发表自己的所思所想，提高教师思维的灵敏度。骨干教师在活动点评中要发挥引领作用，一般教师要实事求是地交流所思所感所想，新教师也畅所欲言。第二层后续是开展"一（方）案多试"的实践。如执教老师尝试重建后的教案设计教学，通过对比，改进先前教案的不足，同一年级的其他教师也尝试同一教案，进一步体会优秀教案设计的精妙之处。这层后续对于新教师、年轻教师尤其有意义，在完成后续课后，新教师能明显感受到自己在课堂把握、学生调动、师生互动上的缺陷，进而有目的地改进自己的教学行为。第三层后续是让教师们把研讨活动后的所感写成随笔札记，以文字的形式记录思维的过程。第四层后续是进行随笔点评，各教研组推荐每月优秀随笔，把优秀随笔充实到学校的校园网，使更多教师能从教师们的字里行间感受教学工作的快乐。

在实施过程中，需要注意两类主体间关系的几种状态：

（一）实践者对理论者的依赖

实施中，理论者会经常进入中小学教育实践现场进行指导。在初期，理论者一般与参与合作的少数实践者（一般中小学不会一开始就在学校内全面铺开合作，而会在小范围里搞一些"试点"看看效果）进行尝试性的接触。这时，参与合作的实践者常常寄望理论者是"百宝箱"，有包治百病的"处方"。实践者往往认为自己的实践是肤浅却漏洞百出的，因此要向理论者吸取有用的理论知识（往往被等同于具体、程序化的、可操作的策略、方法、工具等）。故而他们会有意无意地压制自己的想法，仰望理论者。过程中，随着其他实践者的加入，他们也会有这样的想法。这种需要往往超出理论者的预期，他希望自己是与实践者一道从事实践研究并提升实践品质，使实践向更高水平发展的合作者，这时理论及理论者面对实践者功利性的、立竿见影式的需求会显得"不够用"。这种状态如果不能及时解决会引发出实践者的"反叛"。

（二）实践者对理论者的"反叛"

"反叛"除上述原因外，还可能是以下几个因素的综合作用：其一，合作往往是由以校长为首的领导层发起，除少数锐意变革的精英教师外，对于其他安于现状的老师来说可能觉得这种合作打破了自己"宁静"状态，对"舒适地带"形成了威胁，因而对合作产生抵触情绪。其二，合作中实践者按照理论者的要求做出了一些变革行为，这些变革会引发一些新状态，而这些新状态往往又超出了教师经验所能驾驭的范畴，又不能确定这些新状态的未来发展，还可能会遭遇一时的挫折（如学生的过度兴奋、考试成绩下降、来自他人的非议等）等。这些会使实践者产生畏难情绪，结果常常前进一步后退两步。其三，合作因为要打破实践者现有工作方式及多年形成的惯习，理论者就不可避免地要经常对实践者指出各种问题，这种"指出"过程也往往令实践者难以适应或接受。基于这些因素的综合影响，一些实践者会对合作、理论者产生逆反性的"反叛"，如积极性下降，对理论者的要求消极应对甚至明确反对等。

（三）两类主体间的"磨合"

突破部分实践者的依赖或"反叛"，需要理论者的真诚投入及少数具有悟性的实践者（尤其是以教研组长为代表的精英教师）的示范与引领。此外，研究的实效、理论在时间长程中呈现出来的力量（对实践者及学生发展和实践变革的价值）、研究过程中实践者的发展感、成长感、自信心等对克服上述两种不良状态亦具有十分重要的作用。而且，随着研究的逐步深入，两类主体交往的深度、频度、强度与效度有了很大改善，能逐步体会到"成事"与"成人"的转化关系、合作的价值与转化的力量，对对方的知识、能力、品性和人格有了较为全面客观的认识，这有利于形成较为坚定的信任感。慢慢地"交互生成"会成为两类主体的共识，逐步形成教育理论与教育实践的相互创生的方式与基本路径并能进入较为成熟的转化与生成境界。

以我在"新基础教育"研究中所接触的一位普通老师为例，在访谈中他讲到他从"观望"、"顾虑"到"尝试"开展基于"新基础教育"理论的实践研究和教学实践大约经历了两三年的时间，"开始有点担心教学质量，有顾虑；后来逐步通过我们研讨课的实践，在实践的过程当中，发现还是带来很多的变化，学生的变化，自己思维的变化，有了一定的成果，然后逐步坚持下去。"而从"尝试"到完全"下水"的过程又经历了将近两年时间，这个过程中教师本人、班级学生等体验了很多，也成长了很多。[1] 另一位在"新基础教育"中成长的老师也说到："开始华东师范大学的教师给我评课，给我反馈，我不接受，我已经习惯了原来那一套，你为什么要给我推翻？当时我是很痛苦的，因为要把已经形成的一套东西推翻，要去再摸索一套新的东西，对任何人来讲，都是非常痛苦的事情。当时应该说我是不大愿意接受的。……后来我怎么改变对这个实验的态度呢？主要有两个方面的原因：一个是这些教师的敬业精神，像这些专家已经有了稳定的、成功的事业，还深入到学校里来，做这样一个实验，而且是从零开始；第二个是学生的潜力、成长，从学生的点滴进步当中，我感受到这个实验的发展。……然后就一点点感受到这个实验有它的价值，有它的可行性，所以我就开始接受它。"[2] 而一旦接受以后，实践者们则会在理论及理论者的影响下逐步发生成长性的变化，其中尤其是对于合作的心态、研究的意识发生根本

---

[1] 据上海闵行区强恕学校学科教师座谈会记录（记录：黄文琴，参与人：叶澜、卜玉华、徐冬青等），2008年3月13日。

[2] "新基础教育"实验学校访谈（访谈人：王建军），转引自叶澜《"新基础教育"发展性研究报告集Ⅰ》，中国轻工业出版社2004年版，第251页。

变化。"我以前上课，怕别人听课，参加了'新基础教育'之后，我欢迎别人来听课，虽然有压力……但是我欢迎别人来听我的课。每一次听了我的课之后，不管这个方面好也好，不好也好，我总是有一些自己的想法，听了别人的课以后，也有一些自己的想法。我觉得她找到的毛病越多越好，这个毛病她今天找到了，以后就不会再犯了。……这一点我是改变了。"[1]

三　调节中两类主体间关系的发展

调节是通过两类主体的及时交流与沟通对策划、实施过程进行调整的过程，主要包括评估（评价）——反思——重建三个方面。在评估（评价）上，一方面通过评估（评价）来推进学校教育实践变革；另一方面又将实践变革过程中所形成的新经验和所呈现的新质进行抽象，形成新的学校教育实践评价指标体系和具体形态，使实践者对新的学校教育实践形态之"形"的认识具体化。在这样的过程中，理论者与实践者双方既是评价者，又是传统教育实践的变革者和新型教育实践的创造者，从而从根本上改变了传统的评价者脱离学校教育变革实践，评价过程脱离学校教育变革实践过程的"双重脱离"现象。一般而言，评估（评价）有两种：学校各层、各领域、各实践者的自评，理论者深度介入的他评。前者仍以在变革实践中形成的理论及评估（评价）指标体系为依据，强化实践者将变革理论内化和外化的日常研究性变革实践；后者则是理论者与实践者面对面，直面教育问题，不仅指出问题现象更注重指出问题现象背后隐藏的观念上的问题，并提出进一步改进的建设，指出前进的方向。反思则一般由行为主体在评估（评价）中或之后持续进行，进一步认清自我、内在观念与行为的差距、发展的空间等。在此基础上，展开新一轮的重建。总体上看，在"评估（评价）——

---

[1] "新基础教育"实验学校访谈（访谈人：王建军），转引自叶澜《"新基础教育"发展性研究报告集Ⅰ》，中国轻工业出版社2004年版，第252页。

反思——重建"整个过程中，理论者都有深度介入、理论都有深度渗透，也正是在此基础上两类主体形成了发展上的"诤友"关系。

　　这一过程对于形成实践者的自主性与自觉性至为关键。"成功的变革并不是某几个智者事先就设计好的用新模式代替旧模式的结果；它是一个集体过程的结果，通过这个集体过程，那些必要参与者的资源和能力得到动用甚至被创造出来。"[①] 交互生成式合作教育研究不仅仅是理论者与学校少数实践者的合作过程，而是要朝着"全"（所有实践者都参与、研究涉及学校教育实践的整体）、"实"（扎实而不走过场）、"深"（持续深入而不停留于表层）方向发展，条件许可还需要迈向"精"、"特"、"美"。这一目标的达成，即使是理论者"深度介入"也还不够，关键是需要实践者自身通过合作形成研究、发展的自主性与自觉性。这不仅需要良好的策划和实施，持续的评估（评价）——反思——重建更为关键。这有利于实践者认清自我、规划自我，有利于学校在整体上形成浓厚的研究氛围与文化及具有结构特征的研究队伍。达致这种状态时，即使有人事等方面的变化（如更换校长、教师的调出与调入等）也会对持续加入的新人产生同化效应，实践者能自主策划设计、组织实施、评价反馈、重建创生，而且这一循环成为实践者在学校日常工作与生活的一种常态，理论也已内化至学校日常层面和实践者的内心并能在内在理论引导下不断创生新型实践。这时是真的"回不去"了。

---

①　[法] 米歇尔·克罗齐耶、埃哈尔·费埃德伯格：《行动者与系统——集体行动的政治学》，张月等译，上海人民出版社 2007 年版，第 379 页。

结　语

在正文当中，我对教育学研究中的"旁观者"立场进行过探讨，但每个人却时常要"旁观"自己。在此"旁观"中，主体与客体融于一身，逐渐获得日渐清晰的自我认知。这亦是个体获得成长的重要方式。写作中、写作结束后，我时常回看这些写下的文字，由于"身在此山中"的缘故，很难判别是否把想讲的问题讲清楚了。不过，这里还是想将写作中所秉持的几种意识作进一步的交代。

首先，是"中国"意识。这反映在以下几个方面：其一，突出中国教育学理论者和实践者面对国外教育研究及教育实践变革浪潮时的自信和自强，主张在直面中国自己的教育学理论和教育实践变革的问题中作出自己的创造和贡献。因此全文的重心集中于交互生成式合作教育研究及其两类主体间的关系上。其二，强调中国传统（如学术传统）、中国文化（如文化精神、交往方式）在交互生成式合作教育研究及教育实践变革中的渗透与更新。其三，突出当代中国教育理论发展、教育实践变革在社会转型期的特殊时空境遇。其四，着力揭示当代中国教育理论者与实践者在交互生成式合作教育研究中的创造、智慧与独特，力图用理论化的语言对这些创造、智慧和独特进行学术意义上的表达。

其次，教育学的学科意识。表现在：其一，基于教育学的立场审视合作教育研究本身（许多相关研究往往出于人类学、社会学、管理学、政治学、组织学等学科立场），注意到它对教育学理论发展的价值及从教育学立场出发从事合作教育研究的不同之处，强调过程中以主体为中介的教育学理论与教育实践变革的交互生成性。其二，以教育学立场认识合作教育研究中的"人"与"事"，体认到合作研究本身的育人价值，即研究与变革的指向不仅是他人，更是指向自己，通过自我的更新来进一步促进合作和变革向更高、更深层次发展。其三，区分了基于教育学立场的教育研究方式与基于其他学科立场（如人类学、社会学）的教育研究方式，认识到教育学立场的教育研究方式（"在教育之中研究教育"）的独特与价值。当然，这绝非说当代中国教育学发展只有这一条道路，而是想着力把诸多可能路径中的这一种表达清楚。

再次，实践意识。写作中，我脑海中常常显现一幅幅活生生的实践图景。对于交互生成式合作教育研究的实践层面，我所表达的，自己基本上经历过、体验过，内心感到充实而不空虚。这要感谢几年"新基础教育"实践研究的经历。长期"深度介入"到学校里，使我对学校生活不再陌生。这种"实践感"是我写作的根基。这一切让我坚定中国教育学的一种可能发展道路：在真实介入学校教育实践生活中汲取发展的营养和力量。

又次，主体意识。教育学学科发展和教育实践变革归根结底是由人来完成的。我相信，如果理论者与实践者能自觉并自主地激发、运用自身的力量，就可能开创当代中国教育学发展和教育实践变革的新境界。这体现在交互生成式合作教育研究的阐述中，如两类主体生存方式的转变，即打破各自固有的、习以为常的生活方式，走向共同研究、创造；又如，强调合作中主体内在力量激发的积极作用。这是两类主体突破自我的过程。我欣赏马克斯·韦伯所说的有震撼力的话，"学术生涯乃是一场疯狂的冒险"![1]其实，不仅学术如此，人生、工作都是如此。因为我们无法预知未来会发生什么，

---

[1] 马克斯·韦伯：《韦伯作品集·学术与政治》，钱永祥等译，广西师范大学出版社2004年版，第161页。

这里充满了对各种可能性、不确定性不屈服的激情，切合这个时代与我们共同面临的挑战。如果教育理论者与实践者都安于在自己的领域里以"就这样吧"的态度过生活，恐怕理论发展与实践变革也"就这样"了。当然，我们并不能要求、强求所有人都去"冒险"，不过我相信在交互生成式合作教育研究的路上总会有同行者。在同行者眼里，这一路走来也许就不是"冒险"，而是走在创造的路上。我始终相信人性中积极、阳光的一面。

最后，关系意识。"关系"是本书的核心点，全书的展开都是围绕关系并回到关系的。在文中，我试图努力勾勒出合作教育研究中不同层次、不同类型的关系：事事关系、人人关系、人事关系、理论与实践的关系、国际与本土的关系、不同学科之间的关系，等等，并始终强调这些关系之间的相互勾连及关系内部的沟通与转化。

写到这里，我想说的和我能说的基本上告一段落。但我知道，想讲的还没讲完，何况还有许多本该讲而未讲的问题。例如，交互生成式合作教育研究发展中存在的困难、问题甚至局限性还揭示不够；交互生成式合作教育研究作为一种正在发展中的新形态，它未来的发展趋向、进一步提升的可能空间也未做清楚阐述；还有，中国传统、文化在合作中还有许多方面的渗透更新未能充分表达；更何况，两类主体各自内部的关系发展过程及其影响在书中根本未有提及，等等。这一切既让我感到遗憾，又让自己日渐清晰未来努力的方向。

参考文献

中文著作

1. 陈桂生：《"教育学视界"辨析》，华东师范大学出版社 1997 年版。
2. 陈桂生：《教育学辩："元教育学"的探索》，福建教育出版社 1998 年版。
3. 陈桂生：《历史的"教育学现象"透视——近代教育学史探索》，人民教育出版社 1998 年版。
4. 陈向明：《质的研究方法与社会科学研究》，教育科学出版社 2000 年版。
5. 陈惠邦：《教育行动研究》，（台北）师大书苑有限公司 1998 年版。
6. 陈鼓应译注：《老子今注今译》，商务印书馆 2007 年版。
7. 操太圣等：《伙伴协作与教师赋权——教师专业发展新视角》，教育科学出版社 2007 年版。
8. 《蔡元培文选》，人民教育出版社 1980 年版。
9. 蔡美丽译：《胡塞尔》，东大图书出版公司 1991 年版。
10. 蔡清田：《教育行动研究》，南京师范大学出版社 2005 年版。
11. 丁钢：《声音与经验：教育叙事探究》，教育科学出版社 2008 年版。
12. 董毓：《科学的自我反思——理论科学漫话》，湖北人民出版社 1987 年版。

13. 董远骞、施毓英编：《俞子夷教育论著选》，人民教育出版社 1991 年版。

14. 《第一次中国教育年鉴》，开明书店 1935 年版。

15. 费正清主编：《剑桥中华人民共和国史》（上），中国社会科学出版社 1995 年版。

16. 高觉敷主编：《西方近代心理学史》，人民教育出版社 1982 年版。

17. 高文主编：《现代教学的模式化研究》，山东教育出版社 2000 年版。

18. 郭戈：《李廉方教育思想研究》，教育科学出版社 1995 年版。

19. 黄志成：《西方教育思想的轨迹——国际教育思潮概览》，华东师范大学出版社 2008 年版。

20. 黄显华、朱嘉颖编著：《一个都不能少：个别差异的处理》，上海科技教育出版社 2003 年版。

21. 华中师范学院教育科学研究室编：《陶行知全集》（第 1 卷），湖南教育出版社 1984 年版。

22. 侯怀银：《中国教育学发展问题研究——以 20 世纪上半叶为中心》，山西教育出版社 2008 年版。

23. 何卫平：《通向解释学的辩证法之途》，上海三联书店 2001 年版。

24. 金林祥：《20 世纪中国教育学科的发展与反思》，上海教育出版社 2002 年版。

25. 陆有铨主编：《躁动的百年》，山东教育出版社 1997 年版。

26. 梁启超：《饮冰室合集》（文集第 1 册），中华书局 1936 年版。

27. 李家成：《学校转型中的管理变革——21 世纪中国新型学校管理理论的构建》，教育科学出版社 2008 年版。

28. 李政涛：《教育学科与相关学科的"对话"——从知识、科学、信仰和人的角度》，上海教育出版社 2001 年版。

29. 刘良华：《校本行动研究》，四川教育出版社 2002 年版。

30. 吕静、周谷平主编：《陈鹤琴教育论著选》，人民教育出版社 1994 年版。

31. 马秋帆、熊明安编：《晏阳初教育论著选》，人民教育出版社 1993 年版。

32. 璩鑫圭等编：《中国近代教育史资料汇编·实业教育 师范教育》，上海教育出版社 2007 年版。

33. 瞿葆奎主编：《教育学文集·教育与教育学》，人民教育出版社 1993 年版。

34. 瞿葆奎主编：《教育学文集·教育研究》，人民教育出版社 1993 年版。

35. 瞿葆奎主编：《元教育学探究》，浙江教育出版社 1999 年版。

36. 瞿葆奎编著：《教育学的探究》，人民教育出版社 2004 年版。

37. 孙立平：《现代化与社会转型》，北京大学出版社 2005 年版。

38. 石之瑜：《社会科学知识新论》，北京大学出版社 2005 年版。

39. 滕大春：《美国教育史》，人民教育出版社 1994 版。

40. 滕大春：《今日美国教育》，人民教育出版社 1980 年版。

41. 《陶行知全集》第 1 卷，四川教育出版社 1991 年版。

42. 《陶行知诞辰 100 周年纪念集》，四川教育出版社 1992 年版。

43. 田正平等编：《黄炎培教育论著选》，人民教育出版社 1993 年版。

44. 唐莹：《元教育学》，人民教育出版社 2002 年版。

45. 王坤庆：《教育学史论纲》，湖北教育出版社 2000 年版。

46. 王铭铭：《经验与心态》，广西师范大学出版社 2007 年版。

47. 汪子嵩、范明生、陈村富、姚介厚：《希腊哲学史》（第一卷），人民出版社 2003 年版。

48. 徐复观：《中国人的生命精神》，华东师范大学出版社 2004

年版。

49. 徐长福:《理论思维与工程思维:两种思维方式的僭越与划界》,上海人民出版社2002年版。

50. 谢也坤:《走向精神科学之路》,江苏人民出版社2003年版。

51. 许椿生、陈侠、蔡春编:《李建勋教育论著选》,人民教育出版社1993年版。

52. 夏芝莲主编:《外国教育发展史料选粹》(上册),北京师范大学出版社1999年版。

53. 叶澜:《教育研究方法论初探》,上海教育出版社1999年版。

54. 叶澜主编:《中国教育学科年度发展报告》(2002),上海教育出版社2003年版。

55. 叶澜主编:《中国教育学科年度发展报告》(2003),上海教育出版社2004年版。

56. 叶澜主编:《中国教育学科年度发展报告》(2004),上海教育出版社2005年版。

57. 叶澜主编:《中国教育学科年度发展报告》(2005),上海教育出版社2006年版。

58. 叶澜主编:《"新基础教育"发展性研究报告集》,中国轻工业出版社2004年版。

59. 叶澜:《"新基础教育"论——关于当代中国学校变革的探究与认识》,教育科学出版社2006年版

60. 叶澜主编:《全球化、信息化背景下的中国基础教育改革研究报告集》,华东师范大学出版社2004年版,

61. 叶澜主编:《"生命·实践"教育学论丛:回望》(第一辑),广西师范大学出版社2007年版。

62. 叶澜主编:《"生命·实践"教育学论丛:立场》(第二辑),广西师范大学出版社2008年版。

63. 叶澜主编:《"生命·实践"教育学论丛:基因》(第三

辑），广西师范大学出版社 2009 年版。

64. 叶澜主编：《二十世纪中国社会科学·教育学卷》，上海人民出版社 2005 年版。

65. 叶启政：《社会理论的本土化建构》，北京大学出版社 2006 年版。

66. 俞可平：《社群主义》，中国社会科学出版社 2005 年版。

67. 余英时：《现代危机与思想人物》，生活·读书·新知三联书店 2005 年版。

68. 阮新邦等著：《批判诠释论与社会研究》，上海人民出版社 1998 年版。

69. 阮新邦：《迈向崭新的社会知识观》，北京大学出版社 2005 年版。

70. 杨国枢、文崇一主编：《社会及行为科学研究的中国化》，"中研院"民族学研究所 1982 年版。

71. 杨汉麟主编：《外国教育实验史》，人民教育出版社 2005 年版。

72. 应星著：《大河移民上访的故事》，生活·读书·新知三联书店 2001 年版。

73. 王元化著：《思辨录》，上海古籍出版社 2004 年版。

74. （宋）朱熹撰：《四书章句集注》，中华书局 2008 年版

75. 中国社科院语言研究所词典编辑室编：《现代汉语词典》，商务印书馆 1998 年版。

76. 中国社会科学院哲学研究所编：《哈贝马斯在华讲演集》，人民出版社 2002 年版。

77. 朱泽甫等编：《行知书信集》，安徽人民出版社 1981 年版。

78. 朱乃楣主编：《转型——洵阳路小学自主变革的实践研究》，中国时代出版社 2005 年版。

79. 詹一之编：《晏阳初文集》，四川教育出版社 1992 年版。

80. 庄泽宣：《如何使新教育中国化》，中华书局 1940 年版。

81. 张旭东：《全球化时代的文化认同》，北京大学出版社 2006 年版。

82. 张默生：《庄子新释》，齐鲁书社 1996 年版。

83. 张能为：《理解的实践——伽达默尔实践哲学研究》，人民出版社 2002 年版。

84. 赵祥麟、王承绪编：《杜威教育名篇》，教育科学出版社 2006 年版。

85. 赵汀阳：《一个或所有问题》，江西教育出版社 1998 年版。

86. 郑金州、瞿葆奎：《中国教育学百年》，教育科学出版社 2002 年版。

中文译著

1. ［法］阿尔贝特·施韦泽：《文化哲学》，陈泽环译，上海世纪出版集团 2005 年版。

2. ［美］阿特莱奇特等：《行动研究方法导论——教师动手做研究》，夏林清等译，台湾远流出版事业股份有限公司 1997 年版。

3. ［美］埃伦·康德利夫·拉格曼：《一门捉摸不定的科学：困扰不断的教育研究的历史》，张斌贤等译，教育科学出版社 2006 年版。

4. ［法］埃德加·莫兰：《复杂思想：自觉的科学》，陈一壮译，北京大学出版社 2001 年版。

5. ［法］埃德加·莫兰：《复杂性理论与教育问题》，陈一壮译，北京大学出版社 2004 年版。

6. ［法］布迪厄、［美］华康德：《实践与反思：反思社会学导引》，李康、李猛译，中央编译出版社 1998 年版。

7. ［美］杜威：《民主主义与教育》，王承绪译，人民教育出版社 2001 年版。

8. ［美］杜威：《确定性的寻求——关于知行关系的探究》，傅统先译，上海人民出版社 2004 年版。

9. ［美］杜威：《哲学的改造》，许崇清译，商务印书馆1958年版。

10. ［美］丹尼尔·布尔斯廷：《美国人：开拓历程》，谢延光等译，生活·读书·新知三联书店1993年版。

11. ［德］鲍尔生：《德国教育史》，滕大春译，人民教育出版社1986年版。

12. ［美］玻尔：《尼耳斯·玻尔哲学文选》，戈革译，商务印书馆1999年版。

13. ［德］费迪南·滕尼斯：《共同体与社会——纯粹社会学的基本概念》，林荣远译，商务印书馆1999年版。

14. ［加］大卫·杰弗里·史密斯：《全球化与后现代教育学》，郭洋生译，教育科学出版社2000年版。

15. ［美］丹尼尔·贝尔：《社群主义及其批评者》，李琨译，生活·读书·新知三联书店2002年版。

16. ［英］弗里德里希·A. 哈耶克：《自由宪章》，杨玉生等译，中国社会科学出版社1998年版。

17. ［英］弗里德里希·A. 哈耶克：《科学的反革命》，冯克利译，译林出版社2003年版。

18. ［德］赫尔巴特：《赫尔巴特文集·教育学卷一》，李其龙译，浙江教育出版社2002年版。

19. ［德］赫尔巴特：《赫尔巴特文集·教育学卷二》，李其龙等译，浙江教育出版社2002年版。

20. ［德］赫尔巴特：《赫尔巴特文集》（教育学卷五），李其龙译，浙江教育出版社2002年版。

21. ［德］胡塞尔：《纯粹现象学通论》，李幼蒸译，商务印书馆1996年版。

22. ［英］霍布斯：《利维坦》，黎思复等译，商务印书馆1985年版。

23. ［俄］赫丘岑：《科学中华而不实的作风》，李原译，商务印书馆 1997 年版。

24. ［美］汉娜·阿伦特：《精神生活·思维》，姜志辉译，江苏教育出版社 2006 年版。

25. ［加］简·克兰迪宁、迈克尔·康奈利：《叙事探究：质的研究中的经验和故事》，张园译，北京大学出版社 2008 年版。

26. ［俄］科恩：《自我论》，佟景韩译，生活·读书·新知三联书店 1986 年版。

27. ［法］孔德：《论实证精神》，黄建华译，商务印书馆 1996 年版。

28. ［美］克雷明：《学校的变革》，单中惠等译，上海教育出版社 1994 年版。

29. ［美］康马杰：《美国精神》，杨静予等译，光明日报出版社 1988 年版。

30. ［美］克利福德·吉尔兹：《地方性知识：阐释人类学论文集》，王海龙、张家瑄译，中央编译出版社 2004 年版。

31. ［德］拉伊：《实验教育学》，瞿葆奎、沈剑平译，人民教育出版社 2005 年版。

32. ［法］利奥塔：《后现代状态》，车槿山译，生活·读书·新知三联书店 1997 年版。

33. ［美］理查德·沙沃森丽萨·汤：《教育的科学研究》，曹晓南等译，教育科学出版社 2006 年版。

34. ［美］Linda Darling Hammond 主编：《美国教师专业发展学校》，王晓华等译，中国轻工业出版社 2006 年版。

35. ［美］劳伦斯·E. 卡洪：《现代性的困境——哲学、文化和反文化》，王志宏译，商务印书馆 2008 年版。

36. ［法］梅洛—庞蒂：《眼与心》，杨大春译，商务印书馆 2007 年版。

37. ［德］马克斯·韦伯：《韦伯作品集·学术与政治》，钱永详等译，广西师范大学出版社 2004 年版。

38. ［德］马克斯·韦伯：《韦伯作品集·社会学的基本概念》，顾忠华译，广西师范大学出版社 2005 年版。

39. ［美］马丁·布伯：《我与你》，陈维钢译，生活·读书·新知三联书店 2002 年版。

40. ［美］马丁·布伯：《人与人》，张见等译，作家出版社 1992 年版。

41. ［加］迈克尔·富兰：《变革的力量——透视教育改革》，曾子达等译，教育科学出版社 2004 年版。

42. ［加］马克斯·范梅南：《教学机智——教育智慧的意蕴》，李树英译，教育科学出版社 2001 年版。

43. ［英］梅尔茨：《十九世纪欧洲思想史》（第一卷），周昌忠译，商务印书馆 1999 年版。

44. ［法］米歇尔·克罗齐耶、埃哈尔·费埃德伯格：《行动者与系统——集体行动的政治学》，张月等译，上海人民出版社 2007 年版。

45. ［美］诺曼·K. 邓津、伊冯娜·S. 林肯：《定性研究：方法论基础》，风笑天等译，重庆大学出版社 2007 年版。

46. ［美］诺曼·K. 邓津、伊冯娜·S. 林肯：《定性研究：策略与艺术》，风笑天等译，重庆大学出版社 2007 年版。

47. ［美］欧内斯特·L. 博耶：《关于美国教育改革的演讲》，涂艳国译，教育科学出版社 2002 年版。

48. ［美］奥尔森：《集体行动的逻辑》，陈郁等译，上海三联书店 1995 年版。

49. ［法］帕斯卡：《思想录》，何兆武译，商务印书馆 1985 年版。

50. ［美］帕克·帕尔默：《教学勇气——漫步教师心灵》，吴国珍、余巍等译，华东师范大学出版社 2005 年版。

51. ［英］齐尔格特·鲍曼：《通过社会学去思考》，高华等译，社会科学文献出版社 2002 年版。

52. ［英］齐格蒙特·鲍曼：《共同体》，欧阳景根译，江苏人民出版社 2003 年版。

53. ［美］唐纳德·A. 舍恩：《反映的实践者：专业工作者如何在行动中思考》，夏林清译，教育科学出版社 2007 年版。

54. ［美］华勒斯坦等：《开放社会科学》，刘锋等译，生活·读书·新知三联书店 1997 年版。

55. ［美］华勒斯坦等：《学科·知识·权力》，刘建芝等编译，生活·读书·新知三联书店 1999 年版。

56. ［加］许美德：《思想肖像：中国知名教育家的故事》，周勇等译，教育科学出版社 2008 年版。

57. ［德］尤尔根·哈贝马斯：《交往行动理论》（第一卷），曹卫东译，上海人民出版社 2004 年版。

58. ［古希腊］亚里士多德：《形而上学》，中国人民大学出版社 1993 年版。

59. ［古希腊］亚里士多德：《尼各马可伦理学》，廖申白译，商务印书馆 2003 年版。

中文论文

1. 尘因：《中华教育之病症及其治疗》，《教育杂志》1934 年第 24 卷第 3 号。

2. 陈友松：《五十年来美国之教育科学运动的贡献》，《教育杂志》（1940）第 30 卷第 9 期。

3. 陈礼江：《大学教育系任务的商榷》，《教育杂志》1936 年第 25 卷第 4 号。

4. 陈立：《行动研究》，《外国心理学》1984 年第 3 期。

5. 陈向明：《王小刚为什么不上学了——一位辍学生的个案调查》，《教育研究与实验》1996 年第 1 期。

6. 陈桂生：《"教育研究自愿者组合"的建构——"合作的教育行动研究"的尝试》，《华东师范大学学报（教科版）》1999 年第 4 期。

7. 曹诗弟：《中国教育研究重要吗?》，丁钢主编：《中国教育：研究与评论》（第2辑），学术寄语，教育科学出版社2002年版。

8. 操太圣、卢乃桂：《教师专业发展新范式及其在中国的萌生》，《教育发展研究》2002年第11期。

9. 操太圣、卢乃桂：《大学与中小学协作脉络下的教师专业发展》，《高等教育研究》2002年第6期。

10. 操太圣、卢乃桂：《挑战、支持与发展：伙伴协作模式下的教师成长》，《教育研究》2006年第10期。

11. 操太圣、卢乃桂：《论教师的内在改变与外在支持》，《教育研究》2002年第11期。

12. 操太圣、卢乃桂：《抗拒与合作：课程改革情境下的教师改变》，《课程·教材·教法》2003年第1期。

13. 操太圣、卢乃桂：《立法者与阐释者：大学专家在"大学与中小学合作"中角色之嬗变》，《复旦教育论坛》2003年第1期。

14. 耿涓涓：《教育信念：一位初中女教师的叙事探究》，丁钢主编：《中国教育：研究与评论》（第2辑），教育科学出版社2002年版。

15. 高伟：《一个"劳而无功"的虚假命题——评"教育理论与实践关系"之争》，《北京大学教育评论》2005年第2期。

16. 黄向阳：《学校春秋：一位小学校长的笔记》，丁钢主编：《中国教育：研究与评论》（第2辑），教育科学出版社2002年版。

17. 黄志成：《教育研究中的两大范式比较："日尔曼式教育学"与"盎格鲁式教育科学"》，《教育学报》2007年第2期。

18. 黄政杰：《教育改革伙伴关系的经营与省思：台湾经验与做法》，《基础教育学报》（香港）2006年第15卷。

19. 《教育科学的生命在于教育实验（座谈纪要）》，《教育研究》1980年第2期。

20. 姜婷：《大学与学校合作背景下教师教学反思的尝试》，天津师范大学硕士论文，2005年。

21. 金忠明、林炊利：《大学—中小学合作变革的潜在冲突》，《上海教育科研》2006 年第 6 期。

22. 康丽颖：《教育理论工作者回归实践的自识与反思》，《教育研究》2006 年第 1 期。

23. 李春玲：《理想的现实建构：政府主导型学校变革研究》，博士学位论文，华东师范大学，2007 年。

24. 李翠莲：《大学与中小学合作的困境及其策略选择——以美国教师专业发展学校为个案》，硕士学位论文，首都师范大学，2008 年。

25. 李政涛：《论教育理论主体和教育实践主体的交往与转化》，《高等教育研究》2007 年第 4 期。

26. 李政涛：《论教育研究的中国经验与中国知识》，《高等教育研究》2006 年第 9 期。

27. 李政涛：《论教育实践的研究路径》，《教育科学研究》2008 年第 4 期。

28. 李长伟：《论教育理论与实践的本然统一——从实践哲学的角度观照》，《教育理论与实践》2003 年第 4 期。

29. 李润洲：《实践逻辑：审视教育理论与实践关系的新视角》，《教育研究》2006 年第 5 期。

30. 刘国艳：《制度分析视野中的学校变革》，博士学位论文，山东师范大学，2006 年。

31. 林安梧：《儒学革命：从新儒学到后新儒学》，《社会科学报》2008 年 5 月 29 日。

32. 孟强：《科学哲学的介入主义方案》，《哲学研究》2008 年第 3 期。

33. 宁虹、胡萨：《教育理论与实践的本然统一》，《教育研究》2006 年第 5 期。

34. 牛瑞雪：《行动研究令什么搁浅了——大学与中小学合作研究的困境与出路》，《课程·教材·教法》2006 年第 2 期。

35. 樊平军：《U—S合作研究：促进教育知识转化的有效途径》，《内蒙古师范大学学报》（教科版）2008年第5期。

36. 石中英：《论教育实践的逻辑》，《教育研究》2006年第1期。

37. 孙元涛：《中国教育研究发展空间的再寻找——关于教育学者介入实践的探究与论证》，博士论文，华东师范大学，2007年。

38. 孙元涛：《从"捉虫"与"喔"效应说开去——关于大学与中小学合作研究的理论分析》，《上海教育科研》2006年第12期。

39. 宋敏：《大学与中小学合作研究现状、问题及思考》，硕士学位论文，首都师范大学，2005年。

40. 王坚红：《向幼教科研工作者推荐行动研究法》，《教育研究》1987年第1期。

41. 王建军：《合作教育变革中大学教师"扩展的专业发展"》，《全球教育展望》2008年第3期。

42. 王攀峰：《教育中的非介入性研究：理论与方法》，《教育科学》2008年第4期。

43. 王常泰：《关于大学—中小学伙伴合作机制的研究》，硕士学位论文，南京师范大学，2008年。

44. 吴黛舒：《中国教育学危机》，《教育研究》2006年第6期。

45. 翁朱华：《影响大—中小学合作的因素分析——一个大学—小学合作的个案研究》，华东师范大学硕士学位论文，2003年。

46. 叶澜：《思维在断裂处穿行——教育理论与实践关系的再寻找》，《中国教育学刊》2001年第4期。

47. 叶澜：《世纪初中国教育理论发展的断想》，《华东师范大学学报》（教科版）2001年第1期。

48. 叶澜：《实现转型：世纪初中国学校变革的走向》，《探索与争鸣》2002年第7期。

49. 叶澜：《我与"新基础教育"——思想笔记式的十年研究回望》，丁钢主编：《中国教育：研究与评论》（第7辑），教育科学出版社 2004 年版。

50. 杨小微：《教育理论工作者的实践立场及其表现》，《教育研究与实验》2006 年第 4 期。

51. 杨小微：《科学化的梦想与回声——教育实验研究方法的再认识》，《华中师范在大学学报》（人文社科版）2008 年第 3 期。

52. 杨国荣：《成己与成物——意义世界的生成》，《学术界》2008 年第 5 期。

53. 杨捷：《中学与大学关系的重构——美国"八年研究"初探》，博士学位论文，华东师范大学，2006 年。

54. 殷芬：《大学—中小学合作研究与教师成为研究者》，硕士学位论文，华东师范大学，2007 年。

55. 于学友：《教师发展学校建设中的大学与中小学合作》，硕士学位论文，首都师范大学，2005 年。

56. 尹弘飚、李子建：《论课程改革中的教师改变》，《教育研究》2007 年第 3 期。

57. 许美德：《现代中国精神：知名教育家的生活故事》，丁钢主编：《中国教育：研究与评论》（第 1 辑），教育科学出版社 2001 年版。

58. 张光直：《中国人文社会科学该跻身世界主流》，《亚洲周刊》（香港）1994 年 7 月 10 日。

59. 张民选：《对"行动研究"的研究》，《华东师范大学学报》（教科版）1992 年第 1 期。

60. 张斌贤、陈露茜：《赫尔巴特在美国》，《教育学报》2006 年第 5 期。

61. 赵玉丹：《校本教研中"大学—中小学合作研究"的理论与实践——以大连市某校校本教研基地校为个案》，硕士学位论文，辽宁师范大学，2007 年。

英文著作

1. Aiken, *The study of the eight-year study*, Adventure in American

education vol. 1, Progressive Education Association, Commission on the Relation of School and College, New York: Harper and Brothers, 1952.

2. Compoy, Renee W., *A Professional Development School Partnership: Conflict and Collaboration*, Westport & London: Bergin & Garvey, 2000.

3. Clark, R. W., *Effective professional development schools*, San Francisco: Jossey-Bass, 1999.

4. Corey, S. M., *Action Research to Improve School Practices*, New York: Bureau of Publications, Teachers College, Columbia University, 1953.

5. Dickens, Cindy, *Too valuable to be rejected, too different to be embraced: a critical review of school/university collaboration*, In: Marilyn Johnston, Patti Brosnan, Don, 2000.

6. Elliot, J., *Action Research for Education Change*, Mil-ton Keynes &Philadelphia: Open University Press, 1991.

7. Fullan, Michael, Galluzzo, Gary, Morris, Patricia, & Watson, Nancy, *The Rise and Stall of Teacher Education Reform*, American Association of Colleges for Teacher Education, 1998.

8. Fullan, M. (with Stiegelbauer, S.), *The new meaning of educational change*, New York: Teachers College Press & OISE, 1991.

9. Fullan, M., *Change forces: Probing the depths of educational reform*, New York: Falmer Press, 1993.

10. Goodlad, J. I., *Educational Renewa*, Jossey-Bass Inc., 1994.

11. Goodlad, John I., School-university partnerships and partner schools. In: Hugh G Petrie ed. Professionalization, Partership, and Power: Building Professional Development Schools, State University of N. Y. Press, 1995.

12. Holmes Group, *Tomorrow's Schools: Principles for the design of professional development schools*, East Lansing: Authour, 1990.

13. Ruth Ravid. , Marianne G. Handler, *The many faces of School-University Collaboration: Characteristics of Successful Partnerships*, Teacher Ideas Press, 2001.

14. Sirotnik, K. A. , &Goodlad, J. I. , *School-university partnerships in action: Concepts, cases, and concerns*, New York: Teachers College Press, 1988.

15. Tushnet N. C. , *A guide to developing educational partnerships*, Washington, DC: Office of Educational Research and Improvement, 1993.

主要英文论文

1. Botel, M. , Glatthorn, A. , &Larkin, J. , *Focused graduate studies: A new pattern of school/university cooperation.* Phi Delta Kappan, 1984.

2. Barnett, B. G. , Hall, G. E. , Berg, J. H. , & Camarena, M. M. , "A typology of partnerships for promoting innovation", *Journal of School Leadership*, vol. 9 (6), 1999.

3. Christopher Day, "Re-thinking school-university partnerships: A Swedish case study", *Teaching and Teacher Education*, Vol. 14, No. 8, 1998.

4. Clark, R. W. , *School-university partnerships and networks* (Occasinal Paper No. 2, Center for Educational Renewal) . Seattle: University of Washington, College of Education, 1986.

5. Delgado-Gaitan, C. , *Researching change and changing the researcher.* Harvard Educational Review, vol. 63 (4), 1993.

6. Foshay, A. &Goodson, M. , "Some Reflections on Cooperative Action Research", *Educational Leadership*, Vol. 10, No. 7, 1953.

7. Goodlad, J. , *School-university partnership and partner schools.* Educational Policy, vol. 7 (1), 1993.

8. Goodson; Chris Fliesser, "Negotiating Fair Trade: Towards Collaborative Relationships between Researchers and Teachers in College Settings", *Peabody Journal of Education*, Vol. 70, No. 3, 1995.

9. Gorbutt. D., "The new sociaology of education", *Education for Teaching*, vol. 89, 1972.

10. Haberman, M., "Twenty-three reasons why universities can't educate teachers", *Journal of Teacher Education*, vol. 22, 1971.

11. Havelock, R. G., *School-university collaboration supporting school improvement*. The eastern private university network case, VOL. 3. Washington, DC: National Institute of Education, Research and Practice Program, 1981.

12. Jon Wangner, *The unavoidable intervention of educational research: a framework for reconsidering researcher-practitioner cooperation*. Educational Researcher. Vol. 26, 1997.

13. Jamie L. Callahan& Dorian Martin, *The spectrum of school-university partnerships: A typology of organizational learning systems*. Teaching and Teacher Education, Vol. 23, 2007.

14. Liberman, A., *Collaborative work*. Educational leadership, 1986.

15. Liberman, A., *School-university collaboration: A view from the inside*. Phi Delta Kappan, vol. 74 (2), 1992.

16. Magdalene Lampert, *How to teach: The teachers' viewpoint about the problem in pratice*. Harward Education, Vol. 55, 1985.

17. Ric A. Hovda, "Working on a Public School Calendar: Personal Reflections on the Changing Role of a University Faculty Member in a Professional Development School", *Peabody Journal of Education*, Vol. 74, 1999.

18. Rick Ginsberg & Lynn K. Rhodes, "University faculty in partner schools", *Journal of Teacher Education*, Vol 54, 2003.

19. Shive, R. J, "School and univerpartnerships: Meeting com-

mon needs", *Improving College and university teaching*, vol. 32 (4), 1984.

20. Somekh, B., *The Contribution of Action Research to Development in Social Endeavors: A Position Paper on Action Research Methodlogy*. British Education Research Journal, vol. 21 (3), 1995.

21. Smulyan, L., *Collaborative Action Research: Historical Trends*. (ERIC Doc. No. EA017614), 1985.

22. The Holmes Partnership, *Member of the Holmes Partnership*. Retrieved July 24, 2000. from the World Wide Web: http://holmespartnership.org/members.html.

23. U. S. Department of Education, *What GOALS 2000 means for you*. Community Update, vol. 13, 1994.

后　记

　　平常读书时，尤喜先静静地、细细地品读前言、后记，感受作者的心声。如今，写作完毕构思自己的后记时，就更能体会别人写后记时的心境。这时，我该写些什么？对此，想了很久。回顾以往走过的路，一切徐徐展现在眼前，如在昨天。

　　如果说大学本科四年的学习奠定了我基本的专业取向和今后的职业；硕士三年则开阔了我的学科视野，只是性情疏懒，还没来得及清醒又即结束。所以，而立之年遇见叶澜老师是我一生的幸运和幸福。在叶老师身边的三年，我逐渐能体会到自己对于学术及学科的一种情感。这完全是叶老师对我的"辐射"。三年中，总是期待、回味与叶老师在一起的日子，老师自强不息的执著精神、对学科和中小学教育实践的热爱、感性与理性的完美结合，等等，都给我不尽的滋养，受益终身！更何况，每次与叶老师的对话，也是老师对我"捉虫"与"把脉"的过程。尤其是在毕业时，老师给我画的"学术肖像"，入木三分，将是我今后一生反思、努力的方向。感谢老师对我的关爱和成长的鼓励，这将是我一生的宝贵财富！

　　感谢钟山老师！我喜欢见到钟老师的笑脸，总如阳光般灿烂；还喜欢听到钟老师的笑声，能让人忘却一切烦恼。在我的印象中，钟老师不仅善于捕捉我们的瞬间，更如慈父般关爱我们中的每一个人。他有时看似不着边际的一句话，却传达出或令人深思或催人奋进的信息。

感谢陆有铨教授、熊川武教授、郑金洲教授、范国睿教授。各位老师在我写作前的开题时提出了很多很好的建议。这些建议对我的写作有重要帮助。在此由衷地说声"谢谢"!

感谢"新基础教育"研究的团队,他们是卢寄萍老师、吴玉如老师、李晓文老师、杨小微老师、吴亚萍老师、卜玉华老师、李家成老师、李政涛老师、李伟胜老师、何敏老师、吴黛舒老师、徐冬青老师等。这一方面是因为没有"新基础教育"就没有这本书;更主要的是我几年参与"新基础教育"与各位老师有着十分愉快和印象深刻的交流和沟通,他们的工作态度、专业精神、学识学养等都是我发展最好的参照系,使自己意识到与他们的距离和今后努力的方向。记得叶老师有一次问我,这几年最大的收获是什么?当时我的回答是自己学会了沉默。这依然是我今天的回答,它其实也是我与各位老师相识相知后发生的最大变化,是有参照系之后的变化。

感谢王建军老师和杨兰同学,他们从香港中文大学给我复印了十分重要的英文资料。我们素未谋面,但仅凭我的一封邮件即付以十分尽心的帮助,让我感受到"学术"二字中蕴含的情谊和温暖。真的非常感谢!

感谢武汉大学卫道治教授、李兴业教授和华中师范大学董泽芳教授一直对我的关心和鼓励。这让我铭记于心。

难忘与周志平师兄、张永师兄、刘黎明师姐、张向众师兄、鲍同梅师姐、孙元涛师兄、庞庆举师姐、李伟师兄的交流与沟通,与袁德润、黄文琴、易丽、张红霞、张哲英、张延昭、贺晓舟、杨光海、李先军等同学共同度过的几年也令人愉悦、回味。这一切将作为学习生活中美好的记忆永藏心间。

最后,我要感谢我的家人,这也是我第一次用文字的方式向他们表示我的谢意和歉意。感谢我的父亲,小时候曾给过我的一次"当头棒喝"一直隐隐成为我前进的动力。感谢我的母亲,她的自尊、自强及对我的无限母爱,即使相隔天涯都能使我感受到家的温暖和无限期望。感谢我的哥哥、姐姐,一直宽容我这个最小的弟弟在外"流浪",即使现在有时我还可以行使一下做弟弟的"特权"。感谢我的岳父、岳母,本书写作期间可能是他们一生中最忙碌、辛苦的三年。感谢我的妻子,我准备考博时,她经历怀胎十月的艰辛;在我读博时,她又无怨无悔地扛起抚育孩子的重担。当然,几年来,我的儿子与我一同成长,听听他的声音就足以驱散我有时聚集在心里的烦恼。

今后的路还很长,面对这么多的"感谢",最好的回报就是自己更好的成长!这将是我今后努力的方向。